- 国家社科基金"出土北宋墓志整理与研究"（17CSZ013）
- 河南省高等学校青年骨干教师培养计划（2018GJS026）
- 河南大学创新团队"宋代历史文化"培养计划（2019CXTD014）
- 河南大学黄河文明协同创新中心支持计划

仝相卿 著

河南大学中国古代史研究丛书

北宋墓志碑铭撰写研究

The Research on Writing Epitaphs in Northern Song Dynasty

中国社会科学出版社

图书在版编目（CIP）数据

北宋墓志碑铭撰写研究/仝相卿著.—北京：中国社会科学出版社，2019.5（2020.5重印）

ISBN 978-7-5203-4396-1

Ⅰ.①北⋯ Ⅱ.①仝⋯ Ⅲ.①墓志—研究—中国—北宋 ②碑刻—研究—中国—北宋 Ⅳ.①K877.454 ②K877.424

中国版本图书馆CIP数据核字（2019）第088755号

出版人	赵剑英
责任编辑	宋燕鹏
责任校对	周 昊
责任印制	李寡寡

出 版	中国社会科学出版社
社 址	北京鼓楼西大街甲158号
邮 编	100720
网 址	http://www.csspw.cn
发 行 部	010-84083685
门 市 部	010-84029450
经 销	新华书店及其他书店
印 刷	北京明恒达印务有限公司
装 订	廊坊市广阳区广增装订厂
版 次	2019年5月第1版
印 次	2020年5月第2次印刷
开 本	710×1000 1/16
印 张	16.5
插 页	2
字 数	246千字
定 价	78.00元

凡购买中国社会科学出版社图书，如有质量问题请与本社营销中心联系调换
电话：010-84083683
版权所有 侵权必究

序

罗家祥

相对于隋唐及以前的传世文献而言，由于印刷术的进步，在文化昌明、英才辈出的宋代，以文本形式出现的文献资料呈现出爆炸增长之势。如果用"汗牛充栋"一词来形容宋代及此后的情形，这应该是一点也不会过分的。尽管因为战争、动乱及其它各种原因，传世的以纸质文本形式出现的文献资料也曾屡遭不可估量的破坏与损失，但从中外学界可资利用的现有史料看，通过其了解、认识唐宋及以后中国传统社会的历史发展和演进规律，仍然在极大程度上满足了中外学界的研究需要。

与殷墟甲骨文、居延汉简、敦煌吐鲁番文书、明清档案等在中国学术史上具有划时代和里程碑意义的地位不一样，长期以来，宋代的墓志碑铭似乎并未受到应有的重视，其史料价值也并没有得到充分的发掘和利用。产生这种状况的原因，首当其冲的是，如前所述，有关宋代的传世文献实在是太丰富了！这也就使得学界同仁大多将主要注意力集中在重要文献资料的研读和研讨上，而内容众多、甚至价值重大的许多宋代墓志碑铭竟然几乎是静悄悄地沉睡了千百年——虽然，从宋代开始，对这一领域有兴趣、有学养、有识见和有造诣的学者也代不乏人，而且也留下不少优秀的著述流布后世。

不过，近几十年来，随着海峡两岸的各种文化交流和出版事业的繁荣，随着学界在宋代史各个研究领域的不断拓展和深入，这一时期墓志碑铭的史料价值与文献价值逐渐显现，也不断得到海内外学界同仁的高度重视。① 的确，除本书作者举述饶宗颐先生曾将碑志与甲骨、简牍、敦煌写卷、档案四者并为新出史料之渊薮第五大类的事例外，已故的著名历史文献学家张舜徽先生亦曾指出，"历代墓碑墓志的拓本，保存到今天的，数量很多，在在可以考证史传，增补遗闻，也是极珍贵的文献资料。"② 张、饶二先生等前辈学者逝世之后，仅就宋代的墓志碑铭而言，也有了更多的发现和发掘，并为中外学术研究提供了更为翔实可靠、丰富多彩的史料，有力推动了宋史众多研究领域的进展，这些均适足证实了诸多先贤的睿智与卓识。

基于以上的一些认识和想法，当读完全相卿博士的这部书稿后，欣慰与愉悦之情油然而生。我们有理由相信，随着这部专著的问世，这一研究领域的相关研究将得到进一步的拓展，宋史研究的众多层面和对象或许会因为北宋墓志碑铭的研究而引入更多方面的思考，在传世文献与墓志碑铭之间的学术关系上会有更清晰的思维成果，这部专著的学术价值也将会不断显现出来。我个人以为，《北宋墓志碑铭撰写研究》至少在如下几个方面为史学界做出了贡献。

一、本书稿从多方面对学界迄今为止的宋代墓志碑铭研究领域进行了全面、深入细致的梳理和总结，总体上看，应该说是分析中肯、透彻，辨析博洽，说理论证周严的，也较准确地阐明了这一领域的工作对宋史研究的重要性。

对史学工作者而言，严谨扎实的良好学风不仅体现在原始资料的搜集、整理和科学运用方面，还应体现在对学术界已有的相关成果的吸收与借鉴上。从本书的《绪论》可以看出，作者对迄今为止的海峡两岸、日本及整个宋史学界对墓志碑铭的研究现状、动态、意义和发展方向均有着较全面完整的把握和中肯认识。例如他认为此前学界对宋代墓志碑铭的研究和利用主要是公开发表墓志拓片或释文，并进行简单考述，或从单一墓志纠正史籍谬误及补充史文之不足；利用墓志铭材料研究某些

---

① 多年来，如李伟国教授等众多学人在这方面也付出了大量心血，做出了重要贡献。
② 张舜徽：《中国文献学》，中州书画社1982年版，第11页。

具体问题；以墓志材料本身为对象进行研讨与反思等，并认为"把墓志碑铭作为研究对象、真正检讨墓志铭本身的研究仍不多见，有关墓主、墓志碑铭的撰者、丧家以及撰写过程中的理念、心态和限制性因素等也是前人研究所较少涉及的内容，都有一定的拓展空间"。这些看法大体上符合目前学界在这一研究领域的现状，应该是能够成立的。当然，他对前辈学者和当今宋史学界在这一领域的成果和成就也从学术层面予以了充分的肯定。

由此不难看出作者在这一专业领域用功之勤与浸润之深，也为学界同仁的相关研究工作提供了非常有益的观照、参考与借鉴。

二、在本课题的研究方法和手段上，作者则可谓独辟蹊径。

从目前的情况看，流传下来的有关北宋墓志碑铭的拓本为数众多，内容异常繁富，且近年来的相关发掘也堪称琳琅满目，因此，研究和整理宋代墓志碑铭的全部内容是一项宏大的工程。然而，尽可能详尽地占有第一手材料是一位严谨的史学工作者从事科学研究的基石，而对史料进行去粗取精、去伪存真的功夫，也往往最能体现史学工作者的学养与学术底蕴。在北宋墓志碑铭研究领域及相关研究领域，搜集、整理与考校墓志碑铭、通过传世文献与墓志碑铭的比较研究相互证实和证伪，这些无一不是辛勤而艰苦的工作，其学术价值是绝不能低估的。

本书作者多年来致力于这一领域的研究，在北宋墓志碑铭的搜集、整理与考校等方面，同样也付出了大量的的心血。本书的研究对象与研究内容涉及整个北宋168年，要系统、完整地进行考察和研究北宋全部墓志碑铭并非易事，因而从何种角度、以何种手段和方法对其进行研究，也就成为首当其冲的问题。饶有意味的是，本书并不仅仅是针对每一件北宋墓志碑铭的具体内容"辨章学术，考镜源流"，而是在此基础上选择从北宋墓志碑铭"撰写"的角度进行审视和考察，并由此引发出一系列颇具学术价值的问题，这不能不令人有耳目一新之感。

围绕着北宋墓志碑铭"撰写"的主旨，作者分门别类，分别从"北宋宗室墓志铭撰者""奉敕撰功臣墓志碑铭者""丧家向亲属求铭""丧家向非亲属求铭""直系亲属间的主动撰铭""非亲属间撰者主动撰铭"

"墓主生前自撰碑志"等不同角度对北宋墓志碑铭的撰写及其内在意蕴进行了细致而深刻的阐述和论证，生动展示了北宋官僚士大夫阶层的政治生态与官场士风，这对于我们深入理解整个北宋时期精英阶层的生存状态与价值观念，无疑是提供了一把不可多得的钥匙。因此，这种研究手段与方法的运用，无疑也是一种颇具学术价值的尝试。

三、已故的邓广铭先生在他漫长的学术生涯和指导后学的教学生涯中，总是强调治史的"四把钥匙"——年代、地理、职官、目录的重要性。在本书稿中，作者遵循前辈学者的指引，对北宋墓志碑铭中所涉及的地理、职官问题，对北宋个人习惯与墓志碑铭的撰写进行了精审的考订，厘清了此前悬而未决的诸多问题。其结论多发他人未发之覆，堪称弥补了本研究领域的一些空白。

例如，作者以范仲淹所撰墓志中所见郡名为例，详尽考证了"碑志所见郡名""所用郡名特点"，认为范仲淹在撰写墓志时，有意将转运使写为部刺史，知州记为太守；对出土墓志中所见北宋韩琦家族"中散韩公"，作者也进行了令人信服的考释。在陶晋生先生等人的研究基础上，作者利用国家图书馆所藏拓片等信而有据的材料，一一予以廓清。通过这些细致的考证，北宋至南宋时期韩氏家族关系的繁衍与发展的状况也清晰地呈现在世人面前。

四、这部著作也是一部将北宋墓志碑铭的撰写及其具体内容与宋代历史研究有机结合的佳作，弥补了宋史研究的诸多不足，同时也为研治北宋政治史和相关领域的学界朋友提供了一些有益的参考。

例如，本书用专章通过北宋墓志碑铭的记载对北宋一朝政治史的发展演进过程分三个时期进行了细致的考察。如对于宋初政治，作者透过碑志文内容与墓志碑铭的撰写，对"北宋建立及统一的若干侧面""宋初对辽战争""东封西祀与墓志碑铭的撰写"进行了深入的研究；对于北宋中期政治，则透过墓志碑铭中的记载，就"碑志文中刘太后的负面形象"、宋仁宗明道二年（1033）废后事件的碑志文撰写以及"范仲淹集团"进行了解析和论证；对于北宋晚期政治，作者从"顺应政治潮流的碑志文撰写""不敢求铭或铭文中表达较为隐晦""坚持原则据实直书"等三个方面考察了这一时期的特殊政治环境和政治气氛。其论证过程是严谨的，其诸多结论性的意见也从一全新的视角揭示了北宋晚期政治发展的特殊轨迹，具有重要的学术价值。

从本书还可看出，作者虽然将研究对象侧重于北宋墓志碑铭的具体内容和撰写，但同时也稔熟宋代最重要的文献典籍和相关领域的史料，可以说已经积累了较为深厚的学养，这也就决定了作者在研究过程中能够见微知著，可以通过北宋墓志碑铭的研究洞察北宋历史发展的诸多层面，并得出中肯、独到和发人深省的见解。这种将宋代墓志碑铭与其它传世文献典籍有机结合的研究方式，对在相关领域推进宋史研究，其学术价值和理论价值显而易见。

五、本专著的另一显著特点，则是整体研究与个案研究相结合。这不仅可使读者透过北宋碑志文撰写及其具体内容洞察北宋168年间历史发展的诸多层面，明晰其发展规律，而且也可通过一些典型性案例的深入了解，深化相关领域的学术探讨。如作者选取了孔道辅墓志铭和欧阳修撰范仲淹神道碑这两个精典个案进行了细致而深入的考察和辨析，精彩之论随处可见。

关于前者，作者利用其墓志碑铭撰写和具体内容，对孔道辅"墓志铭"与"后碑"进行了周严的文本分析，对有关其世系、谏官事迹、两次出使契丹、废郭皇后伏阁请谏事件、后嗣情况、宋真宗大中祥符年间天庆观击蛇案等方面均进行了令人信服的考索、分析和论证，精彩之处甚多。如作者通过深入细致的辨析，认为"张宗益作孔道辅后碑不但是为了使孔氏的生平功绩传信后世，而且还是用以否定王安石撰其墓志铭的手段。也只有理解了这一点，才会明白何以在在聊聊数百言中，出现了材料取舍方面'详人所略、略人所详'的偌大差异，甚至连世系之详略亦不愿意有丝毫雷同之处"等等，颇有见地的此类论述甚多。

欧阳修撰范仲淹神道碑一事，是当时和此后北宋官场和士大夫圈内较为重要的事件之一。由于该事件涉及北宋中期的政治生态，涉及几大豪门家族之间的是非恩怨以及范仲淹、吕夷简等人的身后评价等复杂因素，素为研治宋代政治史的诸多研究者所重视，且见仁见智，一直存在着较大分歧。作者在本书中对所谓"吕范结仇"原因进行了再辨析，认为"吕范结仇与范仲淹第一次遭贬无关",对宋仁宗明道二年(1033)废后事件中的吕范冲突、吕范结仇与景祐三年(1036)政争、"范仲淹神道碑"的撰写过程及争执等当时政治生活中的重要事件进行了严谨细腻的考察,认为欧阳修撰范仲淹神道碑时是"考虑了诸多的限制因素,下笔时处处谨慎,不仅迁延数年方才完成,而且为了弥合吕范之间的矛盾,更是有意回避、模糊化处理吕夷简对范仲淹排挤陷害的事实",这诚为符合历史事实的中肯之论。

综上所述,全相卿博士《北宋墓志碑铭撰写研究》一书史料翔实,网罗宏富,取材精审,是在充分占用史料、并对史料进行认真研究的基础上完成的,是这一研究领域的见功之作——虽然其中的若干观点还可进一步展开讨论。本书的出版将为学界增添又一别开生面的佳作,这确为可喜可贺之事。

行文至此,笔者还想说几句蛇足之语。

在我个人看来,相卿博士应该是当下学界优秀的青年才俊之一,也应该是最具发展潜力的年轻学者之一。截至目前为止,他已分别获得教育部人文社会科学青年项目"北宋墓志碑铭撰写研究"和国家社科基金项目"出土北宋墓志整理与研究",并已在一些重要的学术刊物发表了一系列具有较高水平的学术论文,这些研究及其学术水平为作者顺利完成难度较大的《北宋墓志碑铭撰写研究》一书奠定了坚实的基础。因此,本书作为研究项目的阶段性成果,应该可以说是圆满达到预期的目的。本书之所以能在该研究领域取得成功,并为学界做出贡献,应归因于作者严谨笃实的学风、一丝不苟的治学理念和尽可能追求完美的科学精神。

此外,相卿博士与海内外学界的众多前辈学者和同辈学人均有着热忱、真挚和密切的学术交往,并因为对学术的挚爱和对学术真谛的追求,多年来,在利用网络媒体推介和传播宋史研究成果等公益活动方面也耗费了大量时间,做出了重要贡献。在处事为人方面,他恪守中国传统文人尊师重道的传统规范;往往不计个人的名利得失,对学界需要帮助的朋友总是尽其所能、毫无保留地施以援手,颇具古道热肠;他治学充满灵性,努力追求真知卓见,处事宽厚,个性友善、随和包容,以至其母校的一位前辈学者曾在多年前和我聊天时称他是"人见人爱"。这些言辞虽然游离了有关本书稿内容及学术评价的主题，但我认为，在未来的学术生涯中，这些品质会对他以后的学术成长大有裨益。

期待着将来能不断读到仝相卿博士的新著。

2019 年 1 月撰于华中科技大学喻家山麓

目 录

绪 论 ……………………………………………………………(1)
  一 选题缘由及意义 ……………………………………………(1)
  二 研究范围及概念界定 ………………………………………(5)
  三 相关学术史回顾 ……………………………………………(7)

第一章 北宋碑志文的撰写类型 ………………………………(15)
  第一节 奉敕撰碑志者 …………………………………………(15)
    一 北宋宗室墓志铭撰者 ……………………………………(16)
    二 北宋奉敕撰功臣墓志碑铭者 ……………………………(30)
  第二节 丧家求铭之类型 ………………………………………(38)
    一 丧家向亲属求铭 …………………………………………(38)
    二 丧家向非亲属求铭 ………………………………………(41)
  第三节 撰者主动撰铭 …………………………………………(48)
    一 直系亲属间的主动撰铭 …………………………………(49)
    二 非亲属间撰者主动撰铭 …………………………………(50)
    三 墓主生前自撰碑志 ………………………………………(52)
  小 结 ……………………………………………………………(55)

第二章 墓志碑铭撰写与北宋政治 ……………………………(57)
  第一节 碑志文中所见宋初政治 ………………………………(59)
    一 碑志文中北宋建立及统一的若干侧面 …………………(59)
    二 碑志文中的宋初对辽战争 ………………………………(63)

三　东封西祀与墓志碑铭的撰写 …………………………… (65)
　第二节　墓志碑铭与北宋中期政治 …………………………… (67)
　　一　碑志文中刘太后的负面形象 …………………………… (67)
　　二　明道二年(1033)废后事件的碑志文撰写 ……………… (71)
　　三　碑志文中的"范仲淹集团" …………………………… (75)
　第三节　碑志文中的北宋晚期政治 …………………………… (79)
　　一　顺应政治潮流的碑志文撰写 …………………………… (81)
　　二　不敢求铭或铭文中表达较为隐晦 ……………………… (86)
　　三　坚持原则据实直书 ……………………………………… (88)
　小　结 …………………………………………………………… (91)

第三章　个人习惯与墓志碑铭撰写：以地理、职官为例 …… (93)
　第一节　范仲淹撰墓志中所见郡名考论 ……………………… (93)
　　一　碑志所见郡名考实 ……………………………………… (95)
　　二　范仲淹所用郡名特点 ………………………………… (107)
　　三　未详考郡称推测 ……………………………………… (113)
　第二节　出土墓志所见北宋韩琦家族"中散公"考实 ……… (116)
　　一　北宋韩琦家族墓志所见"中散韩公" ………………… (117)
　　二　"中散韩公"考实 …………………………………… (119)
　小　结 ………………………………………………………… (123)

第四章　北宋墓志碑铭撰写中的丧家因素
　　　　　——以石本、集本对比为中心 ………………… (125)
　第一节　墓志碑铭石本与集本对应篇目及校勘情况 ……… (126)
　第二节　墓志碑铭文字"刻石时增改原稿"现象分析 …… (132)
　　一　撰者资料不全，留白以待丧家自行填补 …………… (133)
　　二　撰者陈述事实不误，丧家修饰后刻石 ……………… (134)
　　三　撰者陈述事实有误，丧家修改后刻石 ……………… (135)
　　四　撰者与丧家对墓主行谊认知不一，丧家修改后刻石 … (136)
　第三节　碑志文撰写中丧家和撰者的理念 ………………… (139)

一　丧家欲彰显墓主美德 ·· (139)

　　二　墓志撰者有自己的写作原则 ······································· (140)

　　三　丧家、撰者在碑志撰写中的冲突与调和 ······················ (143)

小　结 ··· (146)

第五章　墓志碑铭撰写个案研究之一
　　　　——以北宋孔道辅为中心的考察 ······························· (147)

第一节　孔道辅"墓志铭"与"后碑"文本分析 ··························· (149)

　　一　孔道辅世系之详略 ·· (149)

　　二　孔道辅为谏官事迹 ·· (150)

　　三　孔道辅两次出使契丹 ·· (151)

　　四　明道二年(1033)废郭皇后伏阁请谏事件 ······················ (152)

　　五　宝元二年(1039)冯士元狱 ··· (153)

　　六　孔道辅后嗣情况 ··· (154)

　　七　宋真宗大中祥符年间天庆观击蛇案 ······························ (154)

第二节　孔道辅"墓志铭"与"后碑"的撰者及撰写时间 ············· (155)

　　一　王安石及孔道辅墓志铭撰写时间 ································· (155)

　　二　张宗益及《宋守御史中丞赠太尉孔公后碑》的撰写时间 ··· (156)

第三节　墓志碑铭撰写中的影响因素 ··· (160)

　　一　个人习惯、资料来源与碑志文撰写 ······························ (160)

　　二　政治环境与墓志碑铭的撰写 ·· (163)

　　三　政治集团与墓志碑铭的书写 ·· (165)

小　结 ··· (167)

第六章　墓志碑铭撰写个案研究之二
　　　　——以欧阳修撰范仲淹神道碑为中心 ···························· (170)

第一节　"吕范结仇"原因再辨析 ·· (171)

　　一　吕范结仇与范仲淹第一次遭贬无关 ······························ (171)

　　二　明道二年(1033)废后事件中的吕范冲突 ······················· (175)

　　三　吕范结仇与景祐三年(1036)政争 ·································· (179)

第二节　"范仲淹神道碑"的撰写过程及争执 …………… (181)
　　第三节　范仲淹墓志铭与神道碑对比分析 ……………… (186)
　　第四节　欧阳修撰"吕范解仇"的原因 …………………… (190)
　　第五节　"吕范解仇说"论据辨析 ………………………… (195)
　　小　结 ………………………………………………………… (198)

结　论 ………………………………………………………… (200)

附录一　盖棺自论定：宋代自撰墓志铭探析 ……………… (204)
　　一　宋代自撰墓志铭概览 …………………………………… (205)
　　二　宋代自撰墓志铭文体特征 ……………………………… (210)
　　三　宋代自撰墓志铭原因试析 ……………………………… (214)
　　结语 …………………………………………………………… (219)

**附录二　虚实之间：墓志所见澶渊之盟中张皓事迹的"真实"
　　　　　与"塑造"** ……………………………………… (221)
　　一　墓志有关澶渊之盟中张皓作用的"书写" ……………… (222)
　　二　曹利用出使契丹未果与张皓的登场 …………………… (224)
　　三　史籍所见澶渊之盟中张皓事迹 ………………………… (228)
　　结语 …………………………………………………………… (230)

参考文献 ……………………………………………………… (233)

绪　　论

一　选题缘由及意义

新材料对历史研究的推动作用巨大。新材料的发现，未必立即能完全还原历史的本来面目，但或许能带给我们更多的由此产生出来的新问题。而学者的任务在于从这些新出现的问题出发，寻求更多材料的支持，找出解决各类新问题的途径与方法。[①] 诸如简帛文献对先秦、秦汉史研究的贡献，敦煌文书、吐鲁番出土文书对魏晋隋唐史研究的推动，以及明清内阁档案对明清史研究的促进，均为明证。然而，这样大规模"耸动视听"的新材料，在宋史研究领域尚不多见。正如包伟民在《武义南宋徐谓礼文书》前言中指出的："多年以来，在宋史研究领域，由于学术研究较少得到来自于新资料的刺激与推动，故而略显沉闷。"[②] 这或许是当代宋史研究者的共识。

虽则如此，宋代出土墓志碑铭作为新材料的意义并不能低估。对出土墓志碑铭的搜讨，清代金石学者在其著作中已经多有注意，民国以来，更有利用墓志作为研究者，就宋代部分而言，"柯昌泗跋祖士衡的墓志铭及牟润孙考证折可存的墓志铭兼论宋江，都是有名的例子"[③]。新中国成立之后，随着考古工作的广泛开展，许多出土宋代墓志资料逐渐刊布于

[①] 卢向前：《新材料、新问题与新潮流——关于隋唐五代制度史研究的几点看法》，《史学月刊》2007年第7期。

[②] 包伟民、郑嘉励编：《武义南宋徐谓礼文书·前言》，中华书局2012年版，第1页。

[③] 黄宽重：《宋史研究的重要史料——以大陆地区出土宋人墓志资料为例》，《新史学》1998年第9卷第2期。

各类期刊上，其数量相当可观。

早在20世纪80年代，饶宗颐就指出墓志碑铭作为新史料的意义："向来谈文献学（philology）者，辄举甲骨、简牍、敦煌写卷、档案四者为新出史料之渊薮。余谓宜增入碑志为五大类。碑志之文，所与史传相表里，阐幽表微，补阙正误，前贤论之详矣。"[①] 饶宗颐把碑志与甲骨、简牍、敦煌文献和明清内阁档案并称，是非常有眼光的。陆扬以南北朝时期墓志碑铭材料为例，认为其对"了解从南北朝到隋唐时期的层层面面提供了许多重要的细节，使史家对这段重要历史时期的重构能从平面走向立体，从单一走向多元"[②]，意义重大。然而，由于宋代传世文献较前代大为丰富，故宋史学者对出土文献的关注和使用，尤其是在出土墓志碑铭方面，远不如魏晋隋唐史学界那么重视，宋史研究者近来在此方面已经有所警醒，台湾学者曾组织宋代墓志碑铭研读班，并就相关议题召开了国际学术会议[③]，就是较好的见证。

除了出土墓志碑铭外，传世文献对此类资料亦有较多保存。因雕版印刷技术的发展，宋代许多文人文集得以刊刻并流传至今，其中所收录的墓志碑铭资料是宋代墓志碑铭的最大宗。宋人杜大珪还专门把当时所谓名臣撰写的诸多墓志碑铭等资料编撰成集，计100卷，流传后世。[④] 这些都为笔者研究提供了资料基础。

综合学界已有的研究成果，笔者认为对宋代出土墓志碑铭的讨论，可以从以下几个方面拓展。

首先，就新出土碑志资料而言，宋代出土墓志碑铭的综合性整理亟待提上日程。刘琳、曾枣庄等在编纂《全宋文》时对传世文献中的墓志

[①] 饶宗颐编著：《唐宋墓志：法国远东学院藏拓片图录·引言》，中文大学出版社1981年版，第3页。

[②] 陆扬：《从墓志的史料分析走向墓志的史学分析——以〈新出土魏晋南北朝墓志疏证〉为中心》，《中华文史论丛》2006年第4期。

[③] 台湾学者关于宋代墓志碑铭研读会的相关成果，可参考：http://www.scu.edu.tw/history/song/index.htm。

[④] 杜大珪：《名臣碑传琬琰集》，文海出版社1980年版。洪业、聂崇岐等先生删去与文集重复收录者，编订为3卷。参见杜大珪撰，洪业等编纂《琬琰集删存》，上海古籍出版社1990年版。

碑铭有较为广泛的收录，为研究者使用带来很大方便。然而20世纪90年代之后出土的宋代墓志碑铭，《全宋文》编纂者并未予以较多关注。据笔者了解，新中国成立之前，存在于金石文献、地方志等书中的墓志碑铭材料，《宋代石刻文献全编》已做了较好的辑录，① 而北京图书馆金石组编《北京图书馆藏中国历代石刻拓本汇编》第37—44册公布了中国国家图书馆所藏两宋墓志碑铭拓片，② 两者内容多有交叉。1949年之后出土的墓志碑铭，多单独发表于各种期刊杂志上，③ 部分地区编辑出版了地域性的石刻材料汇编，④ 或以家族为中心的墓志碑铭汇集。⑤ 然总体而言，与魏晋隋唐史学界编辑的墓志集释及墓志汇编相比，⑥ 显得相当滞后，故整理综合性的宋代墓志汇编已是当务之急。

其次，墓志碑铭与政治史、经济史、日常生活史等领域相关议题的研究可继续深入。这也是近些年学者利用墓志碑铭资料时的关注重点，在2000—2003年间，台湾学者组织的"宋代史料研读会"以宋代墓志碑铭为中心，进行研读，其研读方式和目的如下：

---

① 国家图书馆善本金石组编：《宋代石刻文献全编》，北京图书馆出版社2003年版。
② 北京图书馆金石组编：《北京图书馆藏中国历代石刻拓本汇编》，中州古籍出版社1989年版。
③ 1949—1989年出土的北宋墓志，荣丽华编辑了详细的目录。参见荣丽华编集、王世民校订《1949—1989四十年出土墓志目录》，中华书局1993年版，第182—218页。
④ 如：高文、高成刚编：《四川历代碑刻》，四川大学出版社1990年版；陈柏泉编著：《江西出土墓志选编》，江西教育出版社1991年版；马曙明、林任豪主编，丁伋点校：《临海墓志集录》，宗教文化出版社2002年版；赵君平编：《邙洛碑志三百种》，中华书局2004年版；吴敏霞、刘兆鹤编：《户县碑刻》，三秦出版社2005年版；衢州市博物馆编著：《衢州墓志碑刻集录》，浙江人民美术出版社2006年版；齐运通编：《洛阳新获七朝墓志》，中华书局2012年版。
⑤ 河南省文物考古研究所编：《北宋皇陵》，中州古籍出版社1997年版；河北省文物研究所、临城县文物保管所编：《北宋临城王氏家族墓志》，文物出版社2009年版；洛阳市第二文物工作队编：《富弼家族墓地》，中州古籍出版社2009年版；河南省文物局编著：《安阳韩琦家族墓地》，文物出版社2012年版。
⑥ 例如：新中国成立初期赵万里就出版《汉魏南北朝墓志集释》（科学出版社1956年版）；21世纪初，罗新、叶炜又出版了《新出土魏晋南北朝墓志疏证》（中华书局2005年版）。对唐代墓志进行集中整理的则有陈长安主编的《隋唐五代墓志汇编》（天津古籍出版社1991年版）、周绍良主编的《唐代墓志汇编》（上海古籍出版社1992年版）和周绍良、赵超主编的《唐代墓志汇编续集》（上海古籍出版社2001年版）。

（一）持续之前研读方式，就单篇墓志铭史料进行（1）标校全文，（2）字词解释，（3）查核墓主生平相关史料，（4）查核其他馆藏资料，（5）分析其史料价值等工作。

（二）由成员就三年间研读之墓志铭数据各选主题进行综合性的分析、检讨，经与宋代相关典籍比对研究后，撰写论文。并于十月下旬举办学术研讨会，邀请国内外宋史学界相关人士共同讨论。①

2003年，他们还成功举办了"'宋代墓志史料的文本分析与实证运用'国际学术研讨会"，② 对宋代墓志铭的讨论扩大到政治史、制度史、经济史、社会史、文化史、历史地理等领域，然学者们的部分研究尚属初步分析，仍可对相关问题做全方位、多角度的讨论。

再次，将墓志碑铭作为研究对象进行分析需要进一步加强。前辈学者的研究多以墓志碑铭作为材料加以利用，而对墓志碑铭本身的研究尚不多见。如涉及墓志碑铭材料的价值问题，学界对此议题的研究，多停留在"隐恶扬善"这种"不证自明"的前提上。其实宋人对此已经多有议论，若我们对墓志碑铭的了解，不能更为深入探讨其隐何种恶，扬哪些善？何种观念导致其书写时候的是此非彼？这与宋人已有的认识相比并无实质上的提高，"相对于我们的时代而言，这实际上是思维方式的倒退"③。

最后，可对墓志碑铭的撰者、刻者、墓主、丧家等进行深入探讨。不同阶层、不同身份的墓主在碑志文中呈现的面貌、凸显的重点并不相同，不同撰者的撰写理念亦不一致；丧家在碑志文撰写中起到的作用如何，他们通过何种途径影响碑志文的撰写？均可以深入研讨。

本书尝试以北宋墓志碑铭作为对象，对墓志碑铭撰者和撰写过程中的诸多因素进行研究。通过分析墓志碑铭撰者在碑志文撰写过程中的理

---

① http://www.scu.edu.tw/history/song/planwhole.htm.
② http://www.ihp.sinica.edu.tw/~twsung/song/report.htm.
③ 借用邓小南反思"宋代官僚政治制度史"之语。参见邓小南《走向"活"的制度史——以宋代官僚政治制度史研究为例的点滴思考》，原刊《浙江学刊》2003年第3期，今据包伟民主编《宋代制度史研究百年（1900—2000）》，商务印书馆2003年版，第11页。

念、心态、个人习惯，以及政治环境、政治立场、丧家干预等内外因素对墓志碑铭最终形成所产生的影响，尝试说明碑志文作为第一手材料使用时，仍需注意"史料"形成过程中已经存在诸多限制性因素，以期对宋代墓志碑铭的研究和使用有所助益。

二 研究范围及概念界定

首先，本书以"北宋"为段限，有两个时间节点需要把握：其一是墓志碑铭撰写于960—1127年之间；其二是墓主的去世时间在此范围之内。前者涉及"墓志碑铭撰写特色"的延续与变化；后者涉及"政治与社会"的演进。前述已知，笔者意在体察此阶段墓志碑铭的撰写及其中所蕴含的相关问题，两个方面均有涉及。就时间上限（960）言，如韩通死于陈桥兵变当日，陈保衡于建隆元年（960）二月为其撰写了墓志铭，[①]墓主去世于建隆元年，其生活、仕宦经历皆在五代时期，属于笔者的讨论对象；就时间下限（1127）论，如钱勰绍圣四年（1097）去世后葬于开封，然当时其"方在谪籍中，不克于墓"，没有撰写墓志。到建炎元年（1128）迁葬时才有李纲"撰写公平生行事"[②]。虽钱勰直到南宋初年方有墓志，但笔者在讨论相关问题时仍把这类人物的碑志文纳入考察范围。

之所以把考察对象限定在北宋范围之内，笔者有以下考虑：杜希德（Denis Twitchett）研究了唐代传记的撰写，认为唐代墓志铭"极度形式化"（extremely formality）。[③] 柏文莉（Beverly Bossler）曾就唐宋墓志的写作做了对比研究，认为宋代墓志铭有四个突出特点，"注重现世而非先世的家庭关系""对经济状况的书写""妇女对家庭的贡献"以及"标榜个

[①] 陈保衡：《故检校太尉同中书门下平章事使持节郓济等州观察处置等使兼侍卫亲军马步军副都指挥使仍加食邑五百户食实封二百户赠中书令韩公墓志》，北京图书馆金石组编：《北京图书馆藏中国历代石刻拓本汇编》，第37册，第1页。

[②] 李纲著，王瑞明点校：《李纲全集》卷167《宋故追复龙图阁直学士赠少师钱公墓志铭》，岳麓书社2004年版，第1548页。

[③] Denis C. Twitchett, Chinese Biographical Writing, W. G. Beasley & E. G. Pulleyblank eds., *Historians of China and Japan*, London: Oxford University Press, 1961, pp. 95–111.

人努力建立家业而非注重家族情况"，且这四点大致在宋初就已经形成。①萧婷（Angela Schottenhammer）亦从唐宋对比的角度入手，分析了唐、宋墓志碑铭在撰写上的特色并加以比较，得出唐宋在墓志铭写作上截然不同的看法。②卢建荣以唐宋在室女墓志铭的书写为对象，讨论了唐宋间女性性别意识的差异及演变。③翁育瑄认为就墓志铭写作而言，宋代已经脱离了墓志书写为骈体文的架构，并有长篇化的倾向，并开始对墓主事迹进行强调，较之唐代墓志所表现出来的哀悼文学性质，北宋墓志已经转化为传记文学。④刘成国的看法与翁育瑄相似，他从墓志铭写作"笔法"的角度出发，认为中唐之后，碑志的写作"逐渐由哀悼文学向史传文学转化"，"这一点与南北朝至唐初碑志迥然有异"。⑤郑嘉励通过浙江地区材料为例分析，认为南宋出现"随葬圹志之风极盛""神道碑与墓志铭开始合流""神道碑向中下层社会渗透"等新的现象，与北宋墓志碑铭有着较大的区别，体现了南宋文化"传承传统又富于创新"的特征⑥。笔者虽然无意把北宋墓志碑铭的撰写纳入"变革""转向"抑或"过渡"等大的研究范式下进行讨论，但若确如上述研究者所论，则北宋墓志铭确实呈现出与唐五代、南宋不同的风格和特点，并有一个逐渐发展变化的过程，深入探索北宋墓志碑铭文字的特点和变化，更能上承唐五代，下启南宋，具有勾上联下的作用，值得认真把握。

其次，本书的"墓志碑铭"按照不同的分类方式可以有不同的范围。第一，按照其位置及性质可分为两类：地下墓室内随葬的墓志铭、圹志和墓上所立的神道碑（墓表、碑碣、后碑等），它们会因墓主身份、所用

---

① ［美］柏文莉：《权力关系：宋代中国的家族、地位与国家》，刘云军译，江苏人民出版社2015年版，第9—28页。

② Angela Schottenhammer, Characteristics of Song Epitaphs, Dieter Kuhn ed., *Burial in Song China*, Heidelberg: Ed. Forum, 1994, pp. 253–306.

③ 卢建荣：《从在室女墓志看唐宋性别意识的演变》，《台湾师范大学历史学报》第25期，1997年。

④ 翁育瑄：《唐宋墓志的书写方式比较——从哀悼文学到传记文学》，《"宋代墓志史料的文本分析与实证运用"国际学术研讨会论文集》2003年10月。

⑤ 刘成国：《北宋党争与碑志初探》，《文学评论》2008年第3期。

⑥ 郑嘉励：《南宋的志墓碑刻——以浙江的材料为例》，《东方博物》2012年第4期。

文体、适用场合等的不同而有种种异名。刘静贞对"墓志碑铭"的概念有这样的界定："所谓墓志碑铭，可大别为墓前所立之碑碣、墓表与圹内所藏之志铭版记两类，而其间又因墓主身份、所用文体、适用场合及碑铭材质之不同，而有种种异名。如墓前所立之神道碑、墓碣，唯品官可用。一般人只可用墓表、阡表。至于墓内所藏志铭则以墓志铭或墓志铭并序为题者所见最多，但亦有单称墓志、墓铭，或以圹志、圹铭、埋铭、坟记、石记为题者，唯释氏之徒称塔铭。但这只是原则性的区别……不过无论哪一种墓志碑铭，其内容皆应包括墓志的世系、名字、爵里、行治、寿年、卒葬年月及子孙大略，当然这也是原则性的。"[①] 本书的讨论对象与之一致，且具有相同内容的行状，也属于本书的讨论范围。

第二，按照保存方式而言，本书的所谓的"墓志碑铭"亦可以分为传世文献和出土文献两类：（1）随着宋代印刷技术的进步，刻书业风行，宋人撰写的大量墓志碑铭得以刊刻并保存下来，此类属于传世文献范畴。（2）自宋代以来，金石学逐渐为人所重视，墓志碑铭材料是其重要的组成部分，新中国成立之前的许多出土墓志碑铭被保存在专门的金石学著作和地方志的金石录中。1949年之后随着基本建设和城市发展，许多墓葬被考古工作者发掘和整理，墓志材料多被公布在《考古》《文物》《考古与文物》《文博》《中原文物》《东南文化》《江西历史文物》等期刊上，以及渐次整理出版的石刻资料汇编中，这些属于金石文献范畴。当然，随着宋代墓志不断出土，二者又有一定的交叉之处，如金石文献中蔡禀墓志、魏闲墓志、曾巩墓志、富弼墓志、王尚恭墓志、富绍京墓志、令人孙氏墓志等，传世文献中亦有保存，可以互相对比并研究。

三　相关学术史回顾

宋史学界对墓志碑铭的研究和使用，主要有以下几个层面。

---

① 刘静贞：《女无外事？——墓志碑铭中所见之北宋士大夫社会秩序理念》，《妇女与两性学刊》1993年第4期。

（一）公开发表墓志拓片或释文，并进行简单考述，或从单一墓志纠正史籍谬误及补充史文不足

此为当下对新出墓志碑铭较为通行的方法。荣丽华前揭书对1949—1989年间公布的墓志碑铭有较好的总结。1990年之后公布的墓志碑铭及类似考释性文字，多散见于考古、文博及历史学杂志，不赘举。

（二）利用墓志铭材料研究某些具体问题

1. 以墓志碑铭为主要材料从事宋代家族史的研究

有学者认为，宋代家族史"真正的研究是从20世纪80年代兴起的"，[①] 当时的研究重点为"义门"，史料使用上以"族规、宗谱为主要依据"。自20世纪90年代开始，家族史或家庭史研究"在史料运用上尤其重视墓志铭"，[②] 当属对学术动态高屋建瓴的把握。对于宋代家族史的研究，学界"主要是侧重家族本身的兴起、发展、迁徙和衰落过程以及在经济、教育、婚姻、家风等方面的探讨，只是根据家族的不同个性而各有侧重而已"[③]。在利用墓志铭讨论家族或家庭史过程中，形成了相当丰富的学术成果，[④] 其中有两部专著是较为典型的作品。陶晋生从家庭及家族维持、婚姻和生活三个方面，考察了北宋士人起家、宦海沉浮及家族维持，婚姻、妇女的教育、再嫁，士人的日常生活等，并附有北宋韩琦家族、山阴陆氏家族和新昌石氏家族三个不同类型的家族个案研究并加以深化。[⑤] 黄宽重则通过四明袁氏、楼氏、汪氏、高氏以及江西张氏和程氏六个家族个案的讨论，用个案研究和宏观提升相结合的方法，把家族兴起与科举制度、家族发展与地方社会、家族兴衰与社会流动等议

[①] 朱瑞熙、程郁：《宋史研究》，福建人民出版社2006年版，第269页。

[②] 张邦炜：《黄宽重〈宋代的家族与社会〉读后》，《历史研究》2007年第2期。

[③] 粟品孝：《组织制度、兴衰沉浮与地域空间——近八十年宋代家族史研究走向》，《社会科学战线》2010年第3期。

[④] 郭恩秀：《八〇年代以来宋代宗族史中文论著研究回顾》，《新史学》第16卷第1期，2005年；吴雅婷：《回顾一九八〇年以来宋代的基层社会研究——中文论著的讨论》，《中国史学》第12卷，2002年；马雪、吉成名：《1991年以来宋代家族史研究述略》，《中国史研究动态》2007年第4期；粟品孝：《组织制度、兴衰沉浮与地域空间——近八十年宋代家族史研究走向》，《社会科学战线》2010年第3期。

[⑤] 陶晋生：《北宋士族——家庭·婚姻·生活》，"中央"研究院历史语言研究所2001年版。

题紧密结合，凸显出家族与社会之间的互动，从而深化了宋代家族史的研究。①

2. 利用墓志材料开展宋代女性史的研究。刘静贞以北宋文集中女性墓志为基本资料，探讨士大夫在试图落实"女正位乎内"的价值理念时，如何调整其理想社会秩序与现实生活间的歧互之处，认为墓志铭中的女性形象是撰写者与其同时代人对某种社会秩序的坚持。②她还以欧阳修作为个案，讨论了欧阳修书写中的女性与实际宋代女性之间的关系。③邓小南探讨了宋代苏州地区士人家族中妇女的角色及地位问题。④郑必俊对千篇宋代妇女墓志铭进行归纳，论述了墓志中所见两宋官绅家族中妇女文化素养的提升、相夫教子、经营家族及和谐人际关系努力等情况。⑤杨果精辟地分析了宋人墓志中女性孝女、顺妇、贤妻、慈母的模式化形象，并讨论了此模式化形象出现的原因。⑥黄繁光观察了墓志铭中显示的宋代妇女操持家务所得的现世福报，认为在传统的妇德外出现了新的赞美内容，显示了社会环境快速变动下主妇们的新工作。⑦铁爱花通过墓志铭讨论了宋代士人阶层女性在公共领域的活动、女性的阅读活动、女性的休闲活动及夫妻关系和妻妾关系等问题。⑧柏文莉从宋元墓志中"妾"称谓的变化和对妾关注度的提升，得出在由宋到元的时间范畴内妾的母性地

---

① 黄宽重：《宋代的家族与社会》，北京图书馆出版社2009年版。
② 刘静贞：《女无外事？——墓志碑铭中所见之北宋士大夫社会秩序理念》，《妇女与两性学刊》1993年第4期。
③ 刘静贞：《欧阳修笔下的宋代女性——对象、文类与书写期待》，《台大历史学报》2003年第32期。
④ 邓小南：《宋代士人家族中的妇女：以苏州为例》，原刊《国学研究》第5卷，今据邓小南《朗润学史丛稿》，中华书局2010年版，第279—317页。
⑤ 郑必俊：《两宋官绅家族妇女——千篇宋代妇女墓志铭研究》，《国学研究》第6卷，北京大学出版社1999年版，第117—140页。
⑥ 杨果：《宋人墓志中的女性形象解读》，原刊《东吴历史学报》2004年第11期，今据杨果《宋辽金史论稿》，商务印书馆2010年版，第300—327页。
⑦ 黄繁光：《宋代墓志铭中的报偿表述法——以士人仕宦际遇及妇女持家生涯为探讨中心》，《东吴历史学报》2004年第12期。
⑧ 铁爱花：《宋代士人阶层女性研究》，人民出版社2011年版，第190—345页。

位日渐提升的现实的结论。①郑丽萍以《全宋文》所收录的4802篇墓志为基础,以宋代妇女婚姻生活为研究对象,考察了宋代男女婚姻缔结过程中的择偶观、婚姻社会圈、婚姻地域圈及初婚年龄,分析了宋代妇女在家庭生活中的夫妻关系、人际交往、年龄和生育状况,还阐述了宋代婚姻关系的解除和当时社会贞洁观念的变化。②

3. 利用墓志材料讨论政治史、制度史、文化史、历史地理等相关问题。这较为集中地反映在2003年台湾学者组织的"'宋代墓志史料的文本分析与实证运用'国际学术研讨会"系列成果中。平田茂树从刘挚所撰墓志铭入手,讨论了元祐"旧法党"中核心集团"刘挚党"人员的组成、地域、仕履及错综复杂的日常关系网络。③何冠环以《全宋文》所收碑铭为资料基础,考录了宋初三朝18位内臣相关事迹。④苗书梅从墓志中爬梳北宋元丰改制之前的监当官的相关材料,对北宋前中期监当官的设置和履职情况进行探讨,很大限度上勾勒出这些在正史当中很少显现的群体。⑤林文勋对宋代墓志铭中的"富民"阶层进行了考察,认为他们是"占有大量财富但又没有政治特权的社会群体,主要靠财富和文化教育在社会上立足。虽然有为富不仁的行为,但大多数的富民在地方社会事务中发挥了重要的作用"。⑥郑铭德通过对宋代商人的墓志铭研究,认为士人对商贾仍有某种程度的排斥态度,故在书写过程中较为隐晦。在商人墓志铭中"义利之辨"是重要内容,不断强调义实际上是墓志撰写

---

① Beverly Bossler, "Coucubines in Song and Yuan Funerary Inscriptions",《东吴历史学报》2004年第12期。
② 郑丽萍:《宋代妇女婚姻生活研究——以〈全宋文〉所涉4802篇墓志为例》,博士学位论文,华东师范大学,2009年。
③ [日]平田茂树:《从刘挚〈忠肃集〉墓志铭看元祐党人之关系》,《东吴历史学报》2004年第11期。
④ 何冠环:《〈全宋文〉所收碑铭之宋初内臣史料初考》,《"宋代墓志史料的文本分析与实证运用"国际学术研讨会论文集》2003年10月。
⑤ 苗书梅:《墓志铭在研究宋代官制中的意义——以北宋元丰改制以前的监当官为例》,《东吴历史学报》2004年第11期。
⑥ 林文勋:《从墓志铭看宋代社会中的"富民"》,《"宋代墓志史料的文本分析与实证运用"国际学术研讨会论文集》2003年10月。

者有意识的选择。① 刘馨珺从宋代地方官赴任过程中安全和支援两方面，论述了地方官员赴任时的种种不安定因素，以及在此情况下公私两方面的支援情况，进而阐发了宋代官员大多具有"兢兢业业、坦然面对贫穷、遵守升迁分寸以及尽职的士大夫精神"。② 吴雅婷一改关注墓志铭中血缘伦理等内容，另辟蹊径，通过对宋代墓志铭书写脉络的爬梳，得出其中朋友交往的种种情形，并考察了宋代士人的为友之道。③ 梁庚尧以福州潘氏家族的科举表现为切入点，进而分析登科士人的家族关系及福州地区考试竞争激烈和教育扩张情况。④ 韩桂华从卒地与葬地、原乡和次乡、礼制与法制三个层面尝试探讨了宋代官员的归葬问题。⑤ 张智玮从阅读墓志中出现的"剧郡""闲郡"出发，通过对传世文献的梳理，认为宋代州郡政务繁简及其认定，其实有别于官方对于州郡等级的划分，⑥ 等等。上述作品从政治史、制度史、经济史、社会史、文化史、历史地理等多个角度进行研究，大大拓宽了对宋代墓志碑铭的研究。

此外，龚延明以出土墓志为例，讨论了出土墓志铭整理过程中的职官制度学养问题。⑦ 陈章龙通过对1997年河南省开封市杞县出土的郑绪墓志进行分析，揭示其中所体现的丧、葬、祭三方面内容，进而透视部分北宋民间丧葬习俗，认为这在一定程度上反映出宋代统治者为了维护社会的稳定，客观上要求重新构建符合实际的礼制秩序的策略。⑧

（三）以墓志材料本身为对象进行研讨与反思

首先，探讨墓志铭的史料价值及不足。肖婷在唐宋变革视野的观照

---

① 郑铭德：《宋代商贾墓志铭中所见士人观念中的商贾形象与典范》，《东吴历史学报》2004年第11期。

② 刘馨珺：《从墓志铭谈宋代地方官的赴任》，《东吴历史学报》2004年第12期。

③ 吴雅婷：《宋代墓志铭对朋友之论的论述》，《东吴历史学报》2004年第11期。

④ 梁庚尧：《宋代福州士人与举业》，《东吴历史学报》2004年第11期。

⑤ 韩桂华：《墓志铭中所见宋代官员归葬问题》，《"宋代墓志史料的文本分析与实证运用"国际学术研讨会论文集》2003年10月。

⑥ 张智玮：《从墓志铭看宋代地方的"剧郡"与"闲郡"》，《东吴历史学报》2004年第12期。

⑦ 龚延明：《职官制度学养与出土文献整理》，《浙江大学学报》2011年第3期。

⑧ 陈章龙：《北宋郑绪墓志管窥》，姜锡东、李华瑞主编：《宋史研究论丛》第12辑，河北大学出版社2011年版，第630—645页。

下，试着从内容、结构、作者和墓主身份研究宋代墓志铭的特色，认为宋代墓志铭的撰写与唐代相比，不仅形式上有所区别，更重要的是内容开始强调个人的贡献和道德伦理，与唐代墓志铭强调家族背景和血统截然不同。[1] 黄宽重分析了1949—1996年间中国大陆新出土宋人墓志铭，并阐述了其在增订正史列传资料、辑补宋代名臣文集、增进家族史研究以及一般人物资料所展示的历史现象等方面的价值。[2] 另外，他还用2方墓志铭做个案研究："樊氏墓志铭"对研究高氏家族发展史的重要价值，"孟邦雄墓志"对了解南宋初年地方势力滋长、政局变化等的作用，并指出墓志铭"隐恶扬善"的写作方法及利用墓志时需与其他相关史料对比印证。[3] 陶晋生从资料来源、人际关系、写作模式等方面概述了墓志材料的价值和使用限制。[4] 王德毅从史源学角度认为论证了墓志铭的价值，从撰志者与墓主的关系及政治纠纷影响墓志书写的角度出发讨论了其不足之处，是对墓志材料检讨较为深刻的文章。[5] 马玉臣以新出土14方富弼家族墓志为考察对象，从文献学角度讨论了富弼家族墓志补史、证史之功用，并分析了史料价值的不足。[6]

其次，对墓志铭撰写活动的分析与反思。刘静贞通过对五代、北宋女性墓志铭的分析，认为其撰写不会以"传真述实"为基本原则，而是墓志铭撰写者与其同时代人对某种社会秩序的坚持。[7] 她还从北宋前期墓志铭撰写者的角度入手，通过辨析书写者的文字，分析其在撰写墓志铭

---

[1] Angela Schottenhammer, Characteristics of Song Epitaphs, Dieter Kuhn ed., *Burial in Song China*, Heidelberg: Ed. Forum, 1994, pp. 253–306.

[2] 黄宽重:《宋史研究的重要史料——以大陆地区出土宋人墓志资料为例》，《新史学》1998年第9卷第2期。

[3] 黄宽重:《墓志资料的史料价值与限制——以两件宋代墓志资料为例》，《东吴历史学报》2003年第10期。

[4] 陶晋生:《北宋士族——家庭·婚姻·生活》序，第iv—v页。

[5] 王德毅:《墓志铭的史料价值》，《东吴历史学报》2004年第12期。

[6] 马玉臣:《宋代富弼家族墓志史料价值刍议》，《史学史研究》2012年第1期。

[7] 刘静贞:《女无外事？——墓志碑铭中所见之北宋士大夫社会秩序理念》，《妇女与两性学刊》1993年第4期；刘静贞:《正史与墓志资料所映现的五代女性意象》，荣新江主编:《唐研究》第11卷，北京大学出版社2005年版，第194—202页。

过程中的心态、取材和社会意义。①此外，她还对五代到北宋墓志的书写、墓志资料的时代意义、石刻墓志资料的重要性及拓片资料的解读等做了深度的思考，并尝试从多方面探求其能进一步研究的渠径。②近藤一成以王安石撰写墓志铭为个案，讨论了其所撰墓志铭与地域、社会关系、党争等方面的互动关系。③邱佳慧以二程对女性墓志铭的书写为对象，其撰写女性墓志注重行第排列、谨慎选择婚配、推崇修道存德的特色，并对"饿死事小、失节事大"进行了深度再反思，进而认为在二程女性墓志书写中有女性独立意识的触发。④柳立言通过对苏轼撰写乳母任采莲墓志铭的探讨，认为其笔法反映了宋代古文运动的发展，其内容则反映了唐宋士人家族由封闭走向开放的转变，亦可看出苏轼经历了乌台诗案之后心向佛老的个人心态变化。⑤刘成国从北宋后期党争与墓志铭撰写出发，阐述了党争对碑志创作、传播、"笔法"、"内容"的影响，展示了文体与特定时代政治文化之间的关系。⑥黄益以欧阳修、慕容彦逢和刘克庄为个案，研究了三位作者对志墓铭文的不同态度及特点。⑦罗昌繁尝试将党争与碑志文撰写的研究时段向前延至北宋中期，分别讨论了吕范之争和新旧党争两个时期的党争对碑志文撰写取材、笔法和传播等方面的影响。⑧

最后，对撰者撰写碑志文的风格加以概括总结。洪本健对王安石所撰碑志文从史料价值和文体特征两个方面进行概括。⑨洪本健还认为欧阳修重视碑志文立言"不朽而存"的价值，坚持求真务实和记其大略的撰

---

① 刘静贞：《北宋前期墓志书写活动初探》，《东吴历史学报》2004年第11期。
② 刘静贞：《文物・テキスト・コンテキスト——五代北宋期における墓誌資料の性質とその捉え方》（《文物・文本・语境——五代至北宋时期墓志的资料性质与研究思考》），《大阪市立大學東洋史論叢》别册特集号"文獻資料學の新たな可能性"，2006年5月，第79—94页。
③ ［日］近藤一成：《王安石撰墓誌を讀む——地域、人脈、黨爭》，《中國史學》1997年第7期。
④ 邱佳慧：《由墓志铭看二程对妇女的书写》，《东吴历史学报》2004年第12期。
⑤ 柳立言：《苏轼乳母任采莲墓志铭所反映的历史变化》，《中国史研究》2007年第1期。
⑥ 刘成国：《北宋党争与碑志初探》，《文学评论》2008年第3期。
⑦ 黄益：《宋代志墓铭文研究》，博士学位论文，北京师范大学，2010年。
⑧ 罗昌繁：《北宋党争与党人碑志研究》，硕士学位论文，华中师范大学，2011年。
⑨ 洪本健：《王安石碑志文简论》，《社会科学家》1990年第2期。

写原则，并把欧阳修撰写的碑志文做了分类研究。[①] 吉文斌对欧阳修与王安石所撰碑志文进行对比，认为欧阳修为"正格"而王安石多思变，并从二者对碑志文的构思、叙事章法、行文特色等做对比研究。[②] 赵征对苏轼碑志文对韩愈、欧阳修等的继承、本体特征及对后世影响有一定的阐述。[③]

综合以上内容，对宋代墓志碑铭的研究而言，因新出土考古资料渐趋丰富，墓志碑铭越来越受到学者的重视，对其研究也取得了比较丰富的成果。然这样的成果多在纠谬补阙、叙述家族历史、女性以及文体等问题，部分涉及制度史、政治史、历史地理等层面。然而对北宋墓志碑铭的研究还存在相当的不足，学界现有的相关成果主要停留在对墓志碑铭作为史料使用的阶段，然把墓志碑铭作为研究对象、真正检讨墓志铭本身的研究仍不多见，有关墓主、墓志碑铭的撰者、丧家以及撰写过程中的理念、心态和限制性因素等也是前人研究所较少涉及的内容，都有一定的拓展空间。

[①] 洪本健：《论欧阳修碑志文的创作》，《井冈山师范学院学报》2004年第4期。
[②] 吉文斌：《欧、王碑志文比较论》，《重庆三峡学院学报》2008年第1期。
[③] 赵征：《苏轼的碑志文研究》，硕士学位论文，辽宁师范大学，2012年。

第 一 章

北宋碑志文的撰写类型

有关墓志碑铭的撰者问题，叶昌炽在《语石》中云："古碑不题撰书人，或曰造此碑而已……南北朝之际，署名者尚无几……唐时墓志亦往往不署名。其有署者，撰人多、书人少，篆盖、刻字愈少。"① 然据相关研究，中唐以后撰书人姓名列于墓志之上，是比较常见的现象。② 就北宋而言，绝大多数碑志文收录于撰者文集当中，自不存在不知撰者的问题，出土碑志也一般会详载撰者及其社会角色。按照不同分类方法，可对撰者有不同的组合，以之为基础讨论不同问题。以撰铭方式为中心进行分析，可以把北宋碑志文分为以下三种类型：第一，奉敕撰铭；第二，丧家求铭；第三，撰者主动撰铭。以下试分而述之。

第一节　奉敕撰碑志者

奉帝王旨意撰碑志文的行为，在魏晋时期已经出现，然指派何人则属临时性措施。唐代著作郎官撰铭为制度性规定，这在《唐六典》中有明确记载："著作郎掌修撰碑志、祝文、祭文，与佐郎分判局事也。"③ 然著作郎官撰碑志这一制度性规定是否得到严格执行，不同学者有不同的

---

① 叶昌炽撰，柯昌泗评，陈宫柔、张明善点校：《语石》卷6，中华书局1994年版，第385页。
② 最新研究成果参考杨向奎的总结。杨向奎：《唐代墓志义例研究》，岳麓书社2013年版，第52页。
③ 李林甫撰，陈仲夫点校：《唐六典》卷10《著作局》，中华书局1992年版，第302页。

看法。江波认为，唐代奉诏撰铭"由初唐至开元间史官身份走向多元化，自代宗以后渐成宰相于翰林学士分担、敬宗之后向翰林学士为主体的词臣作为人选则是唐代中后期出现的新现象"，这一变化可以称为"由重史官而重词臣/主政之臣的过程"。① 而吴夏平则认为"著作郎官职司碑志、祝文、祭文之事不虚"，他们与"与朝廷临时差遣的修撰行为共同构成官方碑志撰写的官方力量"②。北宋对于奉敕撰碑志并无制度规定，但此类碑志又大量存在，且集中于宗室③和功臣这两类人群中间。这类碑志的撰铭者有无共同特点，是一个值得深入研究的问题。

一 北宋宗室墓志铭撰者

学界对于宋朝宗室的有关讨论，多集中于宗室管理、宗室法令、宗室教育及科举、宗室授官、宗室藏书和宗室婚姻等方面，④ 并未过多涉及宗室墓志铭的撰者问题，仅贾志扬称 11 世纪的宗室墓志铭，"文字流于程式化，作者也极少表达他对记述对象的个人印象，大多数墓志铭的写作其实只是作者居官职掌的一部分而已"，然是何种官员职掌，贾志扬或称"有诏书将墓志铭的写作责任交给了史官"，或称"以词臣为其撰写墓志铭"⑤，缺乏深入分析，仍需要进一步研究。

撰者奉帝王旨意撰写墓主的墓志铭时，一般会在撰者结衔部分显示"奉敕""奉圣旨"撰铭字样，以显示此次撰铭与丧家通过私人关系请求撰写的区别。舒雅撰赵元佐夫人墓志，署自己的结衔为"朝散大夫、行

---

① 江波：《唐代墓志撰书人及其相关文化问题研究》，博士学位论文，吉林大学，2010 年，第 60—85 页。
② 吴夏平：《唐著作郎官社会角色变迁及与碑志文之关系》，中国唐代文学学会等主编：《唐代文学研究》，广西师范大学出版社 2012 年版，第 193—203 页。
③ 需要指出的是，宗室概念中的女性成员，包括"宗室夫人"及宗室中之"在室女"，而不包括已经出嫁的宗室女性。
④ 参见姜锡东、魏彦红《近二十余年来宋代宗室史研究述评》，《中国史研究动态》2013 年第 4 期。
⑤ [美]贾志扬：《天潢贵胄——宋代宗室史》，赵冬梅译，江苏人民出版社 2005 年版，第 61—62 页。

尚书屯田员外郎、充秘阁校理、同编修、上柱国、臣舒雅奉敕撰"①。王珪撰赵世谟夫人墓志时，署结衔为"翰林学士兼侍读学士、朝散大夫、尚书吏部郎中、知制诰、充史馆修撰判馆事、提举在京诸司库务、轻车都尉、太原郡开国侯、食邑一千三百户、食实封二百户、赐紫金鱼袋、臣王珪奉敕撰"②。郑居中撰魏王赵頵夫人墓志称"翰林学士、朝奉大夫、知制诰兼侍讲、实录修撰、云骑尉、赐紫金鱼袋、臣郑居中奉圣旨撰"③。等等。

部分文集在编订过程中，会把"奉敕撰"等文字简化到墓志首题中。如：收录于杨亿《武夷新集》中夔王赵光赞和周王赵元祐的墓志，首题为"大宋赠侍中、追封夔王墓志铭奉敕撰"④与"大宋故光禄大夫、检校太保、左卫上将军、兼御史大夫、上柱国、信国公、食邑一千户、食实封二百户、追封周王、谥悼献墓志铭奉敕撰"⑤；沈括熙宁八年（1075）撰宗室赵叔藻墓志，首题为"宗室故赠同州观察使、冯翊侯墓志铭奉敕撰"⑥。上述两类墓志中皆含有"奉敕撰"或"奉圣旨撰"等字样，直接显示了墓志奉帝王旨意撰写。

有些墓志虽没有直接点出为奉敕撰写，然在撰者结衔中突出"臣"字，仍能够透露此墓志属于奉帝王旨意撰写。蔡确在宗室赵宗易墓志中，称"宣德郎、守右谏议大夫、权御史中丞、充理检使、兼直学士院、判司农寺、兼提举太医局、骑都尉、赐紫金鱼袋、臣蔡确撰"⑦。蔡京撰杨

---

① 舒雅：《大宋楚王故夫人冯氏墓志铭并序》，（民国）《巩县志》卷18《金石三》，文海出版社1968年版，第1490页。
② 王珪：《宋宗室右骁卫大将军窦州刺史夫人山阳县君王氏墓志铭并序》，河南省文物考古研究所编：《北宋皇陵·附录三》，中州古籍出版社1997年版，第527页。
③ 郑居中：《宋皇叔益端献王魏越国夫人墓志铭并序》，周到：《宋魏王赵頵夫妻合葬墓》，《考古》1964年第7期。
④ 杨亿：《武夷新集》卷11《大宋赠侍中追封夔王墓志铭奉敕撰》，宋集珍本丛刊，线装书局2004年版，第2册，第296页。
⑤ 杨亿：《武夷新集》卷11《大宋故光禄大夫检校太保左卫上将军兼御史大夫上柱国信国公食邑一千户食实封贰佰户追封周王谥悼献墓志铭奉敕撰》，宋集珍本丛刊，第2册，第296页。
⑥ 沈括原著，杨渭生新编：《沈括全集·长兴集》卷15《宗室故赠同州观察使冯翊侯墓志铭奉敕撰》，浙江大学出版社2011年版，第111页。
⑦ 范祖禹：《宋宗室故金紫光禄大夫检校国子祭酒右监门卫将军兼御史大夫护军天水县开国伯食邑九百户赠舒州团练使墓志铭》，郭茂育、刘继保编著：《宋代墓志辑释》，中州古籍出版社2016年版，第272—273页。

国公主墓志称"翰林学士承旨、中大夫、知制诰、兼侍读、修国史、上柱国、南阳郡开国公、食邑二千三百户、食实封贰佰户、赐紫金鱼袋、臣蔡京撰"①。《洛阳新获七朝墓志》中收录两方与宗室有关的墓志铭：其一为姚勔撰赵叔雉墓志，其自署结衔"左奉议郎、试中书舍人、云骑尉、赐紫金鱼袋、臣姚勔撰"②；其二为张邦昌撰赵讽墓志，署结衔为"宣义郎、试起居舍人、兼权中书舍人、赐紫金鱼袋、臣张邦昌撰"③。如上述墓志，首题中虽未明言为奉敕或奉圣旨撰写，但其结衔中直书"臣"字，属于奉敕撰写的另一种形式。

还有些墓志，标题及撰者结衔信息中均没有透露此墓志铭为奉帝王旨意撰写，然在行文过程中仍可看出。张方平撰韩国公主石记文曰："被旨撰文，用识幽穸。"④他撰宗室赵宗彦夫人张氏墓志时也云："词臣被旨铭其墓。"⑤王安礼元丰三年（1080）撰宗室赵克勤墓志时称："臣其幸以文字为职，获志公事，谨昧死以闻。"⑥仍能显示此次撰铭乃奉皇帝旨意的行为。

上述类型的奉敕撰写宗室墓志从北宋太宗朝到徽宗朝一直大量存在，当属于有一定原则的撰铭行为。不过，因墓志铭墓主、撰者结衔较长，在收入撰者文集时对首题和自署结衔多有删减，故现存文集中的宗室墓志，有些并没有"奉敕撰""奉圣旨撰"或撰者所云"臣某"等字样，且墓志中亦未交代撰写缘由。如：王珪嘉祐五年（1060）撰宗室赵宗讷妻贾氏墓志铭时云："郡君姓贾氏，曾祖廷环，累赠左神武大将军。祖某

---

① 蔡京：《宋杨国公主墓志铭》，刘莲青、张仲友等纂修：《民国巩县志》卷17《金石》，台北成文出版社1968年版；拓片见傅永魁、郁堪增《丧葬上的"两个世界"》，《文物》1976年第8期。
② 姚勔：《宋故安福县君宋夫人墓志铭》，齐运通编：《洛阳新获七朝墓志》，中华书局2012年版，第384页。
③ 张邦昌：《宋宗室故西头供奉官墓志铭》，齐运通编：《洛阳新获七朝墓志》，第388页。
④ 张方平：《乐全先生文集》卷38《皇第八女追封韩国公主石记文》，宋集珍本丛刊，线装书局2004年版，第6册，第204页。
⑤ 张方平：《乐全先生文集》卷38《宗室太子右司御率府率宗彦夫人张氏墓志铭并序》，第6册，第202页。
⑥ 王安礼：《王魏公集》卷8《宋宗室故湖州管内观察使赠镇宁军节度使追封仪国公墓志铭》，宋集珍本丛刊，线装书局2004年版，第17册，第229页。

官至四方馆使、昭州团练使。父德滋，前左班殿直。夫人以选归于安陆侯宗讷，至和元年五月乙卯，以疾卒，享年三十有六。权厝于荐严佛寺，以嘉祐五年十月乙酉，祔安陆侯以葬。"① 即是如此。然此次墓志撰写，实际上仍是奉敕撰写，这样的例子并非个案。故笔者仍然把此类北宋宗室墓志认定为奉敕撰写。

经笔者统计，现存北宋宗室碑志计有442篇，涉及撰者45位，其中因文集误收导致撰者不详者1例②，现把相关信息列表（表1）如下：

表1　　　　　　　　　北宋奉敕撰宗室墓志铭者

撰者	撰铭时间	篇数	结衔	资料来源
舒雅	至道三年	1	朝散大夫、行尚书屯田员外郎、充秘阁校理、同编修、上柱国	民国《巩县志》卷18
杨亿	景德三年	2	翰林学士③	《武夷新集》卷11
□□	景德三年	1	朝散大夫、行右正言、知制诰、兼群牧使、骑都尉、沛县开国男、食邑三百户、赐紫金鱼袋	民国《巩县志》卷18

---

① 王珪：《华阳集》卷53《安陆侯妻贾氏墓志铭》，文渊阁《四库全书》，台北商务印书馆1986年版，第1093册，第392—393页。

② 《忠肃集》卷14收录了宗室赵宗博夫人郭氏墓志铭1篇，称郭氏夫人"熙宁三年十一月二十五日感疾殒于寝"，"明年七月十四日葬河南永安县之茔"，则其当葬于熙宁四年（1071），此墓志乃宋神宗"诏词林为之"。"词林"在北宋乃翰林学士和知制诰的统称，故郭氏墓志实际为"翰林学士"或"知制诰"所撰。检刘挚仕宦经历，熙宁四年二月为"著作佐郎、馆阁校勘"，并被任命为"权检正吏房公事"（李焘：《续资治通鉴长编》卷220，熙宁四年二月辛酉，中华书局2004年版，第5337页）；同年四月"太子中允、馆阁校勘、检正中书礼房公事刘挚"为"监察御史里行"（李焘：《续资治通鉴长编》卷222，熙宁四年四月甲戌，第5408页），并未担任过翰林学士和知制诰之类职务，且终刘挚一生亦未曾担任词臣之职。郭氏墓志既为词臣撰文，则绝非刘挚所撰明矣。此当为四库馆臣误辑入刘挚之《忠肃集》，故并未统计入表。见刘挚撰，裴汝诚、陈晓平点校《忠肃集》卷14《宋宗室慈州防御使宗博故夫人普宁郡君郭氏墓志铭》，中华书局2002年版，第300—301页。

③ 曾巩撰，王瑞来校正：《隆平集校正》卷13《杨亿传》，中华书局2012年版，第387页；《宋史》卷305《杨亿传》，中华书局1985年版，第10082页。

续表

撰者	撰铭时间	篇数	结衔	资料来源
夏竦	天禧元年	1	玉清昭应宫判官、礼部郎中、知制诰①	《文庄集》卷29
丁度	庆历元年	1	翰林学士承旨、兼端明殿学士、翰林侍读学士、朝奉大夫、中书舍人、判秘阁、知通进银台司兼门下封驳事、群牧使、□□国澄阳郡开国侯、食邑一千一百户、食实封二百户、赐紫金鱼袋②	《北宋皇陵·附录三》③
宋祁	庆历四年	4	翰林学士、朝请大夫、尚书礼部郎中、知制诰、判史馆、知审官院事、提举在京诸司库务、轻车都尉、临洺县开国男、食邑三百户、赐紫金鱼袋④	《景文集》卷58、卷60
张方平	庆历四年—八年；治平四年	32	知制诰（庆历四年）；翰林学士（庆历五年—八年）；翰林学士承旨（治平四年）⑤	《乐全先生文集》卷38

---

① 夏竦因妻杨氏与弟杨倡"疏竦阴事，窃出讼之。又竦母与杨氏母相诟骂，皆诣开封府，府以闻，下御史台置劾而责之"，故其天禧元年（1017）十二月庚寅以"玉清昭应宫判官、礼部郎中、知制诰"被贬为"职方员外郎、知黄州"。李焘：《续资治通鉴长编》卷90，天禧元年十二月庚寅，第2090页。

② 丁度：《皇侄孙右卫率府率夫人钱氏墓志铭并序》，河南文物考古研究所编：《北宋皇陵·附录三》，第525页。

③ 此文收录于宋祁《景文集》卷60，由出土墓志可知为误收。见宋祁《景文集》卷60《皇侄孙右卫率府率夫人钱氏墓志铭》，丛书集成初编，商务印书馆1936年版，第1881册，第812页。

④ 宋祁：《宋皇从侄故金紫光禄大夫检校太子宾客左屯卫大将军使持节文州诸军事文州刺史兼御史大夫上护军天水郡开国侯食邑一千九百户赠金州观察使追封新兴侯墓志铭并序》，河南文物考古研究所编：《北宋皇陵·附录三》，第524页。

⑤ 王智勇：《张方平年谱》，四川大学古籍整理研究所、四川大学宋代文化研究中心编：《宋代文化研究》第3辑，四川大学出版社1993年版，第157—161、169—170页。

续表

撰者	撰铭时间	篇数	结衔	资料来源
贾黯	嘉祐二年①；嘉祐八年	2	翰林学士、朝散大夫、行尚书□□□郎、知制诰、□□□□院、骑尉（?）、长□县开国男、食邑三百户、赐紫金鱼袋（嘉祐二年）；翰林学士、朝散大夫、中书舍人、判昭文馆、充群牧使、兼判尚书礼部、轻车都尉、常山郡开国侯、食邑一千三百户、赐紫金鱼袋（嘉祐八年）	《北宋皇陵·附录三》
欧阳修	嘉祐五年	17	翰林学士、兼龙图阁学士、朝散大夫、守尚书礼部侍郎、知制诰、充史馆修撰、判秘阁秘书省、兼充群牧使、护军、乐安郡开国侯、食邑一千三百户、食实封二百户、赐紫金鱼袋②	《欧阳修全集》卷37
胡宿	嘉祐五年	2	翰林学士兼端明殿学士、翰林侍读学士、左司郎中、知制诰、史馆修撰③	《文恭集》卷35、卷38

---

① 赵允良第十四女卒于嘉祐二年，葬年不详。贾黯：《宋宗室华原郡□□十四女墓记文》，河南文物考古研究所编：《北宋皇陵·附录三》，第526页。

② 胡柯编：《欧阳修年谱》，欧阳修撰、李逸安点校《欧阳修全集·附录一》，中华书局2001年版，第2613页。

③ 胡宿皇祐四年（1052）为翰林侍读学士（李焘：《续资治通鉴长编》卷173，皇祐四年九月甲寅，第4171页），皇祐五年（1053）已经有其以翰林学士言事的记录（李焘：《续资治通鉴长编》，皇祐五年八月甲寅，第4230页），嘉祐六年（1061）以"翰林学士兼端明殿学士、翰林侍读学士、左司郎中、知制诰、史馆修撰"为"左谏议大夫、枢密副使"（李焘：《续资治通鉴长编》卷195，嘉祐六年闰八月辛丑，第4718页）。而欧阳修撰胡宿墓志云："公在翰林十年，多所补益，大抵不为苟止而妄随。"（欧阳修撰、李逸安点校：《欧阳修全集》卷35《赠太子太傅胡公墓志铭》，第517页）通过上述虽不能确知嘉祐五年胡宿具体的官职差遣等信息，然其为翰林学士则是毋庸置疑的，而嘉祐六年改官前记录或与嘉祐五年相似，故统计入表格。

续表

撰者	撰铭时间	篇数	结衔	资料来源
王珪	嘉祐五—八年、治平元—四年；熙宁三年	21	翰林学士、朝散大夫、行起居舍人、知制诰、权判吏部流内铨、提举集禧观公事、上骑都尉、太原县开国伯、食邑八百户、赐紫金鱼袋（嘉祐五年）；翰林学士、兼侍读学士、朝散大夫、尚书吏部郎中、知制诰、充史馆修撰、判馆事、提举在京诸司库务、轻车都尉、太原郡开国侯、食邑一千三百户、食实封二百户、赐紫金鱼袋（嘉祐八年）；翰林学士、兼侍读学士、右谏议大夫、知制诰、充史馆修撰（治平年间）①；翰林学士、兼端明殿学士、翰林侍读学士、右谏议大夫、知制诰、充史馆修撰（治平四年）②；翰林学士承旨、端明殿学士、翰林侍读学士、礼部侍郎（熙宁三年）③	《华阳集》卷39、卷40；民国《巩县志》卷18

---

① 韩维：《南阳集》卷18《翰林学士兼侍读学士右谏议大夫知制诰充史馆修撰王珪可特授依前右谏议大夫翰林学士兼端明殿学士翰林侍读学士知审官院兼充史馆修撰散官如故制》，文渊阁《四库全书》，台北商务印书馆1986年版，第1101册，第675页。

② 韩维曾撰王珪等制书云："敕：朕遭家不造，赖士大夫之力，获保宗庙，以临海内。大赉之泽既周洽矣，而吾侍从之臣顾可以勿褒乎？具官某，直谏可风，亮节是式。底其忠嘉，绩用休茂。见器昭考，以属朕躬。故于嗣位之始，加厚宠秩，所以推先志，示隆礼也。"可以看出此制书撰写时间为治平四年（1067）宋神宗即位之初，进而可以推知"翰林学士、兼侍读学士、右谏议大夫、知制诰、充史馆修撰"当为王珪治平年间的职官。韩维：《南阳集》卷18《翰林学士兼端明殿学士翰林侍读学士右谏议大夫知制诰充史馆修撰王珪可朝请大夫给事中依前充翰林学士兼端明殿学士翰林侍读学士知制诰充史馆修撰加食实封二百户龙图阁直学士尚书工部侍郎充集英殿修撰何剡可刑部侍郎依前龙图阁直学士充集英殿修撰龙图阁学士右谏议大夫唐介可给事中依前龙图阁学士加食邑五百户食实封二百户龙图阁直学士给事中张掞可尚书工部侍郎依前龙图阁直学士加食邑五百户食实封二百户龙图阁直学士尚书刑部侍郎吕居简可尚书兵部侍郎依前龙图阁直学士进封开国公加食邑五百户食实封二百户枢密直学士尚书刑部侍郎李参可尚书兵部侍郎依前枢密直学士加食邑五百户龙图阁直学士给事中权知开封府傅求可尚书工部侍郎依前龙图阁直学士权知开封府加食邑五百户食实封二百户龙图阁直学士尚书吏部员外郎赵抃可尚书户部郎中依前充龙图阁直学士加上护军进封开国侯食邑五百户制》，文渊阁《四库全书》，第1101册，第618—619页。

③ 李焘：《续资治通鉴长编》卷218，熙宁三年十二月丁卯，第5301页。

续表

撰者	撰铭时间	篇数	结衔	资料来源
刘敞	嘉祐五年	12	起居舍人、知制诰①	《公是集》卷45
□□□	嘉祐五年	1	翰林学士、□□□学士、朝散大夫、给事中、知制诰、□□□□□阁、尚书省充群牧使、护军②	《北宋皇陵·附录三》
□□温	嘉祐八年	1	□□□阁、□□□□、赐紫金鱼袋	民国《巩县志》卷18
□□□	治平二年	1	翰林学士、兼端明殿学士、翰林侍读学士、朝请大夫、给事中、知制诰、充史馆修撰、判馆事	《北宋皇陵·附录三》
吕公著	治平四年	3	翰林学士、兼宝文阁学士、朝散大夫、给事中、知制诰、兼侍讲、知通进银台司、兼门下封驳事、提举醴泉观公事、上柱国、东平郡开国侯、食邑一千三百户、赐紫金鱼袋③	《北宋皇陵·附录三》
郑獬	治平四年、熙宁二年	4	翰林学士④	《郧溪集》卷20、卷22

① 《续资治通鉴长编》载："起居舍人、知制诰刘敞为翰林侍读学士、知永兴军。"（李焘：《续资治通鉴长编》卷192，嘉祐五年九月丁亥，第4644页）而欧阳修撰刘敞墓志铭称刘敞"至和元年九月，召试，前右正言、知制诰"，且其"知制诰七年，当以次迁翰林学士者数矣"。故刘敞为"知制诰"当为至和元年（1054）至嘉祐五年（1060）。欧阳修撰，李逸安点校：《欧阳修全集》卷36《集贤院学士刘公墓志铭》，第524页。

② □□□：《皇从孙右监门卫将军之夫人周氏墓志铭一首并序》，河南文物考古研究所编：《北宋皇陵·附录三》，第526页。

③ 吕公著：《宗室故金紫光禄大夫检校右散骑常侍右龙武军大将军使持节怀州诸军事刺史充本路团练使兼御史大夫上柱国天水郡开国公食邑二千八百户食实封四百户赠虢州观察使追封南康侯墓志铭并序》，河南文物考古研究所编：《北宋皇陵·附录三》，第529页。

④ 《实录·郑翰林獬传》记载："上即位，（郑獬）入翰林为学士、修玉牒、权发遣开封府。王安石知政事，不悦獬，乘宰相告，除獬翰林侍读学士、知杭州。"可知神宗即位之后郑獬即为翰林学士，因王安石不满，乃以翰林侍读学士知杭州，其时在"熙宁二年五月癸未"。杜大珪撰，洪业等编纂：《琬琰集删存》卷3《郑翰林獬传》，第385页；杨仲良：《续资治通鉴长编纪事本末》卷58《神宗皇帝·吕诲劾王安石》，北京图书馆出版社2003年版，第1886页。

续表

撰者	撰铭时间	篇数	结衔	资料来源
王安石	熙宁二年	9	翰林学士、工部侍郎、兼侍讲①	《临川先生文集》卷98—100
司马光	熙宁二年	4	翰林学士、兼侍读学士、朝散大夫、谏议大夫、知制诰、充史馆修撰、编修历代君臣事迹、详定封事、判尚书都省、兼提举万寿观公事、兼提举司天监公事、同详转对臣僚所上封章、柱国、河内郡开国侯、食邑一千三百户、食实封二百户、赐紫金鱼袋②	《温国文正司马公文集》卷78
韩维	熙宁五年	1		《南阳集》卷29
沈括	熙宁八年	4	知制诰③	《沈括全集·长兴集》卷15
安焘	元丰二年	3	朝奉郎、守左谏议大夫、充史馆修撰、直学士院、知审官院事、兼判将作监、详定编修诸司敕式、上骑都尉、赐紫金鱼袋	《北宋皇陵·附录三》第531页。
蔡确	元丰二年	1	宣德郎、守右谏议大夫、权御史中丞、充理检使、兼直学士院、判司农寺、兼提举太医局、上骑都尉、赐紫金鱼袋	《东都冢墓遗文》

① 《宋宰辅编年录校补》记载：熙宁二年（1069）二月庚子，王安石自"翰林学士、工部侍郎兼侍讲迁右谏议大夫"除"参知政事"（徐自明撰，王瑞来校补：《宋宰辅编年录校补》卷7，中华书局1986年版，第382页）。按：王安石撰宗室墓志中皆透露出其下葬时间为"熙宁二年二月十七日"，而王安石为参知政事为二月二日，之后他又先后上辞参知政事表二通，则其似乎不会在如此短的时间内又得到撰写宗室碑志文的任务。李之亮认为此为王安石为参知政事时所撰，不准确。王安石撰，李之亮笺注：《王荆公文集笺注》卷61《宋赠保庆军节度观察留后追封东阳郡公宗辩墓志铭》，巴蜀书社2005年版，第2104页。

② 刘后滨：《唐宋三省在政务运行中角色与地位的演变》，《中国人民大学学报》2011年1期。

③ 李焘：《续资治通鉴长编》卷264，熙宁八年五月丙戌，第6478页。

续表

撰者	撰铭时间	篇数	结衔	资料来源
章惇	元丰三年	1	翰林学士、朝散大夫、行右正言、知制诰、判秘阁、秘书省兼知审官东院事、骑都尉、吴兴县开国男、食邑三百户、赐紫金鱼袋	《东都冢墓遗文》
王安礼	元丰四年	9	翰林学士、承议郎、知制诰、权判尚书吏部、判集贤院、提举司天监公事、上骑都尉、临川县开国男、食邑三百户、赐紫金鱼袋①	《王魏公集》卷7;《北宋皇陵·附录三》
李清臣	元丰四年	2	翰林学士、承议郎、知制诰、同修国史、判太常寺兼礼仪事、详定官制、权判尚书都省、轻车都尉、陈留县开国男、食邑四百户、赐紫金鱼袋	《北宋皇陵·附录三》
蒲宗孟	元丰四年	2	翰林学士、朝散郎、知制诰、兼侍读、修国史、兼知通进银台司、兼门下封驳事、□□、提举进奉院、权判尚书户部、详定官制、上骑都尉、河东县开国伯、食邑七百户、赐紫金鱼袋	《北宋皇陵·附录三》
邓温伯	元丰八年	4	翰林学士承旨、通议大夫、知制诰、兼侍读、护军、南阳郡开国侯、食邑一千户、食实封二百户	《北宋皇陵·附录三》
顾临	元祐九年	4	翰林学士、左朝奉大夫、知制诰、兼侍读、护军、文安县开国子、食邑六百户、赐紫金鱼袋	民国《巩县志》卷17

① 王安礼:《宋宗室右监门卫大将军仲杼第四男墓记》,河南文物考古研究所编:《北宋皇陵·附录三》,第535页。

续表

撰者	撰铭时间	篇数	结衔	资料来源
范祖禹	元祐九年	206	翰林学士、左朝奉大夫、知制诰、兼侍讲、国史院修撰、兼知院事、监修国史、上轻车都尉、高平县开国子、食邑六百户、赐紫金鱼袋①	《范太史集》卷45—54；《考古》1964年第7期
姚勔	元祐九年	1	左奉议郎、试中书舍人、云骑尉、赐紫金鱼袋	《洛阳新获七朝墓志》
蔡卞	绍圣二年	1	翰林学士、左朝请郎、知制诰、兼侍讲、修国史、兼国史院修撰、兼知院事、上护军、南阳郡开国侯、食邑一千一百户、赐紫金鱼袋	民国《巩县志》卷18
蒋之奇	绍圣四年	1	龙图阁直学士、降授左朝议大夫、权知开封府、兼畿内劝农使、上柱国、弋阳郡开国侯、食邑一千户、赐紫金鱼袋	《北宋皇陵·附录三》
蔡京	元符三年	16	翰林学士承旨、中大夫、知制诰兼侍读、修国史、上柱国、南阳郡开国公、食邑二千三百户、食实封二百户、赐紫金鱼袋	民国《巩县志》卷17
曾肇	元符三年	2	翰林学士、朝请大夫、知制诰、中护军、曲阜县开国子、食邑五百户、赐紫金鱼袋	《北宋皇陵·附录三》

---

① 范祖禹：《宋皇叔故成德荆南节度管内观察处置等使守太尉开府仪同三司真定尹兼江陵尹上柱国荆王食邑一万二千三百户食实封三千三百户赐赞拜不名赠太师尚书令荆州牧徐州牧追封魏王墓志铭并序》，周到：《宋魏王赵頵夫妻合葬墓》，《考古》1964年第7期。

续表

撰者	撰铭时间	篇数	结衔	资料来源
王□	建中靖国元年	1	翰林学士、朝散郎、知制诰、修国史、编修国朝会要、上骑都尉、永安县开国子、食邑六百户、赐紫金鱼袋	《北宋皇陵·附录三》
郭知章	崇宁元年	1	翰林学士、朝奉大夫、知制诰、兼侍读、充实录修撰、兼修国史、轻车都尉、武功县开国子、食邑六百户、赐紫金鱼袋	民国《巩县志》卷17
慕容彦逢	大观元年	39	翰林学士①	《摛文堂集》卷14
邓洵仁	大观元年；大观四年	6	翰林学士、朝奉大夫、知制诰、兼侍讲、实录修撰、骁骑尉、南阳县开国男、食邑三百户、赐紫金鱼袋（大观元年）；翰林学士承旨、太中大夫、知制诰、兼侍读、实录修撰、骁骑尉、南阳县开国男、食邑三百户（大观四年）	民国《巩县志》卷17
郑居中	大观元年	3	翰林学士、朝奉大夫、知制诰、兼侍讲、实录修撰、云骑尉、赐紫金鱼袋	民国《巩县志》卷17、《考古》1964年第7期、《六艺之一录》卷122
许光疑	大观二年	6	翰林学士、朝散郎、知制诰、实录修撰、武骑尉、文安县开国男、食邑三百户、赐紫金鱼袋	《北宋皇陵·附录三》

---

① 《慕容彦逢墓志铭》中曰："大观元年春，权翰林学士。"蒋璀：《慕容彦逢墓志铭》，慕容彦逢《摛文堂集·附录》，文渊阁《四库全书》，台北商务印书馆1986年版，第1123册，第488页。

续表

撰者	撰铭时间	篇数	结衔	资料来源
叶梦得	大观二年	4	翰林学士、承议郎、知制诰、充学制局、同编修官、兼实录修撰、赐紫金鱼袋	民国《巩县志》卷17
张邦昌	大观二年	1	宣义郎、试起居舍人、兼权中书舍人、赐紫金鱼袋	《洛阳新获七朝墓志》
张阁	大观四年	2	翰林学士、朝奉郎、知制诰、兼实录修撰、充议礼局详议官、云骑尉、赐紫金鱼袋	《北宋皇陵·附录三》
□□□	政和三年	1	翰林学士、朝□大夫、知制诰、□□□□充□□□□局□□骁□县开国子、食邑六百户、赐紫金鱼袋	民国《巩县志》卷17

资料版本：(民国)《巩县志》，成文出版社1968年版；杨亿：《武夷新集》，宋集珍本丛刊，线装书局2004年版；夏竦：《文庄集》，文渊阁《四库全书》，台北商务印书馆1986年版；宋祁：《景文集》，丛书集成初编，商务印书馆1936年版；张方平：《乐全先生文集》，宋集珍本丛刊，线装书局2004年版；河南省文物考古研究所编：《北宋皇陵》，中州古籍出版社1997年版；欧阳修撰，李逸安点校：《欧阳修全集》，中华书局2001年版；胡宿：《文恭集》，丛书集成初编，商务印书馆1935年版；王珪：《华阳集》，文渊阁《四库全书》，台北商务印书馆1986年版；刘敞：《公是集》，丛书集成初编，商务印书馆1935年版；郑獬：《郧溪集》，宋集珍本丛刊，线装书局2004年版；王安石撰，王水照主编：《临川先生文集》，复旦大学出版社2016年版；司马光：《温国文正司马公文集》，四部丛刊初编，商务印书馆1922年版；沈括原著，杨渭生新编：《沈括全集》，浙江大学出版社2011年版；罗振玉：《东都冢墓遗文》，国家图书馆善本金石组编：《宋代石刻文献全编》，北京图书馆出版社2003年版；王安礼：《王魏公集》，宋集珍本丛刊，线装书局2004年版；范祖禹：《太史范公文集》，宋集珍本丛刊，线装书局2004年版；慕容彦逢：《摛文堂集》，文渊阁《四库全书》，台北商务印书馆1986年版；倪涛：《六艺之一录》，文渊阁《四库全书》，台北商务印书馆1986年版；齐运通编：《洛阳新获七朝墓志》，中华书局2012年版。

据表 1 统计显示得出以下结论：44 位为碑志文作者，景德三年（1006）撰宗室墓志者，嘉祐五年（1060）撰赵世哲夫人墓志者，嘉祐八年（1063）撰宗室墓志以及治平二年（1065）撰赵子柳墓志者，因残缺过多，撰者姓名不能详知。其中嘉祐八年撰者□□温的职官更是无从考证，此次统计分析暂且不论此人。

剩余的 43 人中有 35 位撰碑志时为"翰林学士"[①]，占总人数的 81.4%。8 人撰铭时为知制诰[②]（元丰改制后为中书舍人），占总人数的 18.6%。需要说明的是，蒋之奇绍圣四年（1097）二月撰赵颢墓志，虽然结衔署为"龙图阁直学士、降授左朝议大夫、权知开封府、兼畿内劝农使、上柱国、弋阳郡开国侯、食邑一千户、赐紫金鱼袋"，但其"降授"表明此为新变动之官制。其在墓志中云："臣方待罪从官，持橐簪笔，虽作为辞章，固其职业，诚恐撰次失当，以悉诏命。"[③] 实际上还是强调了自身奉敕撰铭时为词臣，与墓志所署结衔并不符合。检《宋史·蒋之奇传》中曰："绍圣中，召为中书舍人，改知开封府。"[④] 可推知蒋之奇在得旨撰铭时当为"中书舍人"，得旨后撰写碑志过程中改官。43 人中仅舒雅 1 人为非词臣的史官，占 2.33%。若以撰写篇幅为基础的话，这样的趋势会更加明显。在 444 篇宗室墓志中，除前述 1 篇无法考详外，407 篇为翰林学士撰写，占总数的 92.08%；知制诰撰 33 篇，占 7.47%；而史官撰铭 1 篇，占 0.23%。

[①] 此处"翰林学士"采用为较为宽泛的定义，包括"翰林学士·知制诰"与"直学士院"或"兼直学士院"者。参阅杨果《中国翰林制度研究》，武汉大学出版社 1996 年版，第 39—49 页。

[②] 张方平庆历五年（1045）二月方以"知制诰除学士"，故其庆历四年撰碑志时亦为知制诰。与前述翰林学士统计有重合之处。徐松辑，刘琳等点校：《宋会要辑稿》职官 77 之 42，上海古籍出版社 2014 年版，第 5164 页。

[③] 蒋之奇：《宋故淮南荆南节度管内观察处置等使守太师开府仪同三司扬州牧兼荆州牧上柱国楚王食邑一万六千六百户食实封伍仟捌百户赐入朝不趋诏书不名赠尚书令兼中书令加冀州牧改封燕王墓志铭》，河南省文物考古研究所编：《北宋皇陵·附录三》，第 542 页。

[④]《宋史》卷 343《蒋之奇传》，第 10916 页。

二　北宋奉敕撰功臣墓志碑铭者[①]

墓志碑铭之类的文字，一般而言是应丧家请求撰写，这其中有向帝王请铭者，而帝王则要求臣下为墓主撰写，尤其是功臣神道碑。所谓功臣，乃是指为宋政权的建立、维持及稳定有显著功劳之人。

与奉敕撰宗室墓志铭类似，撰者大都会明确表示其撰文乃奉帝王旨意。嘉祐四年（1059），程琳之子嗣隆言于朝曰："先臣幸得备位将相，官、阶、品皆第一，爵、勋皆第二，请得立碑如令。"于是宋仁宗大书"旌劳之碑"赐其家，曰："以此铭尔碑。"又诏史臣修曰："汝为之铭。"[②] 至和二年（1055）七月乙未，王旦之子王素"奏事殿中"，已而以"墓碑至今无辞以刻"为由，向宋仁宗乞神道碑。次日，有诏史馆修撰欧阳修曰："王旦墓碑未立，汝可以铭。"[③] 熙宁九年（1076），宋神宗特赐高琼谥号"烈武"，"又以王墓有穸碑而文未刻，乃诏臣珪，述王遗休而刻之"[④]。王珪同时还撰写了高琼之子高继勋的神道碑，宋神宗称："康王（按指高继勋）于太后为大父，历事三朝，出征入卫，有夙夜之劳。王葬有年矣，而谥未告其第，碑未刻其阡，朕甚悼之。今特赐之谥曰穆武，其为朕做康穆武王之碑。"[⑤] 元祐三年（1088）韩绛葬，"将勒

[①]　宋徽宗钟爱道教，故他在位期间曾多次接见"得道高人"，甚至要求为去世的道人撰写碑志文。大观二年（1108）七月，蔡卞奉旨撰华阳道人墓碑，政和三年（1113）又为冲隐道人撰写墓志。然整个北宋期间仅见两例，当属个案，不在本节讨论之列。杨世沅编：《句容金石志》卷4，北京图书馆善本金石组编：《宋代石刻文献全编》（二），第153—156页。

[②]　欧阳修撰，李逸安点校：《欧阳修全集》卷23《镇安军节度同中书门下平章事赠太师中书令程公神道碑铭》，第361页。

[③]　欧阳修撰，李逸安点校：《欧阳修全集》卷22《太尉文正王公神道碑铭》，第344页。

[④]　王珪：《华阳集》卷49《推忠保节翊戴功臣忠武军节度许州管内观察处置等使开府仪同三司检校太尉使持节许州诸军事行许州刺史兼御史大夫上柱国渤海郡开国公食邑八千七百户食实封三千户累赠太师尚书令兼中书令烈武高卫王神道碑铭》，文渊阁《四库全书》，第1093册，第336页。

[⑤]　王珪：《华阳集》卷49《推诚保节忠亮翊戴功臣建雄军节度晋州观察处置等使金紫光禄大夫检校司空使持节晋州诸军事晋州刺史兼御史大夫上柱国渤海郡开国公食邑七千九百户食实封一千六百户累赠太师尚书令兼中书令穆武高康王神道碑铭》，文渊阁《四库全书》，第1093册，第367页。

石隧道，有诏资政殿学士李清臣其撰次献肃公绛事而赐额，以为忠弼之碑"①。经笔者统计，存世北宋奉敕撰此类碑志文计有 20 篇，现列表于下：

表2　　　　　　　　　北宋奉敕撰功臣墓志铭者

墓主	时间	撰者	官职	来源
宋偓	端拱二年	王禹偁	左司谏、知制诰②	《小畜集》卷28
石保吉	大中祥符四年	李宗谔	翰林学士、同修玉清昭应宫使、太中大夫、行右谏议大夫、知制诰、判登闻检院、柱国、陇西郡开国侯、食邑一千三百户、食实封二百户、赐紫金鱼袋	《金石萃编》卷129
石保兴	大中祥符四年	杨亿	翰林学士、通奉大夫、行尚书户部郎中、知制诰、同修国史、□史馆事、上柱国、南阳郡开国侯、食邑一千一百户、赐紫金鱼袋	《金石萃编》卷129
向敏中	天禧四年	祖士衡	朝请大夫、尚书礼部郎中、知制诰③、上护军、范阳县开国伯、食邑七百户、赐紫金鱼袋	《龙学文集》卷15
王钦若	天圣四年	夏竦	户部郎中、知制诰④	《文庄集》卷29

---

① 李清臣：《韩献肃公绛忠弼之碑》，杜大珪撰，洪业等编纂：《琬琰集删存》卷1，第82页。

② 宋太祖开宝宋皇后之父宋偓去世，"嗣子衔恤上章，请刻石于神道。事下相府，俾西掖掌诰之臣考其实而文之"。"西掖掌诰之臣"实际上已经透露了自己"知制诰"的身份。王禹偁：《小畜集》卷28《右卫上将军赠侍中宋公神道碑奉敕撰并序》，四部丛刊初编本，商务印书馆1922年版，第1a页。并参阅徐规《王禹偁事迹著作编年》，中国社会科学出版社1982年版，第62—72页。

③ 祖士衡署衔中仅有散官、本官、勋、爵、食邑及赐。《续资治通鉴长编》天禧四年九月己酉称"知制诰祖士衡"，据以补入。李焘：《续资治通鉴长编》卷96，天禧四年九月己酉，第2215页。

④ 李焘：《续资治通鉴长编》卷103，天圣三年九月庚辰朔，第2388页。

续表

墓主	时间	撰者	官职	来源
杨崇勋	庆历二年①	宋祁	不详	《景文集》卷57
吕夷简	庆历四年	张方平	知制诰②	《乐全先生文集》卷36
李迪	庆历八年	张方平	翰林学士③	《乐全先生文集》卷36
王旦	至和二年	欧阳修	翰林学士、尚书吏部郎中、知制诰、史馆修撰、刊修《唐书》④	《欧阳修全集》卷22
程琳	嘉祐四年	欧阳修	朝散大夫、给事中、知制诰、史馆修撰、充翰林学士、兼龙图阁学士、提举在京诸司库务、刊修《唐书》、兼判秘阁秘书省、上轻车都尉、乐安郡开国侯、食邑一千三百户、赐紫金鱼袋⑤	《欧阳修全集》卷23
狄青	嘉祐四年之后	王珪	翰林学士、朝散大夫、行起居舍人、知制诰、权判吏部流内铨、提举集禧观公事、上骑都尉、太原县开国伯、食邑八百户、赐紫金鱼袋	《华阳集》卷47

---

① 杨崇勋卒于庆历五年（1045）闰五月，葬于是年八月，则"杨太尉神道碑"撰写时间不可能为庆历二年（1042），"二"或为"五"之误。
② 王智勇：《张方平年谱》，四川大学古籍整理研究所、四川大学宋代文化研究中心编：《宋代文化研究》第3辑，第157页。
③ 同上书，第160—161页。
④ 欧阳修撰，李逸安点校：《欧阳修全集》卷24《尚书屯田员外郎张君墓表》，第380页。
⑤ 胡柯编：《欧阳修年谱》，欧阳修撰，李逸安点校：《欧阳修全集·附录一》，第2611页。

续表

墓主	时间	撰者	官职	来源
夏竦	治平年间①	王珪	翰林学士、兼侍读学士、右谏议大夫、知制诰、充史馆修撰（治平年间）；翰林学士、兼端明殿学士、翰林侍读学士、右谏议大夫、知制诰、充史馆修撰（治平四年）	《华阳集》卷47
宋庠	治平三年	王珪	翰林学士、兼侍读学士、右谏议大夫、知制诰、充史馆修撰②	《华阳集》卷48
高琼	熙宁九年	王珪	礼部侍郎、参知政事③	《华阳集》卷49
高继勋	熙宁九年	王珪	同上	《华阳集》卷49
王珪	元丰八年	李清臣	大中大夫、守尚书右丞④	《名臣碑传琬琰集》上集卷8
赵抃	元祐元年	苏轼	翰林学士、知制诰⑤	《苏轼文集》卷17
富弼	元祐二年	苏轼	翰林学士、知制诰	《苏轼文集》卷18
司马光	元祐三年	苏轼	翰林学士、知制诰	《苏轼文集》卷17

---

① 王珪未明言撰铭时间，仅称"（皇祐）五年七月辛酉，葬公于许州阳翟县三封乡洪长之原。既葬，有诏史臣珪论次公之世系"。不过，碑文中屡屡提及"仁宗"庙号，故此当撰于宋仁宗去世之后，而且，其中还曰："臣珪伏思先帝临御之日久，其选用材贤，可谓至矣。"当是在讲述宋仁宗朝用人事，既称仁宗为先帝，则此文当撰于宋英宗朝。王珪:《华阳集》卷47《夏文庄公竦神道碑铭》，文渊阁《四库全书》，第1093册，第347—350页。

② 韩维：《南阳集》卷18《翰林学士兼侍读学士右谏议大夫知制诰充史馆修撰王珪可特授依前右谏议大夫翰林学士兼端明殿学士翰林侍读学士知审官院兼充史馆修撰散官如故制》，文渊阁《四库全书》，第1101册，第675页。

③ 徐自明撰，王瑞来校补：《宋宰辅编年录校补》卷8，第468页。

④ 李焘：《续资治通鉴长编》卷362，元丰八年十二月壬申，第8663页。

⑤ 孔凡礼：《三苏年谱》，北京古籍出版社2004年版，第1742页。

续表

墓主	时间	撰者	官职	来源
韩绛	元祐三年	李清臣	资政殿学士、通议大夫、知河阳①	《名臣碑传琬琰集》上集卷11

资料版本：王禹偁：《小畜集》，四部丛刊初编本，商务印书馆1922年版；王昶：《金石萃编》，国家图书馆善本金石组编：《宋代石刻文献全编》，北京图书馆出版社2003年版；祖无择：《龙学文集》，文渊阁《四库全书》，台北商务印书馆1986年版；夏竦：《文庄集》，文渊阁《四库全书》，台北商务印书馆1986年版；宋祁：《景文集》，丛书集成初编本，商务印书馆1936年版；张方平：《乐全先生文集》，宋集珍本丛刊本，线装书局2004年版；欧阳修撰，李逸安点校：《欧阳修全集》，中华书局2001年版；王珪：《华阳集》，文渊阁《四库全书》，台北商务印书馆1986年版；杜大珪撰，洪业等编纂：《琬琰集删存》，上海古籍出版社1990年版；苏轼撰，孔凡礼点校：《苏诗文集》，中华书局1986年版。

上述文字绝非北宋奉敕撰功臣或宠臣碑志文的全部。如：孙抃为翰林学士，曾"奉诏撰寇莱公旌忠碑、丁文简公崇儒碑，叙事明白，气格浑厚，自成一家之体"②，翰林学士宋白曾"奉诏撰钱惟濬碑，得涂金器"③。然因部分碑志在流传过程中亡佚不存，故不在统计之列。

此外，奉敕撰铭的特殊情况是帝王亲自撰写大臣的神道碑，北宋共有两例。第一例是宋太宗撰赵普神道碑。淳化三年（992）七月十四日，赵普去世，宋太宗亲自为其撰写神道碑。宋太宗与赵普不仅是君臣关系，在太宗未即位前还有过一段同僚关系，而且二人关系还一度紧张。不过，在宋太宗即位之后，正是赵普所谓的"金匮之盟"，弥补了赵光义得位合法性的不足。故赵普死后，宋太宗亲自撰写其神道碑，极尽赞誉之言。④另一例是宋神宗撰韩琦神道碑。韩琦为宋仁宗、英宗、神宗三朝名臣，

---

① 李焘：《续资治通鉴长编》卷402，元祐二年六月甲午，第9784页。
② 苏颂撰，王同策等点校：《苏魏公集》卷63《朝请大夫太子少傅致仕赠太子太保孙公行状》，中华书局1988年版，第974页。
③ 《宋史》卷439《宋白传》，第12998页。
④ 宋太宗：《太师魏国公尚书令镇定王赵普神道碑》，杜大珪撰，洪业等编纂：《琬琰集删存》卷1，第45—50页。

曾先后辅佐英宗和神宗登基，被赞为两朝顾命定策元勋。韩琦去世，宋神宗下诏"辍视朝三日，赠尚书令，配享英宗庙庭"，且曰："盖臣之致功者大，则君之享福也隆，然则可无述？今观公之大节所以始，所以终，宜有金石刻之，以著信于后世，而锡训于子孙，非朕，其谁为之？"① 显示了神宗对韩琦的敬重之意。

通过前述统计可以看出，20 篇碑志中，因宋祁撰《杨太尉神道碑》时间讹误，无法详知其职官，其余 19 篇碑志中，翰林学士撰铭 11 篇，占 57.89%；知制诰撰铭 4 篇，占 21.05%；宰执撰铭 3 篇，占 15.79%，地方官撰铭 1 篇，占 5.26%。

综合以上对宗室墓志铭撰者和奉敕撰功臣神道碑者的统计分析，我们可以发现，翰林学士群体在奉敕撰碑志者中间占了绝大多数比例。实际上，有的撰者在奉敕撰碑志文时表明自己的身份。王珪撰宋庠神道碑时记载，"御篆其碑曰'忠规德范之碑'，既又诏太史臣珪，以铭其碑"，王珪接到圣旨称："臣幸德执史笔，奉明诏，其敢以孤学自辞！"② 欧阳修撰晏殊神道碑中称："既葬，赐其墓隧之碑首曰'旧学之碑'。既又敕史臣修考次公事，具书于碑下。"③ 二者都表明了自己史臣的身份。也有撰者同时申明自己即是"词臣"，又是"史臣"的双重身份。张方平庆历四年（1044）至庆历八年（1048）撰写了一系列宗室墓志铭，其中或云"诏词臣为之识，纳诸幽坎"④ "有诏词臣，俾识幽窆"⑤ "有诏掖垣，俾

---

① 宋神宗：《两朝顾命定策元勋之碑》，杜大珪撰，洪业等编纂：《名臣碑传琬琰集》卷 1，第 50—51 页。

② 王珪：《华阳集》卷 48《推诚保德崇仁守正忠亮佐运翊戴功臣开府仪同三司守司空致仕上柱国郑国公食邑一万一千六百户赠太尉兼侍中宋元宪公神道碑铭》，文渊阁《四库全书》，第 1093 册，第 358 页。

③ 欧阳修撰，李逸安点校：《欧阳修全集》卷 22《观文殿大学士行兵部尚书西京留守赠司空兼侍中晏公神道碑铭》，第 350 页。

④ 张方平：《乐全集》卷 38《左监门卫大将军宗楷第八男石记文》，宋集珍本丛刊，第 6 册，第 206 页。

⑤ 张方平：《乐全集》卷 38《宗室右监门率府副率仲甫夫人魏氏墓志铭并序》，宋集珍本丛刊，第 6 册，第 203 页。

识幽窍"①，或云"有诏史官为之识"②"臣职在史观[官]，且司宗籍，承诏撰识，敢不直书"③。庆历四年与庆历八年分别撰写吕夷简、李迪神道碑时，亦明确提及"有命史臣，俾敷扬其休烈"④"申命史臣，撰扬休烈，表之神隧"⑤。还有的则称自己为"侍臣"；夏竦撰王钦若墓志，首题亦有"奉敕撰"，且云："有诏侍臣书其徽烈。"⑥ 学者对于此问题，似乎并没有深入探究，贾志扬在分析宗室墓志铭的撰者时，或称"有诏书将墓志铭的写作责任交给了史官"，或称"以词臣为其撰写墓志铭"⑦。

然而，就宗室墓志铭而言，前述可考职官的44位撰者，有20位翰林学士身份者兼领修史之职务，奉敕撰功臣神道碑者8位翰林学士中4人兼充史官。不过，撰者中翰林学士身份兼史官奉敕撰铭者多有存在，而单纯史官非翰林学士者绝少出现在奉敕撰铭的名录当中，奉敕撰功臣神道碑者与之一致。而且，翰林学士因为文学修养较高，其修撰史书在宋代相当普遍⑧，故可认为在这些撰者当中，翰林学士的身份起着主导作用。

而且，上述分析也促使笔者考虑这样的问题，北宋奉敕撰碑志文的主体为翰林学士和中书舍人，且翰林学士的比重远高于中书舍人，这和

---

① 张方平：《乐全集》卷38《宗室金紫光禄大夫右屯卫将军检校太子宾客兼御史大夫骑都尉天水县开国子食邑六百户赠颍州防御使汝阴侯墓志铭并序》，宋集珍本丛刊，第6册，第199页。

② 张方平：《乐全集》卷38《皇侄孙银青光禄大夫检校国子祭酒行右监门率府率兼御史大夫轻车都尉赠领军卫将军仲郢墓志铭并序》，宋集珍本丛刊，第6册，第200页。

③ 张方平：《乐全集》卷38《皇从弟故推诚保顺翊戴功臣安静军节度使梓州管内观察处置等使金紫光禄大夫检校尚书右仆射使持节梓州诸军事梓州刺史兼御史大夫上柱国天水郡开国公食邑六千六百户食实封二千一百户赠太尉追封永嘉郡王墓志铭并序》，宋集珍本丛刊，第6册，第197页。

④ 张方平：《乐全集》卷36《故推诚保德宣忠亮节崇仁协恭守正翊戴功臣开府仪同三司守太尉致仕上柱国许国公食邑一万八千四百户食实封七千六百户赠太师中书令谥文靖吕公神道碑铭并序》，宋集珍本丛刊，第6册，第164页。

⑤ 张方平：《乐全集》卷36《大宋故推诚保德崇仁守正翊戴功臣开府仪同三司太子太傅致仕上柱国陇西郡开国公食邑八千一百户食实封二千四百户赠司空谥文定李公神道碑铭并序》，宋集珍本丛刊，第6册，第164页。

⑥ 夏竦：《文庄集》卷28《故守司徒兼门下侍郎同中书门下平章事充玉清昭应宫使昭文馆大学士监修国史冀国公赠太师中书令谥文穆王公墓志铭并序奉敕撰》，文渊阁《四库全书》，台北商务印书馆1986年版，第1087册，第291页。

⑦ [美]贾志扬：《天潢贵胄——宋代宗室史》，第61—62页。

⑧ 唐春生：《翰林学士与宋代士人文化》，中国社会科学出版社2011年版，第185—218页。

前揭江波先生研究唐代后期翰林学士奉敕撰铭的新现象保持一致，若此结论成立的话，中书舍人在奉敕撰铭中又扮演何种角色呢？下面笔者将就此问题做尝试性分析。

北宋没有翰林学士奉敕撰写碑志文的制度性规定，不过这或许是约定俗成的规矩。欧阳修嘉祐五年（1060）曾撰宗室墓志铭，现收录于其文集中计有 17 方，他在宗室墓志铭之后附有按语：

> 国朝故事，宗室、宗妇初亡，皆权横京城之僧寺，遇葬尊属，乃启殡从行。嘉祐五年十月三十日，葬皇兄濮安懿王，以向传式为护葬使。于是分命近属宗懿随护三祖下宗室、宗妇，同时祔于西京及汝州路，例差翰林学士分撰志铭。①

欧阳修所谓的"例差"，我们大可理解为按照惯例或依据成例而进行。故真宗朝杨亿在介绍了翰林学士的常规职掌后，还透露了其有"别受诏旨作碑、铭、墓志、乐章、奏议之属"的功能，②自然不足为奇了，从中也可看出，至少在真宗朝以前，翰林学士奉圣旨撰铭已经成为成例了。

另外，晁补之撰李清臣行状中一则记载，可以加深我们对翰林学士奉敕撰碑志文的理解：

> 公方召客饮，而中贵人踵门，客曰："中贵人何为来哉？"俄呼曰："传宣李学士！"公遽出拜，则有旨撰楚国夫人墓铭。楚国夫人者，英宗乳母也。时孙洙、王存、顾临在坐，曰："内制不以属代言者，而以命子，异眷也。"③

---

① 欧阳修撰，洪本健校笺：《欧阳修诗文集校笺》卷 37《皇从侄卫州防御使遂国公墓志铭》，上海古籍出版社 2009 年版，第 959 页。（中华书局点校本删去此按语）
② 杨亿口述，黄鉴笔录，宋庠整理，李裕民辑校：《杨文公谈苑》，上海古籍出版社 1993 年版，第 7 页。
③ 晁补之：《鸡肋集》卷 62《资政殿大学士李公行状》，四部丛刊初编，商务印书馆 1922 年版，第 1023 册，第 18b—19a 页。

李清臣时为太常博士、充国史院编修官、权判太常寺，此次宋神宗命其撰英宗乳母李夫人墓志，而孙洙、王存、顾临辈皆以为此乃撰写内制，神宗没有委派给撰写内制的翰林学士，亦可看出至少在宋神宗朝，士大夫们已经把奉敕撰碑志文的行为与撰写内制同样看待，认为都属于翰林学士分内之事。

不过在帝制社会中，制度性规定往往不可能与实际运作一一对应，依据的成例更是等而下之。就两制官的职掌而言亦概莫能外，"并无绝对之畛域"，不时会出现本该有翰林学士草拟的诏书而特诏中书舍人为之，本应中书舍人撰写的外制下令由翰林学士撰写①。正如上述李清臣的例子一样，本属翰林学士撰写的墓志，神宗特意委托李清臣撰写以显示帝王恩宠。不过，帝王即使没有依据惯例诏翰林学士撰宗室墓志，然其委派的撰者显然有向文学优长、才华出众、学识渊博的词臣（或曾经充任词臣）群体靠拢的趋势，以便所撰碑志不至于太过简陋，遭人诟病，故王珪、李清臣等虽然奉敕撰神道碑时或为宰执，或为地方官员，但他们都曾担任过翰林学士或知制诰的职务，说明即便帝王未指定词臣撰铭，其所指派之人仍考虑了其长于文字的因素，并非率意为之。

第二节　丧家求铭之类型

北宋墓志碑铭撰写中的最大宗，是丧家向撰者请求撰写，丧家求铭可分为向亲属求铭和向非亲属求铭两大类，其中展现出丰富的社会关系实态。以下分而述之。

一　丧家向亲属求铭

亲属关系属于社会关系中的一种，可大致分为直系亲属、旁系亲属及姻亲三类。直系亲属间的撰铭多为主动撰写行为，而旁系亲属和姻亲间的撰铭一般需要丧家求铭。

有血缘关系的旁系亲属之间的求铭行为，史籍颇多记载。韩琦撰其

---

① 唐春生：《翰林学士与宋代士人文化》，第118页。

嫂陈氏墓志时云："以熙宁四年二月二十八日，合祔于职方兄之茔。将葬，正彦曰：'母太君平生懿行美德，无如叔知之详，叔当以铭。'"① 韩琦在侄孙韩恬墓志中还透露其撰侄媳墓志亦为侄孙求铭："（嘉祐）八年，侄媳（张氏）不幸疾久，卒不起。（其子）恬既并罹酷罚，夙夜号擗，几以殒绝，犹能手疏母之行实，请余为其墓铭。"② 曾巩撰堂姐墓志时云："夫人享年若干，某年某月某甲子卒于寝，某年某月某甲子葬于南丰之某乡某原。将葬，轼（按指夫人之子）以书来请铭。"③ 曾巩之妹"将葬江都，告其兄巩，使志其墓"④，显然为夫家所求而为之。宋迪撰其姑墓志曰："（王）正路以夫人之侄子迪为知行实之详者，累然泣请为铭。迪抱棺长号，持笔延悼，思备纪述，故不敢让。"⑤ 苏舜钦撰其姨母墓志曰："某之皇妣，为夫人之妹，故恩能详夫人之行焉。今又为诸孤所托，俾刻石纳于圹中，不敢诬饰，为之铭云。"⑥ 赵抃在许夫人墓表中表明了二者的关系："抃之母，赠彭城郡太君，夫人之姊也；继赠天水郡太君，于夫人为妹也。组不惮极远，骤太末来剑南西川，求铭于抃，其勤已如此。抃，徐出也，于夫人为最亲，不得辞。"⑦ 不但可以知道徐夫人为其姨母，还能看出其表兄弟吴组为了请赵抃撰铭，不辞辛劳长途跋涉。沈括撰舅母夏侯氏墓志曰："诸孤使来征铭以葬。某既为之铭，泣以致使者曰：'某之诸舅，惟夫人最后亡，母之昆弟尽矣。使斯铭不泐，予之悲其有穷

---

① 韩琦：《安阳集》卷48《故安康君太君陈氏墓志铭》，宋集珍本丛刊，线装书局2004年版，第6册，第604页。

② 韩琦：《安阳集》卷49《故秘书省校书郎韩恬墓志铭》，宋集珍本丛刊，第6册，第606页。

③ 曾巩撰，陈杏珍、晁继周点校：《曾巩集》卷46《夫人曾氏墓志铭》，中华书局1984年版，第631页。

④ 曾巩撰，陈杏珍、晁继周点校：《曾巩集》卷46《江都县主簿王君夫人曾氏墓志铭》，第626页。

⑤ 宋迪：《宋故安康郡太夫人宋史墓志铭并序》，谢飞等编：《北宋临城王氏家族墓志》，文物出版社2009年版，第41页。

⑥ 苏舜钦撰，沈文倬校点：《苏舜钦集》卷15《太原郡太君王氏墓志》，上海古籍出版社2011年版，第191页。

⑦ 赵抃：《赵清献公文集》卷10《徐夫人墓表铭》，宋集珍本丛刊，线装书局2004年版，第6册，第814页。

耶。哀哉往矣！'"① 陈宜之撰陈煜墓志，开篇即言"予仲兄祖德之子煜，字明叟，年十七而死"，之后又云："仲兄名宽之，未仕。于其葬也，仲兄哭谓予曰：'汝其为我铭吾子。'乃序而铭之。"② 可知陈宜之所撰侄子墓志，亦是由其兄求铭而得。

姻亲间撰铭亦多为求得。韩琦言及其撰内弟崔象之墓志："崔君象之，有道君子也。余妻虽象之姊，然其相友也以贤，而不以亲。今之云亡，其子振孙等以墓有铭，哀号驰诉，属余以辞。"③ 苏舜钦撰王雍墓表时云："公视予为姊子，公之亡，予适在江外，二弟以予知公之行，驿求予文表于墓，故为直述以见世焉。"④ 表明了二者的甥舅关系，亦可知此次撰铭乃王雍弟王素所求。贾登撰李氏墓志时署结衔"婿从政郎、前知开德府临河县"，则可知李氏乃其岳母，在言及撰铭缘由时贾登透露："既归以藏，其子泣诉，愿刻石为志，乃继之铭。"⑤ 范纯粹撰外甥贾公直墓志称：

> 余与正之（按贾公直之字）幼同游处，长同砚席，其所以情谊郑重，老而弥厚者，特意讲学相友，志尚相契，道德相期，而不以甥舅相好也。君文等以治命乞铭其墓，余不复辞。⑥

韦骧则言及自己撰岳父墓志的情形："其孤景恭以哀恳属于尚书郎韦骧曰：'先人从仕之日浅，而弃官归休甚早，其潜德隐行，非至戚且旧莫能详知。今欲得志铭以纳诸圹，不敢他叩，敢以敬请。'骧于公为门下壻，

---

① 沈括原著，杨渭生新编：《沈括全集·长兴集》卷14《故夏侯夫人墓志铭》，第98页。
② 陈宜之：《宋故陈明叟墓志铭》，北京图书馆善本金石组编：《宋代石刻文献全编》（三），第753页。
③ 韩琦：《安阳集》卷49《故尚书比部员外郎崔君墓志铭》，宋集珍本丛刊，第6册，第606页。
④ 苏舜钦撰，沈文倬校点：《苏舜钦集》卷15《两浙路转运使司封郎中王公墓表》，第195—196页。
⑤ 贾登：《孺人李氏墓志》，洛阳市第二文物工作队编：《富弼家族墓地》，中州古籍出版社2009年版，第62—63页。
⑥ 范纯粹：《有宋贾正之墓志铭并序》，信应君：《郑州黄冈寺北宋纪年壁画墓》，《中原文物》2013年第1期。

义不可以苟辞，谨受而书之。书之必信，其敢以亲嫌自疑，且为虚文以欺后世哉。"① 周镛撰岳父岳母墓志时云："四明陈府君既葬十年矣，而夫人俞氏卒，嗣子谂以书来京师，告括苍周镛曰：'吾考之墓以春水暴涨辄坏，卜以明年三月甲申改葬于旧墓之西，乃鄞县翔凤乡邹豀里也。乙酉举吾妣丧以祔。子，吾家壻也，得吾考妣行实尤详，愿有述焉。'遂为之述。"② 有的撰者则较为笼统的言及与墓主有姻亲关系。如：李育撰刘舜卿墓志时云："先子与公有雅素，结为婚姻，故悉知公平生所为。其孤特将以八年癸卯十二月壬申葬于先君墓次。前期来请铭。"③ 亦点明所撰铭为丧家所求。

二　丧家向非亲属求铭

非亲属之间求铭则多以同乡、同学、同年、同僚、朋友及门生故吏等社会关系为主，兼有一些并不相熟的人，这主要是向当时或当地知名人物求铭。

（一）同乡关系

杨亿撰彭悦墓碣曰："陇西彭君，讳悦，字仲荀，予同郡人。"④ 李寔撰富鼎墓志云："前事诸孤以君之友、前顺安守王景仁所状君行来见里人李寔，求铭如是者再，乃受而叙之。"⑤ 邵浩撰乡人潘承福墓志曰："郡人邵浩以其姻施氏之子有善，请而为铭。予将岁贡于京师，日有逼矣，然辱□以三速之，因率尔而铭。"⑥ 李周撰李宗师墓志云："予，冯翊人也，其族系既与君同，而所居之里又同，故子尚书、中大夫以及内园君之行

---

①　韦骧：《韦先生文集》卷16《石奉议墓志铭》，武林先哲遗书，第29b—30a页。
②　周镛：《宋故陈府君并俞氏夫人墓志铭并序》，章国庆编：《宁波历代碑碣墓志汇编》，上海古籍出版社2012年版，第78页。
③　李育：《宋故朝奉郎守尚书虞部郎中致仕护军赐绯鱼袋刘公墓志铭》，齐运通编：《洛阳新获七朝墓志》，第383页。
④　杨亿：《武夷新集》卷8《故陇西彭君墓碣铭》，宋集珍本丛刊，第2册，第270页。
⑤　李寔：《宋故朝奉郎比部员外郎致仕上轻车都尉赐绯鱼袋富君墓志铭并序》，洛阳市第二文物工作队编：《富弼家族墓地》，第55—56页。
⑥　邵浩：《荥阳潘六郎府君墓志铭并序》，章国庆编：《宁波历代碑碣墓志汇编》，第68页。

实，皆得其详。"① 显然是因为同乡关系而对李宗师祖孙三代皆相当熟悉。有些撰志者虽没有明言其与墓主为同乡，然其籍贯与墓主皆相同。温州人许景衡曾撰墓志14篇，其中13篇墓主皆为温州人，甚至其本人与墓主无甚交集，而同乡关系是连接二人的唯一纽带。如：许氏"固未尝识君而习其平生者，盖得诸乡人之善者为多也，时不可以无铭"②；在朱完墓志中，许氏亦未透露二者的关系，仅云其子"绂前期谂予曰：'先人生而穷，死而不穷，惟公是属。'君曾祖某、祖某、父某，世家温之瑞安云"③。开封人许翰撰墓志14篇，其中7篇墓主为开封人④。另外，日本学者近藤一成统计王安石所撰墓志，发现墓主为抚州人的最多。⑤

（二）同学关系

杨时撰李修撰墓志时言及他们的同学关系："余与公俱闽人，又尝同为诸生，肄业于上庠，挟策考疑，时相从也。俯仰四十余年，一时朋游凋丧略尽，与公有平生之旧，而知公之详，盖无遗矣，宜其有请于余也。"⑥ 正是基于同学关系使他们维持了40余年的交往。陆佃撰写傅常墓志，开篇即云："高邮傅明孺讳常，扬州助教琼之第二子。嘉祐、治平间，与予同砚席，共敝衣服，无憾也。"⑦ 记述了二人在仁宗、英宗朝共同读书应举的经历。

（三）同年关系

曾巩撰胥元衡言及二者皆嘉祐二年进士的事实："君之葬，秘阁校理

---

① 李周：《宋故内园使上骑都尉平原县开国伯食邑九百户李公墓志铭并序》，吴敏霞、刘兆鹤编：《户县碑刻》，第314页。
② 许景衡：《横塘集》卷20《蒋君墓志铭》，宋集珍本丛刊，线装书局2004年版，第32册，第360页。
③ 许景衡：《横塘集》卷19《朱纯甫墓志铭》，宋集珍本丛刊，第32册，第358页。
④ 许翰：《襄陵文集》卷11—12，文渊阁《四库全书》，台北商务印书馆1986年版，第1123册，第581—598页。
⑤ ［日］近藤一成：《王安石撰墓誌を讀む——地域、人脈、黨爭》，《中國史學》第7期，1997年，今据近藤一成：《宋代中國科舉社會の研究》，汲古書院2009年版，第240—267页。
⑥ 杨时：《杨龟山先生集》卷6《李修撰墓志铭》，丛书集成初编，商务印书馆1936年版，第2368册，第111页。
⑦ 陆佃：《陶山集》卷15《傅府君墓志》，丛书集成初编，商务印书馆1935年版，第1931册，第164页。

裴煜以茂谌之疏来请铭。予与君皆嘉祐二年进士，故不得辞。"① 宋祁撰代渊墓志称："予与蕴之（按指代渊字）为同年第，知之也熟。又履祥（按指代渊子）持貌略杨冕状来请铭，呜呼！予能言之。"② 程师孟与苏舜钦同年，故程氏求苏舜钦为其父撰写墓志："同年登科，授状丐铭，以识其窆。"③ 同为苏舜钦同年的朱处仁亦求撰祖父墓志："沛国朱处仁表臣，少从予游，长又同登进士第。表臣宦于楚，予适越，遇表臣，喜语，既且泣曰：'仆将葬祖父于真，有期矣，敢以铭烦于君，其毋拒！'予诺之。表臣遂状其世。"④

（四）同僚关系

同僚关系间撰铭者亦较为常见，所谓同僚关系，主要反映在"公"层面的交往上。有些是撰者与墓主在仕宦期间关系良好的，如曾巩与钱藻"尝为僚，相善，其且殁，以遗事属余，而其家因来乞铭"⑤；张方平与程戡康定中"并命处谏垣，至和末，又代公为益部，以常同僚，而从公之游也旧，故知公之器蕴为详"⑥；曾肇在韩宗道墓志中称："予与公同时为郎、尚书，已而偕为从官，既故且戚，铭其可辞！"⑦ 曾布也提到了其与陈君的同僚及上下级关系："治平中，余为海州怀仁令，而永康陈君，实佐余为主簿。余与君皆少且壮，相得甚适。后六年，余以翰林学士判司农寺，荐君为勾当公事。"⑧

也有些同僚关系实质并不密切。如：杨偕在庆历新政期间为翰林侍

---

① 曾巩撰，陈杏珍、晁继周点校：《曾巩集》卷43《都官员外郎胥君墓志铭》，第580页。
② 宋祁：《景文集》卷59《代祠部墓志铭》，四部丛刊初编，第1881册，第796页。
③ 苏舜钦撰，沈文倬校点：《苏舜钦集》卷15《大理评事程君墓志铭》，第197页。
④ 苏舜钦撰，沈文倬校点：《苏舜钦集》卷14《歙州黟县令朱君墓志铭》，第187页。
⑤ 曾巩撰，陈杏珍、晁继周点校：《曾巩集》卷42《故翰林侍读学士钱公墓志铭》，第572页。
⑥ 张方平：《乐全先生文集》卷36《宋故推诚保德功臣宣徽南院使安武军节度使冀州管内观察处置等使开府仪同三司检校太傅使持节冀州诸军事冀州刺史兼御史大夫鄜延路马步军都总管经略安抚使判延州军州事管内劝农使上柱国广平郡开国公食邑五千二百户食实封一千六百户赠太尉谥康穆程公神道碑铭并序》，宋集珍本丛刊，第6册，第172页。
⑦ 曾肇：《宋故通议大夫充宝文阁待制上柱国南阳郡开国侯食邑一千三百户致仕韩公墓志铭》，北京图书馆金石组编：《中国历代石刻拓本汇编》，第41册，第11页。
⑧ 曾布：《宋朝散郎飞骑尉赐绯鱼袋陈君墓志铭》，岳珂：《宝真斋法书赞》卷20，丛书集成初编，商务印书馆1936年版，第1630册，第295页。

读学士、左司郎中,"谏官王素、欧阳修、蔡襄累章劾奏:'偕职为从官,不思为国讨贼,而助元昊不臣之请,罪当诛。陛下未忍加戮,请出之,不宜留处京师。'帝以其章示偕,偕不自安",故出知越州。① 然而,杨偕去世之后,其子仍请欧阳修撰铭,故欧公云:"修为谏官时,尝与公争议于朝者,而且未尝识公也。及其葬也,其子不以铭属于他人而以属修者,岂以修言为可信也欤?然则铭之可不信?"② 陈枢去世,"其弟杞以书之亳州,乞铭于南丰曾巩",曾巩谈到二者关系时云:"盖元丰元年,巩为福州,充福建路兵马钤辖,奏疏曰:'臣所领内,知泉州事、尚书屯田员外郎陈枢,质性纯笃,治民为循吏,积十有五年不上其课,故为郎久不迁。方朝廷抑浮竞、尚廉素之时,宜蒙特诏有司奏枢课,优进其官,以奖恬退。'于是天子特迁君尚书都官员外郎。"③ 可见他们的关系皆不密切。

(五) 朋友关系

吴雅婷对宋代墓志铭中的朋友之伦有较为细致的论述,唯其论述为墓志铭中所显现出的朋友关系及友谊,而非以撰铭者为中心。④ 在北宋碑志文中,撰者透露了其与墓主为朋友关系的情况也较为常见。范仲淹在胡则墓志中称,其子胡楷"泣血言于友人范某:'礼经谓称扬先祖之美,以明著于后世,此孝子孝孙之心也。然而言之不文,行而不远,处丧之言,乌乎能文?今得浙东签书寺丞俞君状先人之事,而敢请志焉。'"⑤ 韩琦撰尹洙墓表时回忆道:"至和元年十二月日,沂、材举公、夫人之丧,葬于缑氏县某乡之某原,从吉卜也。范公尝以书谓余曰:'世之知师鲁者莫如公,余已为其集序矣,墓有表,请公文以信后世。'余应之曰:'余实知师鲁者,又得其进斥本末为最详,其敢以辞?'既实书其事矣,又考

---

① 李焘:《续资治通鉴长编》卷 142,庆历三年八月壬戌,第 3424—3425 页。

② 欧阳修撰,李逸安点校:《欧阳修全集》卷 29《翰林侍读学士右谏议大夫杨公墓志铭》,第 442 页。

③ 曾巩撰,陈杏珍、晁继周点校:《曾巩集》卷 42《尚书度官员外郎陈君墓志铭》,第 568—569 页。

④ 吴雅婷:《宋代墓志铭对朋友之伦的论述》,《东吴历史学报》第 11 期,2004 年 6 月。

⑤ 范仲淹撰,范能濬编,薛正兴点校:《范仲淹全集·范文正公文集》卷 13《兵部侍郎致仕胡公墓志铭》,凤凰出版社 2004 年版,第 284 页。

性命之说，而表于墓。"① 可见二人的关系已经超越同僚，而是关系非常密切的朋友。宋祁撰高若讷墓志云："至和二年冬十月己酉，克葬公于开封府开封县褒亲乡之原。前此门人河东裴煜腾状来中山，取文志隧。予与公游也旧，谊不得让。"② 张温去世之前，写信给好友文同云："我无状，子最为知我者。今病革，不复见子，愿得子之文以记我死，死瞑目矣。"③ 可谓生死之交。

另外，朋友关系不独在官员中间显现，在非官员中间亦为常见。北京图书馆藏墓志拓片中即有应□山人为友人刘旦撰写的墓志："洛阳贡士彭城刘公天圣初六月十三日寝疾终于家，享年七十有六。嗣子世则等以予于公深接友契，请志其墓。予素熟公事迹，弗敢为让，得实而纪之。"④ 张铸撰黄君墓志曰："人子之于亲也，不忍己书其遗善，故托朋友焉。"⑤ 显然其与墓主为朋友关系。

（六）门生故吏

北宋为防止臣僚结党，对门生关系限制较为严格，宋初曾"诏及第举人不得呼知举官为恩门、师门及自称门生"⑥。然在具体实施过程中却不能严格限制，墓志中有不少撰者言及其为墓主之门生故吏。李沆曾推荐过杨億，故杨億撰其墓志曰："某早在荐绅之末，特蒙国士之知，虽年辈相辽，位貌非等，更仆之论，固尝莫逆于心。"⑦ 实质上暗含了其为李沆门生这层关系。苏辙因撰欧阳修神道碑而与欧阳棐书信中云：

---

① 韩琦：《安阳集》卷47《故崇信军节度使府检校尚书工部员外郎尹公墓表》，宋集珍本丛刊，第6册，第81页。
② 宋祁：《景文集》卷60《高观文墓志铭》，丛书集成初编，第1881册，第801页。
③ 文同：《新刻石室先生丹渊集》卷38《梓州处士张公墓志铭》，宋集珍本丛刊，线装书局2004年版，第9册，第306页。
④ 应□山人：《大宋故彭城贡士刘公墓志铭》，北京图书馆金石组编：《中国历代石刻拓本汇编》，第38册，第60页。
⑤ 张铸：《宋故黄君墓志铭》，钱永章：《浙江象山县清理北宋黄浦墓》，《考古》1986年第9期。
⑥ 李焘：《续资治通鉴长编》卷3，建隆三年九月丙辰朔，第71页。
⑦ 杨億：《武夷新集》卷10《宋故推忠协谋佐理功臣光禄大夫尚书左仆射兼门下侍郎同中书门下平章事监修国史上柱国陇西郡开国公食邑三千八百户食实封一千二百户赠太尉中书令谥文靖李公墓志铭》，宋集珍本丛刊，第2册，第284页。

辙启：令子承务见访，蒙示手书，以先公神道碑未立，猥以见属。辙与亡兄子瞻，俱出先公门下。亡兄平昔已许撰述，不幸奄至大故，此志不申，则辙今日不当复以鄙陋不足以发先公事业为辞焉。①

道出了苏辙兄弟乃欧阳修之门生。曾炳将葬，诸子请铭于韩琦曰："先子，公之门生，而素被知者，得公一铭而内之圹中，存殁之光矣！"② 张亢将葬，其子准备张亢官次与平生之施为告韩琦曰："公曩帅西边，我先子实备将佐，其忘身扞寇，勤苦百为，固不待疏列而公知之详矣。其种侯世衡事范文正公，宣力环延，及其亡也，文正亲为文志其墓，盖悉其故吏之劳，书之所以为劝也。我先子之事，其著如此，公忍遗而不书哉？"③ 明确表示了张亢与韩琦乃故吏关系。

笔者上述把非亲属间请求撰铭人划分为六种社会关系，实际上是为了方便论述的举措，实质上撰者与墓主之间的社会关系大多不会如此简单化与条理化，各种社会关系重叠或交错或更符合历史真实。李觏撰傅代言墓表曰："亡友傅君代言，字某，生同乡，长同学。"④ 可见二人既是同乡，又是同学，更是朋友，故而为之撰铭。王安石撰张君墓志道："余与君相好，又同年进士也，故与为铭。"⑤ 秦观与葛宣德之间的关系更是错综复杂："余举进士时，常与君同学。在汝南，复与君同官。君之登科，与依仲父（按指秦观叔父秦定）同年。而张仲（按指墓主葛书举之

---

① 苏辙撰，曾枣庄、马德富点校：《栾城集·后集》卷22《答欧阳叔弼学士书》，上海古籍出版社2009年版，第1434页。
② 韩琦：《安阳集》卷48《故许州观察推官曾君墓志铭》，宋集珍本丛刊，第6册，第603页。
③ 韩琦：《安阳集》卷47《故客省使眉州防御使赠遂州观察使张公墓志铭并序》，宋集珍本丛刊本，第6册，第598页。
④ 李觏撰，王国轩点校：《李觏集》卷31《进士傅君墓表》，中华书局1981年版，第354页。
⑤ 王安石撰，王水照主编：《王安石全集·临川先生文集》卷92《秘书丞张君墓志铭》，复旦大学出版社2016年版，第1602页。

子）又余之婿也。"① 不但涉及非亲属社会关系，还涉及了亲属关系。蒋瑎与慕容彦逢亦涉及多重社会关系："余与公居同乡，进同年，仕同僚，有游从之好，有姻娅之契，知公之详，义不得辞也。"② 如此等等，皆属于此类。

（七）纯粹求铭行为

北宋时期确有撰者与丧家并不熟悉的事例，笔者此处姑称为纯粹求铭行为，其中主要是托各种社会关系向当时或当地知名人士求铭。王璹撰柴炳墓志云："公之次子扬状公之事迹，公之次侄拟以书属铭于予。予与公又昔有一日之雅，理当为之铭。"③ 撰者称与墓主有"一日之雅"，或可理解为其在暗示与墓主较为疏远的关系。若王璹的例子稍显隐晦的话，鲍贻庆则明言其与丧家无甚关系，潘干将葬，"其子珂泣拜乞铭于贻庆，然贻庆与公同郡异邑，不得其详，辞而却之。珂出苏纲所述行状，余读之，知公行义可称，子又礼，敢不诺而铭诸"④。李觏也直接交代了其与丧家并不认识的事实：

前此者，闻新淦邹氏有子曰迪，九龄以文求试于台，遇疾罢去，得神童称。今迪遗予以书，且列其妣之行，请铭于窀。予未识迪面，矧非州党姻族，闺门之懿，所不及知。然观庸俗，富而溢则骄其子，使沦于欲，若节信所谓"以贿丧精"者往往而是。迪生五六岁，嗜读书，属词句。既毁齿西游，仰视九门虎豹之威而不怯惑，有披青云、捧白日之志。事虽不果，与夫冕弁而童心辈，相去几十百倍。苟非胎仁乳义，沃染于初，如土斯瘠，其奚以艺嘉谷也哉？则其善

---

① 秦观撰，徐培均笺注：《淮海集笺注》卷33《葛宣德墓铭》，上海古籍出版社1994年版，第1088页。
② 蒋瑎：《慕容彦逢墓志铭》，慕容彦逢《摛文堂集·附录》，文渊阁《四库全书》，第1123册，第490页。
③ 王璹：《宋故将仕郎平阳柴公墓志铭》，中国文物研究所、陕西省古籍整理办公室编：《新中国出土墓志·陕西》（一），文物出版社2000年版，第149页。
④ 鲍贻庆：《宋故潘府君墓志铭》，郑嘉励、梁晓华：《丽水宋元墓志集录》，浙江古籍出版社2013年版，第109页。

状宜不诬。①

虽与丧家从未谋面，但李觏声称自己经过对墓主子嗣的了解，认为其行义可嘉，故而撰铭。欧阳修则很坦诚地描述了李诩遣人持书与币请铭的过程：

> 故尚书比部员外郎陈君，卜以至和二年正月某日，葬于京兆府万年县洪固乡神禾原。其素所知秘书丞李诩与其孤安期，谋将乞铭于庐陵欧阳修，安期曰"吾不敢"，诩曰"我能得之"。乃相与具书币，遣君之客贾绎，自长安走京师以请。盖君以至和元年五月某日卒于长安，享年四十有六，其仕未达，而所为未有大见于时也。然诩节义可信之士，以诩能报君，而君能知诩，则君之为人可知也已。②

从欧阳修文字中可以看出，他之所以了解墓主为人，全赖墓主与李诩友善，故欧公本人与陈氏家族不相熟悉是可以想象的。据王兆鹏先生研究，北宋撰写碑志文可以获得不菲的润笔，③故撰者之所以接受并不熟悉的丧家请铭要求，很可能与唐宋时期流行的"润笔"有关。

第三节　撰者主动撰铭

撰者主动撰铭主要指撰者并没有受到丧家请求，而是主动承担撰写碑志任务的撰铭行为。前述已知，直系亲属因本身即为丧家，则其撰铭自然不需要再使人请求而得。除此之外，还有非亲属间撰者主动承担丧家碑志撰写的任务，以及部分墓主生前自撰碑志的现象。尤其是后两者，与奉敕撰铭及丧家求铭相比，可以称得上是北宋碑志文撰写中的"异化"现象。

---

① 李觏撰，王国轩点校：《李觏集》卷30《邹夫人墓铭并序》，第342页。
② 欧阳修撰，李逸安点校：《欧阳修全集》卷30《尚书比部员外郎陈君墓志铭》，第453页。
③ 王兆鹏：《宋代的"润笔"与宋代文学的商品化》，《学术月刊》2006年第9期。

一　直系亲属间的主动撰铭

在北宋士大夫撰写的墓志中间，女子多以"孝女、顺妇、贤妻、良母"的形象出现①，这显然为男性对女性形象的塑造和期望。②然丈夫为妻子撰写墓志时，除了塑造妻子形象之外，还有宣泄哀痛之情的意蕴囊括在内，此类墓志当为丈夫主动为之。联想到妻子去世后的家庭情况，苏舜钦十分悲伤："堂有寿母，室有乳穉，藉以奉育，遽失其助。余时待尽于苦次，退而又哭于室中，亦血气者，非勉徇于礼，乌能胜而至是耶？"③李之仪在追忆了妻胡氏一生后也称："辄揽涕而铭之，尚恨有所不尽也。"④陈讽撰妻于氏墓志，即饱含浓重的感情色彩："命之不幸，止于此耶？吾之不幸，失其助耶？天之不祐善人，而至于是耶？"⑤范子修撰妻刘氏墓志亦称："痛悼之怀，曷有穷尽。"⑥毛滂撰妻子赵氏墓主曰："呜呼痛哉，是铭也，庶几以写余悲！"⑦直接道出撰志就是为了抒发悲痛之情。

直系长辈与子孙之间互相撰铭多为主动承担。杨亿为祖父撰神道碑云："玉山府君，以太平兴国三年六月三十日启手足于长乐里之第，其年十二月八日葬于南原，凡二十三年矣。金石未刻，陵谷将变，嗣孙亿大惧夫祖德之坠于地，考诸谱牒，询于耆艾，追述先美，以表幽垄云。"⑧韩琦撰母胡氏墓志称："顾复之恩，如天地之大，非言可纪也。然刻琭徽

---

① 杨果：《宋人墓志中的女性形象解读》，杨果：《宋辽金史论稿》，第300—327页。
② 刘静贞：《北宋前期墓志书写活动初探》，《东吴历史学报》2004年第11期。
③ 苏舜钦撰，沈文倬校点：《苏舜钦集》卷14《亡妻郑氏墓志铭》，第179页。
④ 李之仪：《姑溪居士文集》卷50《姑溪居士妻胡氏文柔墓志铭》，宋集珍本丛刊，线装书局2004年版，第27册，第126页。
⑤ 陈讽：《亡妻于氏墓志》，章国庆编：《宁波历代碑碣墓志汇编》，第76—77页。
⑥ 范子修：《宋故亡妻夫人刘氏墓铭》，河南省文物研究所、河南省洛阳地区文管所编：《千唐志斋藏志》，文物出版社1985年版，第1287页。
⑦ 毛滂：《东堂集》卷10《赵氏夫人墓志铭》，文渊阁《四库全书》，台北商务印书馆1986年版，第1123册，第822页。
⑧ 杨亿：《武夷新集》卷8《故信州玉山令府君神道表》，宋集珍本丛刊，第2册，第268页。

懿，著于亡穷，亦孝子之志焉。临葬哀号，为之铭。"① 富绍荣撰母侯氏墓志重申了自己绝不会为了求铭而放弃抒发对慈母怀念的哀痛之情："尽天下之辞，无以传慈母之德；号天下之声，无以舒罔极之哀。则恶可以辍悲泣之顷而托鄙薄之文载！"② 韩忠彦撰儿媳文氏墓志，用较多笔墨记述了文氏对家庭的贡献，当作为丧家本身不可能再由子孙请求方撰写。③

二　非亲属间撰者主动撰铭

没有亲属关系的撰者与墓主之间，也存在一些主动撰铭的现象，这主要是撰者基于道义或私人关系而主动承担的。柳开听说高南金去世，主动遣使告其子嗣曰："愿铭公墓。"理由是"以报公厚知于我也"④。欧阳修宝元元年（1038）为乾德县令（治今湖北老河口市），主动为李仲芳撰写墓表，其中夫子自道："余闻古之有德于民者，殁则乡人祭于其社。今民既不能祠君于汉之旁，而其墓幸在其县，余令也，又不表以示民，呜呼，其何以章乃德？俾其孙克石于隧，以永君扬。"⑤ 显然是为了彰显李君之德，进而教化乡民的举措。郑獬在荆州仕宦期间亦有类似行为：

> 进士崔著，家于夷陵，赠工部侍郎遵度之孙，左侍禁仲求之子。生四十一年，至治平之己巳三月壬午，卒于江陵。无室家以服其丧，无子以主其祭。斥其橐装，以葬之于北郭长林门外，地衍而高，增土三尺，筑垣以隐之，植木以覆之，荆州守郑某镌辞于石以志之。⑥

---

① 韩琦：《安阳集》卷46《太夫人胡氏墓志铭》，宋集珍本丛刊，第6册，第587页。
② 富绍荣：《宋故长寿县太君侯氏墓志铭》，洛阳市第二文物考古队编：《富弼家族墓地》，第57—58页。
③ 韩忠彦：《宋故赠平阳郡君文氏墓志铭》，河南省文物局编著：《安阳韩琦家族墓地》，第105—106页。
④ 柳开撰，李可风点校：《柳开集》卷15《宋故中大夫左补阙致仕高公墓志铭并序》，中华书局2015年版，第204页。
⑤ 欧阳修撰，李逸安点校：《欧阳修全集》卷24《尚书屯田员外郎李君墓表》，第371—372页。
⑥ 郑獬：《郧溪集》卷22《崔进士志》，宋集珍本丛刊，线装书局2004年版，第15册，第206页。

崔著无家室服丧，无子孙祭祀，在郑獬帮助下葬于江陵北郭并为之撰铭，既然无家室无子孙，故此处不可能是丧家求铭，郑獬这次撰铭应是基于道义为之。彭城刘君去世，其二子刘时、刘旸"欲求补之文纳圹而不敢言，补之曰：'岂可使吾里有义事而不书也！'往谕诺之"①。亦可见在刘君子嗣欲求未求过程中，晁补之为了彰显乡里义事，化被动为主动，主动请缨撰刘君墓志。

因私人关系主动撰铭者，北宋时期亦有存在。王素去世后，王珪、冯京和文彦博因和他有良好的私人关系，分别主动承担撰、书及篆盖的责任："余与今参知政事冯公当世少从公游，及公薨，余自次公平生所为作之铭，而当世为公书，既又枢密相文潞公为篆公之铭盖，皆不待公子之所求。"②张明为邹浩之仆人，侍奉邹浩 19 年，邹浩被贬时一直追随在其身边，邹浩贬昭州（今广西平乐县），而张明于此地得疾死，"以其死之明日，具棺敛葬于仙宫山之阴而为之铭"③，可见张明墓志当为邹浩主动为之。苏轼乳母任采莲去世，苏轼为之撰墓志曰：

> 赵郡苏轼子瞻之乳母任氏，名采莲，眉之眉山人。父遂，母李氏。事先夫人三十有五年，工巧勤俭，至老不衰。乳亡姊八娘与轼，养视轼之子迈、迨、过，皆有恩劳。从轼官于杭、密、徐、湖，谪于黄。元丰三年八月壬寅，卒于黄之临皋亭，享年七十有二。十月壬午，葬于黄之东阜黄冈县之北。铭曰：
>
> 生有以养之，不必其子也。死有以葬之，不必其里也。我祭其从与享之，其魂气无不之也。④

---

① 晁补之：《鸡肋集》卷 66《彭城刘君墓志铭》，四部丛刊初编，商务印书馆 1922 年版，第 1037 册，第 16b 页。

② 王珪：《华阳集》卷 58《王懿敏公素墓志铭》，文渊阁《四库全书》，第 1093 册，第 435 页。

③ 邹浩：《道乡先生邹忠公文集》卷 36《铭张明墓》，宋集珍本丛刊，线装书局 2004 年版，第 31 册，第 274 页。

④ 苏轼撰，孔凡礼点校：《苏轼文集》卷 15《乳母任氏墓志铭》，中华书局 1986 年版，第 473 页。

从苏轼的记述中可以看出,任氏为苏轼家仆人35年,先后照顾苏家父子两代,然其生前无子赡养,死后葬非其里,皆是苏轼为其操持,则此铭所撰定是苏轼主动为之。苏轼还撰写了其弟苏辙保姆杨氏墓志,情况与之大体类似:

> 先夫人之妾杨氏,名金蝉,眉山人。年三十,始隶苏氏,颓然顺善也。为弟辙子由保母。年六十八,熙宁十年六月己丑,卒于徐州,属纩不乱。子由官于宋,载其柩殡于开元寺。后八年,轼自黄迁汝过宋,葬之于宋东南三里广寿院之西,实元丰八年二月壬午也。铭曰:
>
> 百世之后,陵谷易位,知其为苏子之保母,尚勿毁也。①

杨氏去世八年之后由苏轼负责下葬及撰铭,显然也是主动承担撰铭任务的。

三 墓主生前自撰碑志

碑志本来是用来追述墓主生平行事,并对墓主的品行功绩进行颂扬的载体。然墓主为自己撰写墓志,对自己一生进行整体性评价的现象,也有其历史渊源。据学者考述,一般认为西汉杜邺为最早自撰墓志者,②而且此种现象在中国古代不绝如缕,其书写内容经历了比较曲折的演变:"唐以前的自志铭着力于对自我评判价值标准的探求;到宋代,大部分自志铭则以社会道德认可的标准作为评判依据。"③学者曾对唐代自撰墓志的现象做了统计及分析④,北宋亦有类似现象,夏竦撰朱昂行

---

① 苏轼撰,孔凡礼点校:《苏轼文集》卷15《保母杨氏墓志铭》,第473页。
② 黄震:《略论唐人自撰墓志》,《长江学术》2006年第1期;李秀敏:《唐代自撰墓志铭略论》,《文艺评论》2013年第4期。
③ 吕海春:《长眠者的自画像——中国古代自撰墓志铭的历史变迁及其文化意义》,《中国典籍与文化》1999年第3期。
④ 黄清发:《论唐人自撰墓志及其本质特征》,中国唐代文学学会等:《唐代文学研究》,广西师范大学出版社2006年版,第141—148页;黄震:《略论唐人自撰墓志》,《长江学术》2006年第1期;李秀敏:《唐代自撰墓志铭略论》,《文艺评论》2013年第4期。

状称他生前已经"豫撰"墓志:"景德四年,公豫撰墓志,月而不日。"①而《宋史·朱昂传》透露,此"豫撰"并非邀他人所做,而是"晚岁自为墓志"②。南宋尤袤《遂初堂书目》中亦记载了"陈了斋(按指陈瓘)自撰墓志并序"③。下面就北宋所见自撰墓志进行尝试性的梳理。

北宋自撰墓志,有些仅寥寥数语,形式上不拘一格。陈尧佐临终前自志墓志云:"有宋颍川先生尧佐,字希元,道号知余子。年八十不为夭,官一品不为贱,使相纳禄不为辱。三者粗备,归息于先秦国大夫、仲兄丞相栖神之域,吾何恨哉。"④ 高度概括了自己的年岁、仕宦生涯和归葬地。宋祁去世之前自撰墓志铭曰:"左志:祁之为名,宋之为氏。学也则儒,亦显其仕。行年六十有四,孤草完履。三封之南,葬从孔子。右铭:生非吾生,死非吾死。吾亦非吾,要明吾理。"⑤ 极其简单,故范镇撰其神道碑称"又为《右志》、《左铭》,记爵里姓名而已"⑥。王安石之子王雱卒前,自撰墓志称:"先生名雱字元泽,登第于治平四年,释褐授星子尉,起身事熙宁天子,裁六年,拜天章阁待制,以病废于家。"⑦ 显示了其豁达的生死观念。

然而,也有一些自撰墓志中规中矩,较为细致地介绍了墓志"大要十有三事"⑧,与他人代撰并无二致。经检北宋时期计有程珦、蒲远犹、彭愈和韩潭等 4 例。程颐跋其父程珦自撰墓志云:"先公太中年七十则自为墓志,及书戒命于后。后十五年终寿,子孙奉命不敢违,惟就其阙处加所迁官爵、晚生诸孙,及享年之数、终葬时日而

---

① 夏竦:《文庄集》卷28《故金紫光禄大夫行尚书工部侍郎致仕上柱国彭城郡开国侯食邑一千三百户食实封四百户赠刑部侍郎朱公行状》,文渊阁《四库全书》,第1087册,第277页。
② 《宋史》卷439《朱昂传》,第13008页。
③ 尤袤:《遂初堂书目·本朝杂传》,丛书集成初编,商务印书馆1935年版,第32册,第11页。
④ 王辟之撰,吕友仁点校:《渑水燕谈录》卷2,中华书局1981年版,第14页。
⑤ 宋祁撰,储玲玲整理:《宋景文笔记》卷下《左志右铭》,《全宋笔记》第1编第5册,大象出版社2003年版,第71页。
⑥ 范镇:《宋景文公神道碑》,杜大珪撰,洪业等编纂:《琬琰集删存》卷1,第75页。
⑦ 文莹撰,郑世刚、杨立扬点校:《玉壶清话》卷5,中华书局1984年版,第55页。
⑧ 王行:《墓铭举例》,文渊阁《四库全书》,第1482册,第381页。

已,醇德懿行宜传后世者,皆莫敢志,著之家牒。孤颐泣血书。"可知程颐在其中除添加了其父程珦所迁官爵、享年、终葬日及晚年所生诸孙外,一无所改。程珦遵循墓志撰写的常制,把名讳、家世、仕宦、官职、嫁娶、后嗣、卒葬、享年等一一道来,结尾一段采用墓志中典型的"遗嘱式"的内容,与请别人撰写的墓志并无差异。唯一不同的是,遗嘱中要求自身勿求碑志,原因是认为求铭虚词溢美现象严重。然笔者认为,所谓徒累不德的虚词溢美,实不能概括其自撰墓志的全部。程珦熙宁八年(1075)自撰墓志中透露其熙宁年间,"厌于职事,丐就闲局"①的情况,究其原因程颐在《先太公家传》中讲得较为明白:

  熙宁中,议行新法,州县嚣然,皆以为不可,公未尝深论也。及法出,为守令者奉行惟恐后。成都一道,抗议指其有未便者,独公一人。时李元瑜为使者,挟朝廷势,凌蔑州郡,沮公以为妄议。公奏请不俟满罢去,不报。乃移疾,乞授代,不复视事。归朝,愿就闲局,得管勾西京嵩山崇福宫。岁满再任,迁司农少卿。南郊恩,赐金紫。以年及七十,乞致仕。②

可见程珦被贬和要求致仕都与自己反对熙丰变法有关,之所以要求后嗣勿求墓志,是否和当时政治形势及其被贬的经历有关?蒲远犹记载了自己的家世、仕宦、婚姻、后嗣等,并认为:"古之志其墓者,惟志其前后左右山泽而已,后世遂名其文行功业。然四物者必躬有道德仁义,遭时遇主,有崇爵大位,有功于社稷,有泽于生民。或不遇无位,则必有卓然独立之行,可以名世。苟无此,不可以黄壤朽骨厚诬来世。予生于太平时,无可铭之具,衣帛食稻,大耋而不衰,但乾坤中一幸民耳。恐后世有铭予墓者,加酿空文,死而有知,予岂不自愧?乃作志付穆与稷,

---

① 程颢、程颐撰,王孝鱼点校:《二程集·河南程氏文集》卷12《书先公自撰墓志后》,中华书局1981年版,第645—646页。
② 程颢、程颐撰,王孝鱼点校:《二程集·河南程氏文集》卷12《先公太中家传》,第649页。

慎无废于理命。"① 首先说明了墓志中记功业文行为后世发展过程中形成的，然后强调若无重大功业，实在不足以用虚辞的方式加以美化，故自撰生平。彭愈自志描述了自己的家世、科举、仕宦及著述，并未涉及子孙后裔，然其道出了自己豁达的生死观念："俛仰浮沉，放意林壑，与赤松、初平之徒游，故世不知其所终。"② 韩潭在自撰墓志中，也记述了其名讳、家世、科举历程、著述、后嗣、卒葬等基本信息，并提及了白居易和杜牧自撰墓志的"传统"："尝观唐人白乐天、杜牧之将启手足，皆自铭其墓。愚斯人之不及也，故叙平生，以贻后世。"③ 足见其自撰墓志乃效仿唐人之举。

小 结

通过上述考察，我们把北宋碑志文撰写分为奉敕撰文、丧家求铭和主动撰铭三种。北宋奉敕撰墓志碑铭主要是帝王委派翰林学士完成的，这属于当时的普遍情况，即便委派的不是翰林学士，也会使用知制诰（元丰改制之后为中书舍人）或曾经充任两类职务的群体，并非随意指定。丧家求铭属于北宋碑志文中的最大宗，旁系亲属或姻亲之间撰铭一般需要丧家请求方会撰文；有些撰者与丧家虽然没有血缘关系，但或为朋友、或为同僚、或为同乡等，他们之间有一定社会关系的交集，丧家也会请求撰者撰碑志文；还有一些撰者与丧家并无交集，但因当时撰写碑志文能够获得不菲的润笔费用，故撰者也会接受丧家请铭要求而撰文。主动撰铭主要有直系亲属之间撰铭，基于道义或私人关系撰铭和自撰墓志三种。第一类与第三类撰者本身即为丧家，自然不存在求铭的问题；第二类则或为了彰显墓主生平事迹并教化乡民，或撰写仆人、保姆、奶妈等群体墓志以寄托哀思。

---

① 蒲远犹：《自撰墓志》，（光绪）《黄州府志》卷39《金石下》，文海出版社1976年版，第1393页。
② 彭愈：《连山子自志》，（道光）《宜春县志》卷31，江西省图书馆藏，第63a页。
③ 韩潭：《韩仲孚墓志铭》，（同治）《霍邱县志》卷15《艺文三》，《中国地方志集成·安徽府县志辑20》，江苏古籍出版社1998年版，第497页。

前述不同撰铭方式可以分别代表官方和民间、公开型与私密型等不同类型。实际上，一篇碑志文绝不能涵盖墓志的整个人生经历，碑志文中所呈现出来的内容往往是撰者所想强调的重心所在，然而，不同类型的碑志文内容的侧重点并不一致，官方或公开型碑志文中，多以墓主的政绩、生平履历为基础，记述多指向较为宏达的叙述模式，墓志主题愈发往国家论述倾斜；而私密型碑志文则走任情路线，属于撰者感情宣泄的渠道，撰者在文中不惮流露出自己的真挚情感[1]。

然而，撰者在撰写过程中的不同侧重又引出了更深层次的问题：既然其在不同撰者间有不同侧重，那么，影响碑志文撰写的情况究竟有哪些？这些限制性因素是通过何种途径影响碑志文的撰写呢？弄清这些问题，对利用碑志文作为材料研究各种具体问题，无疑具有极其重要的作用。

---

[1] 卢建荣：《北魏唐宋死亡文化史》，麦田出版社2006年版，第37—50页。

第 二 章

墓志碑铭撰写与北宋政治

随着书写材料和印刷技术的发展变化，唐代之后墓志铭逐渐有公开化的倾向，北宋墓志铭撰成后在士人之间传播更是普遍现象。碑志文既然成为较为公开的文字，撰者在撰写过程中自然需要更加慎重。据学者研究，碑志文在唐宋之间的一个转变即是从"哀悼文学"转变为"传记文学"，反映在北宋墓志碑铭当中，是墓主的仕宦经历及政治功绩逐渐成为主要内容。然而，墓主宦海升黜往往与人事纠葛有千丝万缕的联系，相关内容撰入碑志文容易遭人诟病，若碑志撰者涉及与政治有关的话题，稍有不慎就会成为言官或政敌攻击和弹劾的把柄。晏殊就曾因撰章懿太后墓志铭时未明言其为宋仁宗亲生母亲，而被谏官弹劾。孙甫、蔡襄上言："宸妃生圣躬为天下主，而殊尝被诏志宸妃墓，没而不言。"[1] 李淑也曾因撰吕夷简墓志，遭到谏官包拯和吴奎的弹劾："陛下事章献太后，母子之际，无纤介隙，而淑志吕夷简墓，有过猜鸡晨之语，深累上德，宜夺禁职，以戒怀奸隐慝之臣。"[2] 蔡京因撰写外戚墓志遭到政敌陈瓘弹劾："京作《内綧墓志》曰：'吾平生与士大夫游，无如承旨蔡公与我厚者。'京为从官，而与外戚相厚，书于碑刻以自矜夸，如此之类非止一事而已。"[3] 这样的事情并非个案。

---

[1] 《宋史》卷 311《晏殊传》，第 10197 页。
[2] 包拯撰，杨国宜校注：《包拯集校注》卷 2《弹李淑》，黄山书社 1999 年版，第 189 页；李焘：《续资治通鉴长编》卷 171，皇祐三年九月乙未，第 4113 页。
[3] 赵汝愚编，北京大学中国中古史研究中心校点整理：《宋朝诸臣奏议》卷 35《上徽宗论蔡京结交外戚》，上海古籍出版社 1999 年版，第 350 页。

故撰写碑志文可能会获罪或遭到打击，时人非常清楚。富弼去世后，宋神宗对辅臣交流时非常痛惜，并且称：

"富某平生强项，今死矣。志墓者，亦必一强项之人也。卿等试揣之。"已而自曰："方今强项者，莫如韩维，必维为之矣。"时持国（按：为韩维字）方知汝州，而其弟玉汝（按：指韩绛）丞相以同知枢密院预奏事，具闻此语，汗流浃背。于是亟遣介走报持国于汝州曰："虽其家以是相嘱，慎勿许之。不然，且获罪。"①

韩绛对宋神宗认为富弼墓志须由韩维撰写一事，表现出高度的重视和紧张，这种紧张并不是毫无根据的，而是基于实际政治经验所作出的判断。杜大珪在编撰《名臣碑传琬琰集》时，在范镇撰司马光墓志后加按语："苏文忠当书石，谓司马公休（按指司马康）云：'轼不辞书，此恐非三家之福。'遂易今铭。"②此事邵博亦有记载："司马文正公薨，范蜀公取苏翰林行状作志，系之以铭，翰林当书石，以非春秋微婉之义，为公休谏议云：'轼不辞书，恐非三家之福。'就易名铭。"③可见苏轼很清楚地了解，若范镇所撰司马光墓志流传，势必会授人以柄，遭政敌攻击。

既然碑志文可以成为言官和政敌攻击的把柄，当然会有人利用其作为政治斗争的工具。如宋神宗朝张宗益撰写孔道辅后碑中言："常恨世无直笔，天下铭撰皆为势力所屈，不惟欺人耳目，抑亦自欺肺肝。"而且，他还为自己撰写孔道辅后碑定位："今所论次，直欲质诸高厚，表于方来，矫势力以传信。"④实际上批评和讽刺对象直指为孔道辅撰写墓志的王安石，张宗益所撰后碑可以认为是其反对王安石变法，以文字作为斗

---

① 徐度撰，朱凯、姜汉椿整理：《却扫编》卷上，《全宋笔记》第3编第10册，大象出版社2008年版，第131—132页。

② 范镇：《司马文正公光墓志铭》，杜大珪撰，洪业等编纂：《琬琰集删存》卷2，第205页。

③ 邵博撰，刘德权、李剑雄点校：《邵氏闻见后录》卷15，中华书局1983年版，第117页。

④ 张宗益：《宋守御史中丞赠太尉孔公后碑》，陈镐修撰：《阙里志》卷24，山东友谊出版社1989年版，第1777页。

争的一种形式①。另外，学界争讼颇久的苏洵《辨奸论》一文，虽被邓广铭先生证实为邵伯温之伪作②，但这仍能反映出邵伯温欲借张方平撰苏洵墓表一事，来对王安石加以抨击，利用碑志文字对王安石进行诋毁和丑化，亦属于与王安石进行政治斗争的一种形式。

正如刘成国所指："由于受到特定政治环境、社会氛围的影响，撰者在叙述墓主事迹时，总是有所选择，有所删取。"③ 然具体反映在碑志当中，撰者又是如何撰写，如何取舍的呢？笔者以下尝试分而述之。

第一节 碑志文中所见宋初政治

一 碑志文中北宋建立及统一的若干侧面

陈桥兵变后赵匡胤率军进入开封，韩通抵抗被杀，陈保衡为其撰写了墓志。陈保衡作为"预下宾"的韩通故吏，反复申明自己"敢取鲁史之文，直述往行"，"直笔直言，幸无愧焉"。其对韩通被杀经过记载道：

> 值今皇帝天命有属，人心所归。雪刃前交，莫辩良善，云师才定，已溺干戈，亦犹火炎昆岗，玉石俱毁。圣人哀矜，追念移时，乃命天人，用营葬事，兼赠中书令。长子钧，二十二终，尚食副使。大小娘子适彭城刘福祚，充西头供奉官。二小娘子年十三。保婴年十一终，充节院使。三哥九岁终。三小娘子五岁，四小娘子四岁。七哥三岁，授东头供奉官。④

陈保衡虽然写出了韩通与其三子同时死亡，然而对韩通之死，受制于当

---

① 详见第五章《墓志碑铭撰写的个案研究之一——以北宋孔道辅为中心》。
② 邓广铭：《〈辨奸论〉真伪问题的重提与再判》，原刊《国学研究》第3卷，北京大学出版社1993年版，今据邓广铭《邓广铭治史丛稿》，北京大学出版社2010年版，第253—276页。
③ 刘成国：《北宋党争与碑志初探》，《文学评论》2008年第3期。
④ 陈保衡：《故检校太尉同中书门下平章事使持节郓济等州观察处置等使兼侍卫亲军马步军副都指挥使仍加食邑五佰户食实封二百户赠中书令韩公墓志》，北京图书馆金石组编：《北京图书馆藏中国历代石刻拓本汇编》，第37册，第1页。

时政治环境的影响,还是语焉不详。受政治环境影响的绝不止都城地区和官僚阶层,地方上也能时刻感受到改朝换代带来的诸多气象。姜知述去世于后周显德三年(956),与宋朝毫无关系,不过,因为其葬于宋建隆三年(962),郭峻撰其墓志时,首题采用"大宋故周金紫光禄大夫检校尚书左仆射卫尉少卿致仕上柱国姜公墓志铭并序"之语,① 还是不得不把大宋放置于后周之前,以示对改朝换代的肯定。

李煜太平兴国三年(978)七月去世后,由南唐旧臣徐铉撰写其墓志铭。徐铉在为李煜之弟撰写墓志时曾自云"登门斯久,辱顾殊深,永惟知己之恩"②,李昉则称徐铉"仕江南李氏,周旋三世,历校书郎、直宣徽北院,寻直门下省。三知制诰,一迁司封郎中,两拜中书舍人,再入翰林为学士。自贬官起为太子右谕德,由尚书左丞为兵部侍郎,为御史大夫,由大夫为吏部尚书,由尚书为右仆射,同参左右内史事"。说明他在南唐仕宦经历丰富。而且在北宋攻打南唐时徐铉曾主动要求出使,企图说服宋太祖,李煜抚之泣下曰:"时危见节,汝有之矣!"徐铉在南唐亡国后亦称"臣为江南大臣,而其国灭亡,抵此死有余罪,余复何言!"③可知其与后主李煜并非一般的感情。为旧主撰写墓志并不容易,其功绩如何概括,其失国缘由如何认定,在当时的政治环境下,稍有不慎恐怕有杀身之祸。徐铉在李煜墓志中这样记载:"盛德百世,善继者所以主其祀;圣人无外,善守者不能固其存。盖运历之所推,亦古今之一贯。"并认为李煜生不逢时:"以厌兵之俗,当用武之世。孔明罕应变之略,不成近功;偃王躬仁义之行,终于亡国。"④ 把李煜亡国归结为运历之所推,并非个人之过错,既符合宋朝天命所归的运历,又为旧主加以开脱,可谓得体。

---

① 郭峻:《大宋故周金紫光禄大夫检校尚书左仆射卫尉少卿致仕上柱国姜公墓志铭并序》,北京图书馆金石组编:《北京图书馆藏中国历代石刻拓本汇编》,第37册,第284—285页。

② 徐铉撰,李振中校注:《徐铉集校注》卷29《大宋右千牛卫上将军陇西郡公李公墓志铭》,中华书局2016年版,第798页。

③ 李昉撰,李振中校注:《大宋故静难军节度行军司马检校工部尚书东海徐公墓志铭》,徐铉:《徐铉集校注·附录》,第865—866页。

④ 徐铉撰,李振中校注:《徐铉集校注》卷29《大宋左迁牛卫上将军追封吴王陇西公墓志铭并序》,第794页。

《全宋文》收录的江西省德安县博物馆葬萨氏夫人墓志铭，显示了平民阶层墓志在遇到书写宋初统一南方政权情况时撰者的坚持与变通：

> 夫人三从令望，四德名彰，贤并择邻，义必截发。乃萨郡守之后，敷浅原所居也。翁讳讨，父讳超，夫讳鹏。于己巳年检利二十四岁上，出事陈留蔡君三郎，此为真良夫也。数年夫妇礼，旦夕和从。其陈留公于乙亥年奉李王敕，补充本州武备军都头，在五百人之上。此时孝爱临家，尽忠为国。于丙子年孟夏月二十一日失利江城，奄终天寿，岂不伤哉乎！乃夫人二十九岁上。与孤幼男女，守于寡室，可余数纪，其贞妇也。产二男双女，婚刘氏，未娶。长女孙三十五娘，事潘宅，未适；三十六娘，真三、真四，并已年幼。小男昌永，作贾异乡，已先辞世。长女大娘事董穀，已适，其夫僻修儒业，常秉士风，亦先之殁。小女七娘事郑敏，已适，不幸亦丧，其夫善药饵，精医流世。乃人于大宋乾兴元年壬戌岁仲秋月初，偶茨疾恙，遍问良医，□□难愈瘥，针之莫应。于当月十九日终世，年七十八岁。令检取□□年季冬月二十五日庚申日，卜葬于长乐乡兴德北社阴功□□李亮地安厝。一旦孝子及门，捧行状泣请为志，辞之靡□，□□纪实。铭曰：
>
> □蔼淑风，内循孝行。岂为斯人，而有斯病。
>
> □兰殒芳，青松失操。比伊之德，有谁不惮。
>
> 子婿郑敏撰。长孙继孟镌。①

首先，对墓志出土地点稍加说明。该墓志出土于江西省九江市德安县，五代十国时期吴顺义七年（927）升蒲塘场为德安县，此为德安县得名之

---

① 周迪人、刘晓祥对萨夫人墓志有过一定介绍，并无释文及拓片（周迪人、刘晓祥：《北宋萨氏夫人墓志考释》，《南方文物》1994年第3期），故此处使用《全宋文》中相关录文。郑敏：《萨氏夫人墓志》，江西省德安县博物馆葬志，刘琳、曾枣庄主编：《全宋文》，第16册，上海辞书出版社、安徽教育出版社2006年版，第93—94页。

始，归江州管辖①。吴天祚三年（937）李昪"受禅"建立齐国，升元三年（939）改国号大唐，史称南唐。②南唐因袭德安县名称未变，《文献通考》中记载："德安，南唐县。有石鼓山、敷浅水。"③开宝七年（974）后纳入北宋版图。其次，对墓志文本加以分析。萨氏夫人于宋真宗乾兴元年（1022）去世，享年78岁，从而可知萨夫人出生于南唐保大三年（945），故墓志中记载萨夫人"己巳年"嫁于蔡鹏为妻，此"己巳"定为开宝二年（969），当时南唐虽然尊宋朝正朔，但仍属于独立王国。萨夫人丈夫蔡鹏于乙亥年奉李王敕补充江州武备军都头，当时指李煜在开宝八年（975）曾提拔蔡鹏为官。蔡鹏于"丙子年孟夏月二十一日失利江城，奄终天寿"，所述应为北宋讨伐南唐之事，北宋开宝七年（974），宋太祖赵匡胤以李煜拒绝来朝为辞，出兵讨伐南唐，而蔡鹏则于宋太宗太平兴国元年（976）与宋军交战中战死。

通过上述对墓志的文本分析，大致可了解到，萨夫人丈夫蔡鹏先受李煜之命为江州武备军都头，后因抵御宋军进攻力竭战死，可称得上为南唐鞠躬尽瘁。不过，对于撰写去世于北宋的萨夫人墓志而言，如何记述其丈夫对南唐的忠心，与当时政治环境无疑存在不可调和的矛盾，故其女婿郑敏在撰写岳父蔡鹏有关事宜时，绝不使用北宋年号，仅用干支纪年以表示对南唐的敬意，可使人体察到撰者郑敏在政治环境影响墓志文书写时的坚持与变通。

不过，随着时间推移，到北宋中期时宋朝得国已久，对五代十国忠义之事的记述反而增多，李觏庆历二年（1042）撰写南唐廖夷清墓表，对其祖父廖居素忠于南唐的行为大加赞赏："建隆而后，冰命我朝，遂课其功，累迁琼林光庆使、检校太保、判三司。骤谏，后主不听，闭门却食，服朝衣冠，立死井中。已而，得大手书于箧，曰：'吾不忍见国破

---

① 乐史撰，王文楚等点校：《太平寰宇记》卷111《江南西道九·江州》，中华书局2007年版，第2259页。
② 任爽：《南唐史》，东北师范大学出版社1995年版，第24—37页。
③ 马端临撰，上海师范大学古籍研究所、华东师范大学古籍研究所点校：《文献通考》卷318《舆地考四》，中华书局2011年版，第8676页。

耳！'"① 无独有偶，欧阳修嘉祐四年（1059）撰吴君墓碣也透露了其曾杀害宋朝使者并为南唐尽忠的事实：

> 太祖皇帝召（李）煜来朝，煜不奉诏，遣曹彬讨之，前锋兵破池阳，遣使招降郡县。使者至彭泽，其令欲以城降，君以大意责之，且曰："吾能为李氏死尔。"乃共杀使者，为煜守。煜已降，君为游兵执送军中，主将责以杀使者，君曰："固当如是尔。"主将义而释之。②

欧阳修之所以为吴氏撰写墓碣，是因为他认为"当五代时，僭窃分裂，丧君亡国不胜数，士之不得守其节与不能守者，世皆习而不怪。君于此时，独区区志不忘李氏，其义有足动人，然而亦无为君道者。考君之出处，自重不妄，宜其世莫之知"。这与欧阳修评价长乐老冯道不知礼义廉耻如出一辙。类似行为在北宋前期即便存在，亦当不会作为墓主的功绩记载入墓志当中，这与政治环境的变化有较大关系。

二 碑志文中的宋初对辽战争

关于宋朝与辽战争的研究，成果颇为丰富，但在碑志文中却呈现完全不同的景象，与研究成果并不一致，这亦与当时政治背景有相当密切的关系。宋太宗淳化四年（993）七月，李昉撰写徐铉墓志曰："天子率六师亲征太原，并垒既平，遂北幸塞垣，耀兵卢龙。秋七月凯歌归于京师。"③ 显示这次北征燕云地区胜利而归，而景德元年（1004）杨億撰写李继隆墓志时，已经隐约点出宋朝用兵不利的情况："太宗因其兵锋，遂讨幽蓟，命公与郭守文领期门之师，当前茅之任，与虏斗于胡瞿河之南，大挫其锐。会戎人救至，我师不利，仓促之际，即议班旋。车驾宵征，

---

① 李觏撰，王国轩校点：《李觏集》卷31《前进士廖君墓表》，第357页。
② 欧阳修撰，李逸安点校：《欧阳修全集》卷32《零陵县令赠尚书都官员外郎吴君墓碣铭并序》，第478—479页。
③ 李昉：《大宋故静难军节度行军司马检校工部尚书东海徐公墓志铭》，徐铉撰，李振中校注：《徐铉集校注·附录一》，第864页。

诸将皆去，唯公敦阵整旅，长驱而归。"① 王珪熙宁九年（1076）撰高琼神道碑中直言高琼曾在宋太宗营帐中伪装成诱饵，以便太宗能够尽快撤退的细节："太原平，太宗引兵自幽州还，闻敌兵盛至，留王夜作引龙真乐于御营。迟明，王度车驾已还，乃谓众曰：'今敌在肘腋，若并力拒之，尚可驰溃围中。不尔，则不得脱。'于是众与王转战至行在。"② 可见宋太宗此处进攻燕云地区，不仅没有成果，而且是惨败而归，这和学界研究较为一致。③ 王珪在撰写高琼神道碑时距太宗高梁河之役已久，故不用太过忌讳。

与之类似的还有对于澶渊之盟的记述。杨亿景德元年（1004）撰李继隆墓志称："天骄寇边……圣皇赫怒，乃议亲征……且诏襄阳节度、相国李公为驾前东面都排阵使。元戎十乘，实先启行。既至而军声震，且战而戎渠殪。清道迎谒，案节前驱。及天步底宁，銮舆凯入，又诏以精甲万骑，留镇澶渊。"④ 把宋真宗亲征及宋军胜利描述得栩栩如生。杨亿在潘慎修墓志中也云："及复命行在，移幸澶渊，晨趋暮召，夙夜匪懈……及旅凯班旋，膏肓沉痼。"⑤ 夏竦天禧元年（1017）撰太宗驸马魏咸信墓志时曰："景德元年，上亲握武节，北守澶渊。公扈从星

---

① 杨亿：《武夷新集》卷10《宋故推诚翊戴同德功臣山南东道节度管内观察处置桥道等使特进检校太尉同中书门下平章事使持节襄州诸军事行襄州刺史兼许州军州事上柱国陇西郡开国公食邑一万四百户食实封三千二百户赠中书令谥曰忠武李公墓志铭》，宋集珍本丛刊本，第 2 册，第 288 页。

② 王珪：《华阳集》卷49《推忠保节翊戴功臣忠武军节度许州管内观察处等使开府仪同三司检校太尉使持节许州诸军事行许州刺史兼御史大夫上柱国渤海郡开国公食邑八千七百户食实封三千户累赠太师尚书令兼中书令谥武烈高卫王神道碑铭》，文渊阁《四库全书》，第1093册，第363页。

③ 何冠环：《宋太宗箭疾新考》，《中华文化研究所学报》（香港）第 20 卷，1989 年；漆侠：《宋太宗第一次伐辽——高梁河之战——宋辽战争研究之一》，《河北大学学报》1991 年第 3 期。

④ 杨亿：《武夷新集》卷10《宋故推诚翊戴同德功臣山南东道节度管内观察处置桥道等使特进检校太尉同中书门下平章事使持节襄州诸军事行襄州刺史兼许州军州事上柱国陇西郡开国公食邑一万四百户食实封三千二百户赠中书令谥曰忠武李公墓志铭》，宋集珍本丛刊，第 2 册，第 286—287 页。

⑤ 杨亿：《武夷新集》卷9《宋故翰林侍读学士朝奉大夫右谏议大夫骑都尉赐紫金鱼袋荥阳潘公墓志铭》，宋集珍本丛刊本，第 2 册，第 280 页。

陈，以及凯入。"① 天圣三年（1025）撰王钦若行状云："景德中，契丹寇北鄙，驾将幸澶渊，特加工部侍郎、判天雄军，兼兵马都总管，并参豫如故。敌骑引退，王师凯旋。"② 皆称澶渊之役宋真宗亲征，宋军得胜而归。

然而，据漆侠先生研究，在羽檄交炽、军情紧急之际，宋真宗所谓的"亲征"，在开封至澶州250里的距离上花费了7天时间③，平均每天约行进35.7里，这与北宋御驾亲征的行军速度并不相符④，可知其亲征并不情愿。沈括熙宁元年（1068）撰张牧墓志铭时，较为客观地记载了当时的战争局势："景德元年，契丹入遂城，踰保乐定，偾□于唐河。既僵而起，东薄瀛、冀，鱼烂而南，引军压河，于是天子即师。"虽然沈括基于宋方立场称"既而客战数不利，房势携，骤请讲平。乃使阁门祗候曹利用以王命诏之罢军"，但同时亦透露出契丹实际上时处处得胜之势："时王钦若守大名，以房新得志，未有败形。"而曹利用与张皓出使辽国时因契丹军队围困大名府，不得不"夜缒于壁外"，相当狼狈。⑤ 陆佃在边肃之孙边珣及孙女边夫人墓志中反复言及宋真宗曾密诏边肃若邢州不能守，则可以弃城："（边肃）在真宗时，尝守邢。会契丹大入，帝幸澶渊，密诏：'若州不守，听以便宜南保。'"⑥ "契丹犯澶渊，侍郎（按指边肃）是时守邢州，诏听弃城以便宜从事。"⑦ 可见澶渊之役随着时间推移撰写内容出入较大，亦和当时的政治环境有很大关系。

三 东封西祀与墓志碑铭的撰写

澶渊之盟后，宋真宗大搞天书降临、东封西祀，《宋史·真宗三》称

---

① 夏竦：《文庄集》卷29《故保平军节度使同中书门下平章事驸马都尉赠中书令魏公墓志铭》，文渊阁《四库全书》，第1087册，第288页。
② 夏竦：《文庄集》卷28《赠太师中书令冀国王公行状》，文渊阁《四库全书》，第1087册，第279页。
③ 漆侠：《辽国的战略进攻与澶渊之盟的订立——宋辽战争研究之三》，《河北大学学报》1992年第3期。
④ 仝相卿：《北宋御驾亲征行军速度考》，《南都学坛》2014年第1期。
⑤ 沈括原著，杨渭生新编：《沈括全集·长兴集》卷13《张中允墓志铭》，第92页。
⑥ 陆佃：《陶山集》卷14《通直郎边公墓志铭》，丛书集成初编，第1931册，第151页。
⑦ 陆佃：《陶山集》卷16《边氏夫人行状》，丛书集成初编，第1931册，第187页。

当时为"一国君臣如病狂然"的时期。① 此段历史在碑志文中的显示亦有相当程度的不同。

王中正本名王捷,"初贾贩至南康军,逆旅遇道人,自言姓赵氏。是冬,再见于茅山,命捷市铅,炼之少顷成金"②,王中正随赵道士学习并声称通晓异术。宋真宗天书、封禅事起,王中正在其中扮演了重要的角色。因其卒于真宗大中祥符九年(1016),故夏竦对他在天书封禅中的作用描述得相当详尽:"洎夫登岱勒封,昭姓纪氏。刻日千里之外,时无纤尘;陟降万仞之上,安若平地。非元真幽赞,百神奉涂,则孰预于此!"此外,墓志还记载了大中祥符五年圣祖降临之事:"(大中祥符)五年冬,宫钥既严,夜漏将半,彤霞采雾,上属庆霄,芝盖云装,下临秘殿。绵绵圣胄,长发其祥;翼翼帝心,聿怀多福。乃奉上号圣祖上灵高道九天司命保生天尊大帝,赐公爵平晋县开国男,食邑四百户。"③ 对大中祥符年间的系列事件称颂再三。

夏竦天圣三年(1025)撰王钦若行状中云:"明年,瑞命集于东阙,改元大中祥符,泰山父老请纪云岱,公首建大议,将明上志。遂以公充封禅制置礼仪使,兼判兖州。礼毕,加礼部尚书,受诏撰《社首坛颂》,加户部尚书。从祀雍丘,加吏部尚书,并掌机密。明年,加检校太傅,充枢密使、同中书门下平章事。"④ 记载了王钦若大中祥符年间首言天书封禅的功绩。夏竦于天圣四年(1026)还奉敕撰写了王钦若墓志,其中也提及了大中祥符年间的盛世状况:"祥符之间,天下大治,制有破觚之易,法有漏鱼之宽。太和陶蒸,善气回袭。云物绚色,羽毛綷质。百嘉茂育,万瑞毕臻。天子好文,挺睿辞以昭绍;惟公顺美,著嘉颂以

---

① 《宋史》卷8《真宗三》,第172页。另可参阅刘静贞《皇帝和他们的权力——北宋前期》,稻乡出版社1996年版,第126—140页;邓小南《祖宗之法:北宋前期政治述略》,读书·生活·新知三联书店2006年版,第311—327页。
② 李焘:《续资治通鉴长编》卷71,大中祥符二年二月,第1592—1593页。
③ 夏竦:《文庄集》卷28《故金紫光禄大夫检校礼部尚书右神武卫大将军致仕使持节康州诸军事康州刺史充本州团练使上柱国开国伯食邑七百户赠镇南军节度使太原王公墓志铭》,文渊阁《四库全书》,第1087册,第283页。
④ 夏竦:《文庄集》卷28《赠太师中书令冀国王公行状》,文渊阁《四库全书》,第1087册,第279—280页。

游扬。"① 这都与当时的政治环境有较大关系。

然而，此类情况到宋仁宗亲政后撰写时已经开始发生变化，开始对天书封禅持否定的态度。宝元元年（1038）富弼撰王曾行状时，就称宋真宗沉迷神仙事："明年改元天禧，（王曾）加给事中。时上方好神仙，筑昭应、景灵、会灵三宫观，以庐诸真，咸用弼臣领职，得者以为宠。公选为会灵观使，非志也，让于冀国王公钦若。"② 从中可以看出王曾对宋真宗好神仙事其实并不以为然。李枢卒于天圣五年（1027），其卒后59年，刘挚为之撰写墓志铭，当时对宋真宗东封西祀事没有太多需要回避之处，所以刘挚在墓志中称颂李枢的功绩之一，就是其在一国君臣如病狂然时较为冷静地处理天书封禅、争献祥瑞等事："祥符、景德间，四方争奏瑞物被赏，萧山芝生县庭，吏民欢夸，愿以闻。君曰：'吾方嫉世之因缘伪欺以徼倖者，顾忍自为哉？'因谢止之。"③ 与前述夏竦所撰碑志文明显不同。

第二节　墓志碑铭与北宋中期政治

此处所谓的北宋中期主要指仁宗、英宗两朝，此阶段政治情况较北宋前期更为复杂，朋党之争发韧于景祐年间，导致碑志文的撰写要兼顾政治环境和政治集团等因素。

一　碑志文中刘太后的负面形象

关于宋真宗刘皇后的研究，学界已有较多的研究成果。④ 学者们对于

---

① 夏竦：《文庄集》卷29《故守司徒兼门下侍郎同中书门下平章事充玉清昭应宫使昭文馆大学士监修国史冀国公赠太师中书令谥文穆王公墓志铭并序奉敕撰》，文渊阁《四库全书》，第1087册，第293页。
② 富弼：《王文正公曾行状》，杜大珪撰，洪业等编纂：《琬琰集删存》卷2，第280页。
③ 刘挚撰，裴汝诚、陈晓平点校：《忠肃集》卷13《职方员外郎李君墓志铭》，第271页。
④ 张邦炜：《宋真宗刘皇后其人其事》，邓广铭、王云海主编：《宋史研究论文集》，河南大学出版社1993年版，今据张邦炜《宋代婚姻家族史论》，人民出版社2003年版，第233—264页；刘静贞：《皇帝和他们的权力：北宋前期》，第163—201页；祝建平：《仁宗朝刘太后专权与宋代后妃干政》，《史林》1997年第2期。

刘太后垂帘听政期间对宋代社会的发展和政治的演进大体持正面态度。然而，随着刘太后去世，北宋碑志文中对其负面描写渐趋增多，主要有以下三个方面。

第一，出现了刘太后在宋真宗去世后曾欲称制的记载。王曾去世于宝元元年（1038）十一月，富弼为其撰写行状，其中透露出刘太后曾欲称制事：

> 会章圣病弥留，今上位储，决政资善堂。刘后讽宰相丁谓，谋临朝，物议汹汹，搢绅皆潜有所去就。公恐计日中宫挟外援，图所非冀，是未可以口舌争，即不听，且何从倚辨？非所以安赵氏也。因说后戚钱公惟演曰："帝仁孝，结于民心深，今适不豫，且大渐，天下莫不延领属吾储君，而刘后遂欲称制，以疑百姓。公独不见吕、武之事乎？谁肯附者？必如所欲，将刘氏无处矣。公实后肺腑，因何不入白，即帝不讳后立储君，后建长乐宫辅政，此万世之福也。"钱惧，从之。①

从行状文字可知，在王曾劝说钱惟演后，钱惟演向刘太后进言，方才使得赵宋王朝没有重蹈汉唐女后专政的覆辙，而是实行太后垂帘听政。

第二，刘太后垂帘期间不欲归政宋仁宗的记载不时出现于碑志文中，这多以墓主要求太后归政宋仁宗被贬斥的形式展开。欧阳修于庆历元年（1041）撰石延年墓表曰："庄献明肃太后临朝，曼卿上书，请还政天子。"② 蔡襄庆历六年（1046）撰曹修睦墓志云："明道中，（曹修古）以刑部员外郎为御史知杂事，论请复辟，触章献明肃太后怒，左迁兴化军，终贬所。"③ 滕宗谅去世于庆历七年（1047），范仲淹撰写其墓志铭涉及刘

---

① 富弼：《王文正公曾行状》，杜大珪撰，洪业等编纂：《琬琰集删存》卷2，第280—281页。
② 欧阳修撰，李逸安点校：《欧阳修全集》卷24《石曼卿墓表》，第374页。
③ 蔡襄撰，吴以宁点校：《蔡襄集》卷38《尚书司封员外郎曹公墓志铭》，上海古籍出版社1996年版，第698页。

太后还政事："时明肃太后晚年未还政间,君又与越尝有鲠议。"① 嘉祐三年(1058)吕夏卿撰魏处约墓志,亦言及了其在归政宋仁宗事上与刘太后的矛盾："太后临朝久,公愤政令不出天子,平胡郁咤终日。累上疏恳切,其大略:天子春秋已盛,皇太后还宫颐养圣体,今其时也。疏入不报。凡所上章奏,先天子,次太后。太后尝曰:'魏某小儿,乃敢慢我!'公晏然不惧。"② 上述事例看出,宋仁宗亲政之后因政治环境发生变化,碑志撰者皆把墓主上书归政宋仁宗作为他们的政绩撰入碑志文中。

第三,对刘太后垂帘时期逾制及外戚不法事多有涉及。富弼皇祐四年(1052)撰范仲淹墓志铭云:"时章献皇太后临政,己巳岁冬至,上欲率百僚为寿,诏下草仪注,搢绅失色相视,虽切切口语而畏惮,无一敢论者。上又专欲躬孝德以励天下,而未遑余邮。公独抗疏曰:'人主北面是首,顾居下。矧为后族强偪之阶,不可以为法。或宫中用是为家人礼,权而卒于正,斯亦庶乎其可也。'"③ 详细记载了天圣七年(1029)冬至宋仁宗"率百官上皇太后寿于会庆殿,乃御天安殿受朝"④,范仲淹认为此事逾制而表示明确的反对。欧阳修宝元元年(1038)在薛奎墓志中记载:

> 明道二年,庄献明肃太后欲以天子衮冕见太庙,臣下依违不决,公独争之,曰:"太后必若王服见祖宗,若何而拜乎?"太后不能夺,为改他服。太后崩,上见群臣,泣曰:"太后疾不能言,而犹数引其衣,若有所属,何也?"公遽曰:"其在衮冕也,然服之岂可见先帝乎?"上大悟,卒以后服葬。⑤

---

① 范仲淹撰,范能濬编集,薛正兴点校:《范仲淹全集·范文正公文集》卷15《天章阁待制滕君墓志铭》,第319页。
② 吕夏卿:《宋故银青光禄大夫检校太子宾客兼御史大夫内殿崇班骑都尉钜鹿县开国男食邑三百户魏公志铭》,北京图书馆金石组编:《北京图书馆藏中国历代石刻拓本汇编》,第38册,第161页。
③ 富弼:《范文正公仲淹墓志铭》,杜大珪撰,洪业等编纂:《琬琰集删存》卷2,第186页。
④ 李焘:《续资治通鉴长编》卷108,天圣七年十一月癸亥,第2526—2527页。
⑤ 欧阳修撰,李逸安点校:《欧阳修全集》卷26《资政殿学士尚书户部侍郎简肃薛公墓志铭》,第403—404页。

反复提及刘太后想要衣天子衮冕事。嘉祐三年（1058）欧阳修撰写王德用神道碑称："章献太后犹临朝，有诏补一军吏。公曰：'补吏，军政也。敢挟诏书干吾军！'亟请罢之。太后固欲与之，公不奉诏，乃止。"① 形象地记载了王德用敢于拒绝刘太后干涉军士任命事。

有关外戚不法行为，当时的御史台官员如段少连、曹修古及杨偕等皆有论奏。皇祐二年（1050）范仲淹为段少连撰写墓志曰："时章献太后听朝，君与知杂御史曹修古等上言：'外戚刘从德家恩幸太过，台隶辈皆得禄仕。'责授秘书丞，监涟水军酒税务。"② 刘从德为刘美之子，刘太后之侄，台谏官员段少连、曹修古因论奏刘从德恩宠太过，难免遭到贬斥。欧阳修皇祐三年（1051）撰杨偕墓志记载："公尝为御史，章献太后兄子刘从德为团练使以卒，其门人、亲戚、厮养，用从德拜官爵者数十人，马季良以刘氏婿为龙图阁直学士。公上疏，言汉吕太后王禄、产，欲强其族而反以覆宗；唐武三思、杨国忠之祸，不独其身，几亡其国。太后大怒，贬监舒州酒税。"③ 亦是因为论奏外戚刘从德、马季良等事遭到贬斥。

明道二年（1033）三月刘太后去世，宋仁宗开始亲政。李焘特别记载："帝始亲揽庶政，裁抑侥幸，中外大悦。"④ 仁宗很快对刘太后权力体系中的主要成员做了较大幅度的调整，杨仲良概括此调整为"反章献太后之政"⑤——既是为了树立自己作为帝王的威信，又有消除刘太后政治影响的意图。故而在仁宗亲政之后，对于刘太后负面消息不需要再加避讳，逐渐"曝光"是自然而然的事情。

---

① 欧阳修撰，李逸安点校：《欧阳修全集》卷23《忠武军节度使同中书门下平章事武恭王公神道碑铭并序》，第357页。
② 范仲淹撰，范能濬编集，薛正兴校点：《范仲淹全集·范文正公文集》卷15《龙图阁直学士工部郎中段君墓表》，第331页。
③ 欧阳修撰，李逸安点校：《欧阳修全集》卷29《翰林侍读学士右谏议大夫杨公墓志铭》，第441页。
④ 李焘：《续资治通鉴长编》卷112，明道二年夏四月壬子，第2611页。
⑤ 杨仲良：《续资治通鉴长编纪事本末》卷33，第1002页。

二　明道二年（1033）废后事件的碑志文撰写

前述已知宋仁宗亲政后，采取了一系列反章献太后的举措，故废除刘太后给自己所选的皇后郭氏，当属意料之中①。不过，当时台谏官员对于废后皆不赞同，集体伏阁上书表示抗议，促成了宋代唯一一次台谏官员全体伏阁请谏事件。关于废后过程中伏阁请谏台谏官员10人，史载甚详：明道二年（1033）十二月乙卯，"仲淹即与权御史中丞孔道辅率知谏院孙祖德、侍御史蒋堂郭劝杨偕马绛、殿中侍御史段少连、左正言宋郊、右正言刘涣诣垂拱殿门，伏奏皇后不当废"②。然而在当事人的碑志文中，对于此事件的记载有着较大差异。需要指出的是，刘涣皇祐二年（1050）50岁时因"刚直不能事上官"而致仕，③故李常元丰三年（1080）在其墓志中称赞他为"洁身不辱之士"④，对其仕宦经历皆忽略不书，当然亦没有提及废后事件，这当和刘涣的自身经历有关。而孙祖德与郭劝现无碑志文传世，所以此三人姑且不论。

领导台谏官员伏阁的权御史中丞孔道辅去世于宝元二年（1039），⑤嘉祐七年（1062）王安石为其撰墓志铭中云："尝为御史中丞矣，皇后郭氏废。引谏官、御史伏阁以争，又求见上，皆不许，而固争之，得罪然后已。"⑥范仲淹去世于皇祐四年（1052），至和元年（1054）欧阳修为

---

① 刘静贞借宋仁宗废后研究了宋代士大夫的政治理念与实践。刘静贞：《范仲淹的政治理念与实践——藉仁宗废后事件为论》，《宋史研究集》第24辑，"国立"编译馆1995年版，第53—75页。王志双以郭皇后被废为切入，深入探讨了宋仁宗朝的政治局面。王志双：《吕夷简与宋仁宗前期政治研究》，硕士学位论文，河北大学，2000年；王志双：《涤荡保守政风以开新局的前奏——郭皇后被废与宋仁宗朝前期政局》，《苏州科技学院学报》2012年第3期。杨果、刘广丰讨论了宋仁宗郭皇后被废的原因。杨果、刘广丰：《宋仁宗郭皇后被废案探议》，《史学集刊》2008年第1期。
② 李焘：《续资治通鉴长编》卷113，明道二年十二月乙卯，第2648页。
③ 《宋史》卷444《刘恕传》，第13118页。
④ 李常：《尚书屯田员外郎致仕刘凝之府君墓志铭并序》，陈柏泉编：《江西出土墓志选编》，第31页。
⑤ 详见仝相卿《北宋孔道辅研究三题》，罗家祥主编《华中国学》第2辑，华中科技大学出版社2013年版，第149—157页。
⑥ 王安石撰，王水照主编：《王安石全集·临川先生文集》卷91《给事中赠工部侍郎孔公墓志铭》，复旦大学出版社2016年版，第1581页。

他撰写的神道碑中称："会郭皇后废，率谏官、御史伏阁争，不能得，贬知睦州。"①蒋堂去世于至和元年（1054）三月，葬于是年九月，"既葬十年，（胡）宿得以申寻遗烈，章示于后"②，可知蒋堂神道碑撰于嘉祐八年（1063），然其神道碑中对废后事件中蒋堂伏阁请谏并无只言片语。杨偕去世于皇祐元年（1049）③，欧阳修撰其墓志铭，并未涉及其在废后事件中的行为。马绛去世于庆历八年（1048），嘉祐八年（1063）七月葬④，张方平在撰写其墓志铭时对其付阁请谏事亦无丝毫提及。段少连宝元二年（1039）八月卒于广州，皇祐二年（1050）范仲淹为其撰写墓表中言："又与孔中丞道辅等付阁〔阁〕论事，见端人之风焉。"⑤对废后事件中段少连作为语焉不详。宋郊后改名宋庠，去世于治平三年（1066），其无行状、墓志传世，仅王珪于是年为其撰写神道碑，记载亦较为简单："郭皇后废，以谏官伏阁争不可得，坐罚金。"⑥上述碑志文撰写时间皆为宋仁宗、英宗朝，对本为墓主可以大书特书的政绩讳莫如深，这与当时的政治环境有直接关系。

郭皇后被废去世之后，或是宋仁宗对其仍有感情，故景祐三年（1036）正月壬辰"追册故金庭教主、冲静元师郭氏为皇后"⑦，为郭皇后正名。嘉祐四年（1059）还曾要求礼院讨论"郭皇后祔庙"⑧，苏颂在

---

① 欧阳修撰，李逸安点校：《欧阳修全集》卷21《资政殿学士户部侍郎文正范公神道碑铭》，第333页。

② 胡宿：《文恭集》卷39《宋故朝散大夫尚书礼部侍郎致仕上柱国乐安县开国侯食邑一千三百户赐紫金鱼袋赠吏部侍郎蒋公神道碑》，丛书集成初编，第1889册，第461页。

③ 欧阳修撰，李逸安点校：《欧阳修全集》卷29《翰林侍读学士右谏议大夫杨公墓志铭》，第440—443页。

④ 见张方平《乐全先生文集》卷40《朝奉郎守太常少卿权北京留守御史台公事上柱国扶风县开国男食邑三百户赐紫金鱼袋马公墓志铭并序》，宋集珍本丛刊，第6册，第245—246页。

⑤ 范仲淹撰，范能濬编集，薛正兴点校：《范仲淹全集·范文正公文集》卷15《龙图阁直学士工部郎中段君墓表》，第332页。

⑥ 王珪：《华阳集》卷48《推诚保德崇仁守正忠亮佐运翊戴功臣开府仪同三司守司空致仕上柱国郑国公食邑一万一千六百户赠太尉兼侍中宋元宪公神道碑铭》，文渊阁《四库全书》，第1093册，第359页。

⑦ 佚名编，司义祖点校：《宋大诏令集》卷20《追册郭皇后制》，中华书局1962年版，第96—97页；李焘：《续资治通鉴长编》卷118，景祐三年正月壬辰，第2774页。

⑧ 李焘：《续资治通鉴长编》卷190，嘉祐四年七月庚申，第4581—4582页。

孙公行状中记载了该事："追悯故后郭氏以微过废，卒久无祠所，诏与景灵宫建神御殿，岁时追享。"① 苏颂还曾对宋仁宗所下诏书进行分析：

> 敕书云："向因忿郁，偶失谦恭。"此则无可废之事。又云："朕念其自历长秋，仅周一纪，逮事先后，祗奉寝园。"此则有不当废之悔。②

可以看出宋仁宗对废黜郭皇后事或一直心存愧疚之意，此事属于他在位期间政治上的"污点"，肯定不值得大肆宣扬，当时臣僚亦非常清楚，故上述碑志文中之"失语"是可以理解的。

与上述记载或寥寥数语、或隐约其词、或无丝毫涉及不同，亦有碑志文较为详细地记载了明道二年（1033）台谏官员伏阁上疏事。富弼宋仁宗皇祐年间撰写的范仲淹墓志铭，其中云：

> 朝适议废郭后，公上书曰："后者，君称。以天子之配至尊故称后。后所以长养阴教而母万国也。故系如此之重，未宜以过失轻废立，且人孰无过，陛下当面谕后失，放之别馆，拣妃嫔老而仁者朝夕劝导，俟其悔而复其官，则上有常尊，而下无轻议矣。"书奏，不纳。明日又率其属及群御史伏阁［阁］门论列，如前日语。上遣中贵人挥之令诣中书省，宰相窘，取汉唐废后事为解。公曰："陛下天姿如尧舜，公宜因而辅成之。奈何欲以前世弊法累盛德耶？"中丞孔道辅名骨鲠，亦扶公论议甚切直。又明日晨，率道辅将留百辟班挹宰相庭辩，抵漏舍，会降知睦州，台吏促上道。③

---

① 苏颂撰，王同策等点校：《苏魏公集》卷63《朝请大夫太子少傅致仕赠太子太保孙公行状》，第967页。
② 邹浩：《道乡先生邹忠公文集》卷39《故观文殿大学士苏公行状》，宋集珍本丛刊，第31册，第301页。
③ 富弼：《范文正公仲淹墓志铭》，杜大珪撰，洪业等编纂：《琬琰集删存》卷2，第187页。

非常详细地记载了范仲淹在废黜郭皇后事件中的行动,然而富弼在撰范仲淹墓志时,秉持"使为恶者稍知戒,为善者稍知劝"的态度①,欧阳修也称"富公墓刻直笔不隐,所纪已详"②。虽然在宋仁宗统治期间,富弼并没有回避此能彰扬范仲淹美德的废后事件,称得上是直笔不隐。

另一则为宋神宗朝张宗益撰写的孔道辅后碑,其中也详细展现了孔道辅在废后事件中的作为:

> 是年,皇后郭氏将出为金庭教主。公亟率谏官、御史十人,袖疏伏阁请对。时后已有成命,上命内侍、近臣就东上阁门,引公等赴中书俾丞相宣谕。公曰:"某等外闻中宫动摇,未详德音,愿面见陛下。"上已归禁中,不得已,见政事堂。时丞相与公对立堂上,丞相曰:"禁中事,中丞不得知,或不便于圣人,臣子非所安。"公曰:"人臣视天子与后,犹子之事父母也。父母不和,可以谏止,未闻为人子者顺父出母,禁中事不当知。"丞相又曰:"汉唐以来亦尝有废后。"公对曰:"方今天下待丞相如皋蒙,日望致君如尧舜,汉唐废后何足取法?"丞相不能对。公拂袖引谏官、御史出。明日晨谒,将至右义门,有吏持敕赴马前,已除谏议大夫、知泰州。台吏押行出都门。时谏官御史十人皆一时名辈,范仲淹尝谓所知曰:"孔公方正名天下所共知,昨当撄鳞之际,事在不测,观其容止愈端重,颜色不沮丧。附中臣之对,答丞相之语,应若宿构,言有条理,此过于前所闻矣。"③

这主要是随着时间推移政治环境的变化,对于废后事件的撰写不必过于谨慎。

富弼的行状和墓志铭中对废后事件亦有记载。明道二年(1033)富

---

① 邵博撰,刘德权、李剑雄点校:《邵氏闻见后录》卷21,第163页。
② 欧阳修撰,李逸安点校:《欧阳修全集》卷144《与韩忠献王稚圭四十五通》十五,第2337—2338页。
③ 张宗益:《宋守御史中丞赠太尉孔公后碑》,陈镐修撰:《阙里志》卷24,第1775—1776页。

弼为将作监丞,并未直接参与废后事件,仅在台谏官付阁上书被贬后上疏挽救范仲淹①。宋神宗元丰六年(1083)范纯仁与韩维分别撰写行状和墓志铭时,对此事描写较为细致。范纯仁云:

> 会先文正公言郭后不当废,左迁知睦州,公上疏曰:"废后非治世所宜,又以谏诤斥逐忠良,是一举而获二过于天下也!矧忠良渐逐,则异日国家缓急,何由得忠臣之心,闻骨鲠之论哉!"除通判绛州。②

此段文字被韩维因袭于墓志铭当中,苏轼元祐二年(1087)撰其神道碑亦有类似说法:"会郭后废,范仲淹等争之,贬知睦州。公上言:'朝廷一举而获二过,纵不能复后,宜还仲淹,以来忠臣。'通判绛州。"③ 这显然可以说明宋神宗朝受政治环境影响较小,作为富弼直言敢谏的优秀品格,撰者皆记入其碑志文当中。

三 碑志文中的"范仲淹集团"④

有关庆历新政中范仲淹等人是否结党的问题,学界并未达成一致的看法。有些学者认为范仲淹等人是作为集团或朋党而出现在庆历改革的政治舞台上的,这一点包括范仲淹自己也是承认的;也有研究者称"朋党"是反对派对范仲淹等所加的诬陷,范仲淹等人在庆历新政中并未结党。既然称为朋党,我们应该对其概念稍加厘清。《辞海》定义朋党为:"原本指一些人为自私的目的而相互勾结,朋比为奸,后来泛指士大夫结党,即结成利益集团。"而集团盖为"为了一定的目的组织起来共同行动

---

① 李焘:《续资治通鉴长编》卷113,明道二年十二月丙辰,第2652—2654页。
② 范纯仁:《范忠宣公文集》卷16《富弼行状》,宋集珍本丛刊,线装书局2004年版,第15册,第492页;韩维:《宋故开府仪同三司守司徒检校太师武宁军节度徐州管内观察处置等使徐州大都督府长史致仕上柱国韩国公食邑一万二千七百户食实封四千九百户赠太尉谥文忠富公墓志铭并序》,洛阳市第二文物工作队编:《富弼家族墓地》,第42页。
③ 苏轼撰,孔凡礼点校:《苏轼文集》卷18《富郑公神道碑》,第528页。
④ 漆侠:《范仲淹集团与庆历新政——读欧阳修〈朋党论〉书后》,《历史研究》1992年第3期。

的团体"。就范仲淹等人在庆历新政中的行为而言,笔者认为是存在朋党的,主要表现在以下方面:第一,他们有以范仲淹为首的领导者;第二,此集团中有杜衍、富弼、韩琦、欧阳修、余靖、蔡襄、王素、石介、孙沔、孙甫、尹洙、苏舜钦、王益柔及滕宗谅等主要支持者[1];第三,该集团以改革现状为较为一致的目标,以范仲淹《答手诏条陈十事》为主要行动纲领;故其为朋党或集团的事实当无可置疑。

而且,在范仲淹集团内部也有肯定君子有党说者,其代表人物即为欧阳修与范仲淹。[2] 欧阳修庆历四年(1044)曾撰写《朋党论》一文,其中云:

> 大凡君子与君子以同道为朋,小人与小人以同利为朋,此自然之理也。然臣谓小人无朋,惟君子则有之,其故何哉?小人所好者禄利也,所贪者财货也。当其同利之时,暂相党引以为朋者,伪也。及其见利而争先,或利尽而交疏,则反相贼害,虽其兄弟亲戚不能相保。故臣谓小人无朋,其暂为朋者,伪也。君子则不然,所守者道义,所行者忠信,所惜者名节。以之修身,则同道而相益,以之事国,则同心而共济,终始如一。此君子之朋也。故为人君者,但当退小人之伪朋,用君子之真朋,则天下治。[3]

范仲淹与欧阳修的观点也相当一致,《涑水记闻》中曰:"庆历四年四月戊戌,上(按:指宋仁宗)与执政论及朋党事,参知政事范仲淹对曰:'人以类聚,物以群分,自古以来,邪正在朝,未尝不各为一党,不可禁也。'"[4]《续资治通鉴长编》庆历四年四月戊戌则记载称:"上谓辅臣曰:'自昔小人多为朋党,亦有君子党乎?'范仲淹对曰:'臣在边时,

---

[1] 参考漆侠先生的总结。见漆侠《范仲淹集团与庆历新政——读欧阳修〈朋党论〉书后》,《历史研究》1992年第3期。

[2] 参阅罗家祥《朋党之争与北宋政治·代绪论》,华中师范大学出版社2003年版,第1—20页。

[3] 欧阳修撰,李逸安点校:《欧阳修全集》卷17《朋党论》,第297页。

[4] 司马光撰,邓广铭、张希清点校:《涑水记闻》卷10,中华书局1989年版,第185页。

见好战者自为党，而怯战者亦自为党，其在朝廷，邪正之党亦然，唯圣心所察尔。苟朋而为善，于国家何害也？'"① 韩维元丰六年（1083）与苏轼元祐二年（1087）分别撰写了富弼的墓志铭与神道碑，韩维曰："时晏元献公为宰相，范文正公参知政事，杜祁公居枢密，公与之同心合力，期致太平。"② 苏轼记载较韩维更为详细："时晏殊为相，范仲淹为参知政事，杜衍为枢密使，韩琦与公副之，欧阳修、余靖、王素、蔡襄为谏官，皆天下之望。鲁人石介作《庆历圣德颂》，历颂群臣，皆得其实。"③ 其中皆透露了富弼与范仲淹等在庆历新政时期属于同一集团。虽则如此，庆历新政失败的一个直接原因仍是宋仁宗猜忌范仲淹等人结党。通过考察范仲淹集团成员碑志文撰写中的庆历新政，能够对当时政治脉络、政治走向及政治立场等有更为深入的把握。

在范仲淹集团碑志文当中，首先，撰者多指出所谓"朋党"之名，乃反对派强加给范仲淹等人的。韩琦至和元年（1054）撰尹洙墓表，对庆历新政事记载云："当范公之在二府也，余安道、欧阳永叔辈并为谏官，天下属望，诸公日谒献纳，不避权贵。而公方勤劳塞上，迹远朝廷。暨诸相继罢去，向天下目之为贤者，执政指之为党，皆欲因事斥逐之。"④ 韩琦熙宁六年（1073）撰欧阳修墓志中仍持此种观点："会文正范公与同时入辅者终为谗说所胜，相继罢去，一时进用者皆指之为党。"⑤ 王珪撰王素墓志铭曰："庆历中，朝廷患政事因循日久，二三大臣因与共谋，尽更前之所为，而间至于不次用人，于是论者皆指以朋党。及大臣去者，人莫敢以为言，公独尝言富弼、韩琦、范仲淹皆有重望，宜复召用，处

---

① 李焘：《续资治通鉴长编》卷148，庆历四年四月戊戌，第3580页。
② 韩维：《宋故开府仪同三司守司徒检校太师武宁军节度徐州管内观察处置等使徐州大都督府长史致仕上柱国韩国公食邑一万二千七百户食实封四千九百户赠太尉谥文忠富公墓志铭并序》，洛阳市第二文物工作队编：《富弼家族墓地》，第48页。
③ 苏轼撰，孔凡礼点校：《苏轼文集》卷18《富郑公神道碑》，第531页。
④ 韩琦：《安阳集》卷47《故崇信军节度副使检校尚书工部员外郎尹公墓表》，宋集珍本丛刊，第6册，第594页。
⑤ 韩琦：《安阳集》卷50《故观文殿大学士太子少师致仕赠太子太师欧阳公墓志铭》，宋集珍本丛刊本，第6册，第611页。

之以不疑。"① 司马光在李绚墓志中也记载："时杜祁公为宰相，多采拔英隽，置之台省。不利祁公者，指公为其党。"② 皆认为朋党是政敌攻击范仲淹集团的借口。

其次，突出范仲淹集团内部因意见的相左之处，以显示他们并未结党。杜衍嘉祐二年（1057）二月去世，欧阳修是年为其撰写墓志时透露了杜衍与范仲淹在政事上的争执："初，边将议欲大举以击夏人，虽韩公亦以为可举，公争以为不可，大臣至有欲以沮军罪公者，然兵后果不得出。契丹与夏人争银甕族，大战黄河外，而雁门、麟府皆警，范文正公安抚河东，欲以兵从。公以为契丹必不来，兵不可妄出。范公怒，至以语侵公，公不为恨。后契丹卒不来。二公皆世俗指公与为朋党者，其议论之际盖如此。"③ 杜衍墓志中记述了他与范仲淹的争端，不但可以突出杜衍宽宏大量的优秀品质，还能传递出他们并未结党的信息。孙甫嘉祐二年（1057）卒，嘉祐五年（1060）葬，然而欧阳修撰其墓志中曰："保州兵变，前有告者，大臣不时发之。公因力言枢密使、副当得罪，使乃杜祁公也。边将滆城水洛于渭州，部署尹洙以滆违节度，将诛之。大臣稍主洙议，公以谓水洛通秦、渭，于国家利，滆不可罪，由是罢洙而释滆。洙，公平生所善者也。"④ 杜衍、尹洙与孙甫皆私交甚好，欧阳修在其墓志中如此撰写，展示给读者的是一幅君子群而不党的图像。

再次，淡化对庆历新政及庆历政争的描写，使朋党之实略无痕迹。欧阳修在蔡襄墓志中，对于他在庆历年间的行为这样记载："庆历三年，以秘书丞、集贤校理知谏院，兼修起居注。是时天下无事，士大夫弛于久安，一日元昊叛，师久无功。天子慨然厌兵，思正百度以修太平，既已排群议，进退二三大臣，又诏增置谏官四员，使拾遗补阙，所以遇之

---

① 王珪：《华阳集》卷58《王懿敏公素墓志铭》，文渊阁《四库全书》，第1093册，第432页。

② 司马光：《温国文正司马公文集》卷78《龙图阁直学士李公墓志铭》，四部丛刊初编，商务印书馆1922年版，第843册，第8a页。

③ 欧阳修撰，李逸安点校：《欧阳修全集》卷31《太子太师致仕杜祁公墓志铭》，第469页。

④ 欧阳修撰，李逸安点校：《欧阳修全集》卷33《尚书刑部郎中充天章阁待制兼侍读赠右谏议大夫孙公墓志铭》，第494页。

甚宠。公以材名在选中，遇事感激无所回避，权幸畏敛，不敢挠法干政，而上得益与大臣图议。明年，屡下诏书，劝农桑，兴学校，革弊修废，而天下悚然，知上之求治矣。于此之时，言事之臣无日不进见，而公之补益为尤多。四年，以右正言、直史馆出知福州，以便亲，遂为福建路转运使。"① 在墓志中既没有突出蔡襄与范仲淹集团的关系，也没有点明蔡襄出知福州与庆历新政有直接关系。蔡襄治平元年（1064）撰余靖墓志铭亦有类似论述："庆历三年，上念西夏乱边，官军屡败，四方困于供亿，因特增置谏官四员以补聪明，向之触丞相而得罪者颇引用，除公右正言。于是朝廷之大议，政事之得失，权臣材德之是否，士大夫之贤不肖，莫不尽心而举正也……四年，知制诰、史馆修撰。其年再使，坐习虏语，出知吉州。"② 从中亦可看出撰者有意淡化庆历新政的事实。

范仲淹集团碑志文中之所以呈现如此之面貌，苏辙崇宁五年（1106）撰写欧阳修神道碑时有较好的总结："初范公之贬饶州，公与尹师鲁、余安道皆以直范公见逐，目之党人。自是朋党之论起，久而益炽。公乃为朋党论以进，言君子以同道为朋，小人以同利为朋。人君当退小人之伪朋，用君子之真朋。其言恳恻详尽。其后，诸公卒以党议不得久留于朝。"③ 正是由于朋党之论对庆历新政失败造成直接影响，且君子有党论的说法在当时并不被最高统治者认可，不值得提倡，故而碑志文中对此问题都加以回避。

第三节　碑志文中的北宋晚期政治

北宋晚期主要指宋神宗、哲宗、徽宗及钦宗四朝，此时期政治中占主导地位的是变法以及变法所引发大规模的朋党之争，导致当时"国是"反复。韩维去世于宋哲宗元符二年（1099），鲜于绰在宋徽宗朝撰其行

---

① 欧阳修撰，李逸安点校：《欧阳修全集》卷35《端明殿学士蔡公墓志铭》，第521页。
② 蔡襄撰，吴以宁点校：《蔡襄集》卷40《工部尚书集贤院学士赠刑部尚书谥曰襄余公墓志铭》，第728—729页。
③ 苏辙撰，曾枣庄、马德富点校：《栾城集·后集》卷23《欧阳文忠公神道碑》，第1426页。

状,可以让我们对风潮涌动的北宋政局有较为直观的了解:"公与王荆公素相厚善,公侍神宗潜邸,数称其经行,授太子左庶子及龙图阁直学士,皆荐以自代,神宗想见其人。至荆公执政,公与议国事,始多异同。每进见上前,必极论其是非……绍圣初,凡在元祐间为执政近侍者多得罪,公与文彦博以致仕,特置不问,敕榜朝堂。又踰年,不用前诏,以公为朋党,降授左朝议大夫致仕。其后又以元祐初,太皇太后独遣使劳问,公称谢而不上皇帝表,责授崇信军节度副使,均州安置……今上即位,追复资政殿大学士、太子少傅,推恩子孙,赙其家。"① 罗家祥师对此阶段政治走向有相当深入的研究,概括言之,宋神宗为了实现富国强兵,全力支持以王安石为首的变法派进行变法,导致统治集团内部逐渐出现了变法派和反变法派两股大的政治势力。宋神宗去世之后,太皇太后高氏垂帘听政,"以母改子",全盘否定神宗朝的诸种变法措施,实施"元祐更化",绍圣九年(1094)高太后去世,宋哲宗亲政,全面恢复神宗朝推行的各项新法,是为"绍圣绍述"。宋徽宗即位后,经历了短暂的"建中靖国",企图以"大公至正消释朋党",行之未久旋仍旧以"绍述"为口号,并出现了大规模打击"元祐奸党"的"崇宁党禁"②,以迄亡国。

沈松勤对北宋晚期党争中"新党"的概念有过较为动态的考察:熙宁变法初期,专指王安石之党;王安石与吕惠卿交恶后,又有"王党""吕党"之说;元丰年间,又有蔡确新党之说;绍圣以后,章惇、曾布、蔡卞、蔡京之间又互相倾轧,各自为党,这些统称为新党。③ 其实,旧党内部亦非铁板一块,在元祐更化期间,旧党内部也分成几大派别,进行着紧锣密鼓的争斗,这就是所谓的"洛、蜀、朔党争"。洛党以程颐为首

---

① 鲜于绰:《韩维行状》,韩维:《南阳集·附录》,文渊阁《四库全书》,第1101册,第773—775页。

② 相关研究请参阅罗家祥师的一系列论著。参见罗家祥《宋哲宗"元祐之政"剖析》,《华中师范大学学报》1986年第5期;《元祐新旧党争与北宋晚期政治》,《中国史研究》1989年第1期;《北宋哲宗"绍述"简论》,载《漆侠先生纪念文集》,河北大学出版社2002年版,第237—251页;《宋徽宗、蔡京与"崇宁党禁"研究》,载罗家祥《宋代政治与学术论稿》,华夏文化艺术出版社2008年版,第403—447页。

③ 沈松勤:《北宋文人与党争》,人民出版社1998年版,第185页。

领，朱光庭、贾易为羽翼，川党以苏轼为领袖，吕陶等为羽翼，朔党以刘挚、梁焘、王岩叟、刘安世为领袖，羽翼尤众。① 而且，更有许多官僚徘徊于新旧之间，并不固定依附于某一派别，故吕陶在撰写墓志时透露当时士大夫政治选择的方式："元祐、绍圣间，天下之事再变，士大夫奔溺势利，视时可否，从而离合，虽姻戚僚友间辄向背，甚者至自相鱼肉，以取宠邀遇。"② 吕中也曾总结道："自古朋党多矣，未有若元祐之党难辨也。"③ 虽然是单论元祐、绍圣时期，但似可从中管窥北宋后期的整体现象。

而且，政治集团之间的斗争相当尖锐且形式多样。在朝廷中，他们控制台谏势力弹劾反对派；④ 并先后以"乌台诗案""车盖亭诗案""神宗实录案""同文馆狱"等兴治文字狱的方式排击异党⑤；在此情况下，碑志文中如何呈现墓主的宦海沉浮，是需要撰者深思熟虑的事情。

一 顺应政治潮流的碑志文撰写

在宋神宗朝及哲宗绍圣之后，国家以行新法为是，碑志文中褒扬王安石及透露与王安石关系较为密切者屡屡见之。张商英绍圣三年（1096）撰张唐英墓志记载了其曾向宋神宗举荐王安石："公疏言知江宁府王安石，经术道德，宜在陛下左右。"⑥ 陆佃绍圣三年四月撰傅常墓志云："及得荆公《淮南杂说》与其《洪范传》，心独谓然，于是愿扫临川先生之门。"⑦ 邹浩绍圣四年撰张次元墓志时亦云："大丞相王文公雅知公才，首

---

① 罗家祥：《北宋元祐时期的洛、蜀、朔党争》，中国历史文献研究会编：《中国历史文献研究》第 3 辑，华中师范大学出版社 1999 年版，今据罗家祥《宋代政治与文化论稿》，第 299—330 页。
② 吕陶：《净德集》卷 23《知渝州王叔重墓志铭》，丛书集成初编，商务印书馆 1935 年版，第 1924 册，第 260 页。
③ 吕中撰，张其凡、白晓霞整理：《类编皇朝大事记讲义》卷 20《哲宗皇帝·诸君子自分党》，上海人民出版社 2014 年版，第 348 页。
④ 沈松勤：《北宋台谏制度与党争》，《历史研究》1998 年第 4 期。
⑤ 沈松勤：《北宋文人与党争》，第 117—167 页。
⑥ 张商英：《张御史唐英墓志铭》，杜大珪撰，洪业等编纂：《琬琰集删存》卷 2，第 194 页。
⑦ 陆佃：《陶山集》卷 15《傅府君墓志》，丛书集成初编，第 1931 册，第 165 页。

被除擢。使既称旨，留久其任凡五年。"彭汝霖政和八年撰张公济墓志称："游舒王之门，日进于道。"① 黄裳撰郭公墓志也曰："熙宁初，从王文公游，文公器之，累辟掌法书局，修三司敕、诸司库务岁计、司农寺条例、李卫公兵法、元丰敕令格式。神宗皇帝由是知名。"② 都记载了墓主与王安石之间的密切关系。与之相表里的是墓志中记载了对反变法者大加批判。周邦彦政和六年（1116）撰田子茂墓志就十分义愤地讲道："（崇宁）三年，奸臣范纯粹来延，以与吕公有隙，又常与元祐中与兄纯仁曾弃地迹状，目鄜延路有功，辄生沮意，欲饰前非，乃奏于朝，称本路自军兴以来，诈冒功赏。又置狱吓胁战士，出牓谕人，意要虚首。一路震恐，晨夕不遑，致使立功之人，但且脱祸，不敢顾禄，悉皆曲从。"③ 当属对元祐党人毫不客气地破口大骂。

还有一些碑志文中记载了墓主对变法的坚持以及在新法推行上不遗余力。熙宁八年（1075）强至撰李中师行状云："适辛亥役法下，公善究立法本意，即推行之，最为天下先，而天下之行新法者，亦莫不以河南为准。"④ 对李中师在熙宁年间推行新法的努力评价极高。李复绍圣年间撰写的薛君墓志，称赞其在地方推行新法的政绩："时方推行常平、免役法，使者旁午，他郡县以新法多得罪，朝廷遣司农寺丞苗时中出本路体访行法当否，爱其裁度得中，同监司列章荐知相如县。"⑤ 许景衡政和六年（1116）撰方文林墓志，也记载要求重新推行元丰法：

国家承平日久，田野滋辟，下民售易不常，奸弊百出，于是议

---

① 彭汝霖：《宋故将侍郎梧州司户曹兼司录刑曹事张公墓志铭》，陈定荣：《李纲书丹的宋张由墓志铭》，《文物》1986年第1期。

② 黄裳：《演山集》卷33《朝散郭公墓志铭》，文渊阁《四库全书》，台北商务印书馆1986年版，第1120册，第224页。

③ 周邦彦：《宋故武功大夫河东第六将管辖训练泽州隆德府威胜军辽州兵马隆德府驻扎田公墓志铭》，冯文海：《山西忻县北宋墓清理简报》，《文物参考资料》1958年第5期。

④ 强至：《祠部集》卷34《龙图阁直学士朝散大夫给事中充同群牧使兼知审官东院权发遣开封府事上柱国陇西郡开国侯食邑一千二百户食实封四百户赐紫金鱼袋李公行状》，丛书集成初编本，商务印书馆1935年版，第1898册，第529页。

⑤ 李复：《潏水集》卷8《颍州团练推官将仕郎试秘书省校书郎知河中府虞乡县事薛君墓志铭》，文渊阁《四库全书》，第1121册，第80页。

者请用元丰法,方田均税。事下有司,而部使者差择习民事悉心办公者莫如从礼,从礼亦慨然任其责。奔走数州,不惮深阻,其考覆钩深,洞见民隐,凡高下肥瘠,广狭盈缩,黑白判然,而关键笼络,胥吏无所肆其奸……今方田之法行于天下,使人人如从礼者,民有不受其实利者乎?①

邹浩在张次元墓志中言及他对元祐时期更改役法的不满:

元祐初,将变役法,诏郡邑言利害。公建以为先朝行免役久矣,民安之,愿毋变。当路或撼公曰:"此非庙堂意,亟改奏。"公曰:"臣事君当勿欺,所见如是,曷可改也。"②

实际上是从反面强调张次元对新法的坚持,与前述数例并无不同。

与上述称颂王安石或新法相对应的,是元祐时期的碑志文中出现了许多不满王安石及新法的声音。范镇初作司马光墓志铭曰:"熙宁初,奸小淫纵。以朋以比,以闭以壅。乃于黎民,诞为愚弄。人不聊生,天下讻讻。险陂憸猾,唱和雷同。谓天下不足畏,谓众不足从,谓祖宗不足法,而敢为诞谩不恭。"③刘挚元祐二年(1087)撰龚鼎臣墓志记载:"议明堂配享及王丞相荆公坐讲事,益不合,求补外,以知兖州。是时遣使方田,其法物色土宜为十等,以均地税,而使者所辟置意幸功赏,田既不得其实,而概取税之虚名诡额及常所蠲者,加入旧籍,劫制州县,上下骚然,公曰:'税有重轻,均固可尔。今增之,非朝廷本指也。'独不肯增,人危公,公卒以州籍常数均定,兖人至今德公。"④道出了龚鼎臣与王安石的政见不和及对新法的不满。王存元祐二年撰虞太熙墓志时

---

① 许景衡:《横塘集》卷19《方文林墓志铭》,宋集珍本丛刊,第32册,第356页。
② 邹浩:《道乡先生邹忠公文集》卷40《故朝请郎张公行状》,宋集珍本丛刊,第31册,第306页。
③ 范镇:《初作司马文正公墓铭》,杜大珪撰,洪业等修纂:《琬琰集删存》卷2,第204—205页。
④ 刘挚撰,裴汝诚、陈晓平点校:《忠肃集》卷13《正议大夫致仕龚公墓志铭》,第265页。

亦称："宰相王安石知其（按指墓主虞太熙）材，将属以新法，公谢不能……他日又召公论事，因极陈新法不便于民，安石仰视屋梁曰：'君有新诗，可遗我数章。'由是益不和。"① 吕陶也记载了刘庠与王安石不和的事实："宰相王安石用事，与公异论，确主于安石，见公不庭参。公谓：'朝廷之仪，安可以私废。'是上疏辨之，由是上失宰相意。神宗亦尝谕之曰：'卿奈何不与一二大臣协心济治乎？'公对曰：'臣子于君父各伸其志。臣知事陛下，不知附安石。'"② 范祖禹元祐四年撰杨绘墓志记载：

> 时王安石执政，台谏官多以言事罢去，阙中丞累月。及公执宪，士大夫皆想望风采。公上言："当今旧臣，多以疾求退，范镇年六十三、吕诲五十八、欧阳修六十五而致仕，富弼六十八被劾引疾，司马光、王陶皆五十而求闲散，陛下可不思其然乎？"又言："以经术取士，独不用《春秋》，宜令学者以《三传》解经，不必专用左氏之说。"又言："安石不知人，提举常平使者暴横。"时方行免役法，公上言："司农寺升畿县户等，而多取缗钱，两浙提点刑狱王庭老、提举常平张靓多率役钱，至七十万。"以是连忤执政，罢学士、中丞二职，以翰林侍读学士知郑州，未行，改亳州。③

言及了范镇、富弼、欧阳修等人因不满王安石变更法度而致仕，还能从中看出行新法过程中出现了一些损害百姓利益的情况。

若同一墓主的碑志文分别撰写于前述两个不同时期，那么碑志文的文字则呈现出较大区别，富弼的墓志与神道碑就是一个极好例子。富弼在熙丰变法期间诸多言论表明，他是一位彻底的反变法派成员，其子富绍庭就曾称："熙宁变法之初，先臣以不行青苗法被罪。"④ 然而，在不同

---

① 王存：《宋故扬王荆王府侍讲朝散郎虞公墓志铭》，国家图书馆善本金石组编：《宋代石刻文献全编》（二），第 227 页。

② 吕陶：《净德集》卷 21《枢密刘公墓志铭》，丛书集成初编，第 1923 册，第 233 页。

③ 范祖禹：《太史范公文集》卷 39《天章阁待制杨公墓志铭》，宋集珍本丛刊，第 24 册，第 394 页。

④ 《宋史》卷 313《富弼传附富绍庭传》，第 10258 页。

时期撰写的碑志中则显示了较大的差异。元丰六年（1083）范纯仁撰其行状，对富弼被贬记载道："八月以疾辞位，除判河南府，复得请判亳州，移武宁军节度使、同中书门下平章事。四年，拜左仆射判汝州。再上章以不谙近制，诏许归洛养疾。"① 对富弼出判汝州原因以不谙近制一语搪塞。被宋神宗誉为"强项之人"的韩维，虽点出此次外贬与青苗法有关，但仅一笔带过："八月，以疾辞位，拜武宁军节度使同中书门下平章事，判河南府，复用公请，改判亳州。四年，提举阙。赵济言公于青苗法不行，除左仆射、判汝州。"② 其实，说富弼因养病许外出实际上是有所避讳的，因为范纯仁字里行间已经透露出富弼虽居外但无时无刻不心系朝廷："公自还政，未尝一日忘爱君忧国之心，朝廷有大事，或降诏访问，比竭诚尽忠，纤悉以陈，略无所忌。"③ 元祐元年（1086）苏轼在撰写富弼神道碑时，不但道出了富弼辞去相位的原因，还把富弼不行青苗法事宜亦刻画得淋漓尽致。苏轼云：

  公始见上，上问边事。公曰："陛下即位之始，当布德行惠，愿二十年口不言兵。"因以九事为戒。八月，以疾辞位，拜武宁军节度使、同中书门下平章事，判河南。复以老，请改亳州。时方行青苗息钱法，公以谓此法行则财聚于上，人散于下，且富民不愿请，愿请者皆贫民，后不可复得，故持之不行。而提举常平仓赵济劾公以大臣格新法，行当自贵近者始，若置而不问，无以令天下。乃除左仆射、判汝州。公言："新法臣所不晓，不可以复治郡，愿归洛养疾。"许之。寻请老，拜司空，复武宁节度及平章事，进封韩国公致仕。④

---

① 范纯仁：《范忠宣公文集》卷17《富弼行状》，宋集珍本丛刊，第15册，第500页。
② 韩维：《宋故开府仪同三司守司徒检校太师武宁军节度徐州管内观察处置等使徐州大都督府长史致仕上柱国韩国公食邑一万二千七百户食实封四千九百户赠太尉谥文忠富公墓志铭并序》，洛阳市第二文物工作队编：《富弼家族墓地》，第51页。
③ 范纯仁：《范忠宣公文集》卷17《富弼行状》，宋集珍本丛刊，第15册，第501页。
④ 苏轼撰，孔凡礼点校：《苏轼文集》卷18《富郑公神道碑》，第534—535页。

苏轼撰写富弼神道碑时，在宣仁高太后的支持下，司马光为首的反熙丰变法分子还朝，几乎全部废除新法，在官僚队伍中对新党进行了全面、彻底的清洗。在这样彻底打击新法及新法派的政治环境下，苏轼在碑志文中突出富弼在熙丰变法时期对变法持反对意见是毫不奇怪的。

二　不敢求铭或铭文中表达较为隐晦

刘成国前揭文就称："对于北宋中后期党争中一些敏感的政治事件，尽管墓主是这些事件中的主要当事人，足以构成墓主政治生涯甚至当世历史进程中重要一笔，但由于党争禁忌，撰者在碑志中对此或是不敢提及，或是隐约其词，模糊其是，故意遗漏某些环节，从而导致墓主政治生涯中的一些空阙。"① 罗昌繁文中则细化为"删省墓主仕宦中的相关记叙"和"凸显墓主仕宦中的某些事件"②。这在当时政治人物当中颇多见之。

一方面，一些政治人物去世之后，丧家因政治波动而不敢求铭或无人敢撰写其碑志文。王安石元祐元年（1086）去世之后，邓广铭先生称他"因死非其时，其身后丧葬草草了事，奔丧的人廖廖无几，更无人为他作'行状''墓志铭'、树'神道碑'"③，这当是在政治风向剧变的情况下，士大夫们因避祸心理而导致的。这一局势在宋哲宗朝以后更是严重。汪藻在曾布之子曾纡墓志中透露："文肃公薨谪籍，公不敢求为碑铭。"④ 刘挚去世后，子孙亦不敢求人撰写墓志，其子刘岐在与张公书信中云："举葬已久，圹中隧首皆无碑志，生平事迹无所载。"⑤ 李纲在钱勰墓志中曰："公之葬开封也，方在谪籍中，不克铭于墓。"⑥ 綦崇礼撰郑雍

---

①　刘成国：《北宋党争与碑志初探》，《文学评论》2008年第3期。
②　罗昌繁：《北宋党争与党人碑志研究》，硕士学位论文，华中师范大学，2011年。
③　邓广铭：《关于王安石的居里茔墓及其他诸问题》，《北京大学学报》1993年第2期。
④　汪藻：《浮溪集》卷28《右中大夫直宝文阁知衢州曾公墓志铭》，丛书集成初编，商务印书馆1935年版，第1961册，第351页。
⑤　刘岐：《学易集》卷5《与张侍郎书》，丛书集成初编，商务印书馆1939年版，第1941册，第59页。
⑥　李纲撰，王瑞明点校：《梁溪集》卷167《宋故追复龙图阁直学士赠少师钱公墓志铭》，第1548页。

行状亦云:"方党禁严,例不敢为铭志。"① 由郑雍行状中"例"字可以看出,当时不敢求铭不仅普遍存在,甚至成为一种不成文的规定了。

另一方面,即便是有墓志铭存世,不少撰者对墓主的政治生活或毫不涉及,或隐约其词。吕公弼墓志由王安礼于熙宁六年（1073）撰写,神道碑由范镇在是年五月撰写,其中均无提及吕公弼在熙宁时期反对变法事宜。而《宋史·吕公弼传》中则言及了其与王安石的矛盾:"王安石知政事,嗛公弼不附己,白用其弟公著为御史中丞以偪之。"二者不但个人关系上有所不和,在政治观点上亦相左:"安石立新法,公弼数言宜务安静,又将疏论之。"② 苏颂元祐六年（1091）撰孔文仲墓志云:"是时朝廷方大有为,辅臣建议以谓祖宗法度至此已敝,当悉更改用事之人。争言理财、训兵以合其说,而言事者不以为便,继被谴斥。而公之策亦不以为便,故执政疑相与表里,奏黜不收。"③ 而《宋史·孔文仲传》记载更为详细:

熙宁初,翰林学士范镇以制举荐,对策九千余言,力论王安石所建理财、训兵之法为非是,宋敏求第为异等。安石怒,启神宗,御批罢归故官。齐恢、孙固封还御批,韩维、陈荐、孙永皆力言文仲不当黜,五上章,不听。范镇又言:"文仲草茅疏远,不识忌讳。且以直言求之,而又罪之,恐为圣明之累。"亦不听。苏颂叹曰:"方朝廷求贤如饥渴,有如此人而不见录,岂其论太高而难合邪,言太激而取怨耶？"④

《宋史·陈襄传》中记载了陈襄对青苗法的不满:"论青苗法不便,曰:'臣观制置司所议,莫非引经以为言,而其实则称贷以取利,事体卑削,

---

① 綦崇礼:《北海集》卷34《宋故中大夫提举西京嵩山崇福宫上柱国荥阳郡开国公食邑二千一百户食实封五百户追封资政殿学士赠宣奉大夫郑公行状》,文渊阁《四库全书》,台北商务印书馆1986年版,第1134册,第742页。
② 《宋史》卷311《吕公弼传》,第10214页。
③ 苏颂撰,王同策等点校:《苏魏公集》卷59《中书舍人孔公墓志铭》,第899页。
④ 《宋史》卷344《孔文仲传》,第10931—10932页。

贻中外讥笑。是特管夷吾、商鞅之术，非圣世所宜行。望贬斥王安石、吕惠卿以谢天下。'又乞罢韩绛政府，以杜大臣争利而进者，且言韩维不当为中丞，刘述、范纯仁等无罪，宜复官。"① 然陈襄元丰四年（1081）去世后，叶祖洽所撰陈襄行状仅简单称："方是时，朝廷一新天下法度，革故之始，尚骇群听，公数上疏论列，言多留中。"② 孙觉在其墓志中更是无一言论及③，与《宋史》本传差异甚大。

此外，程颐元丰八年（1085）为其兄程颢撰写墓表时，通篇重点在于程颢在道学上的功绩，而对于他的仕宦生涯绝不提及，这大概是感觉到哲宗即位后旧党上台，政治环境发生变化，而程颢在神宗初年曾与王安石关系密切且积极支持变法，故其撰写墓表时有意"忽略"与政治相关的话题。杨时在曾肇神道碑中，也忽略了曾肇、曾布与王安石变法的关系，仅从学术方面加以阐述。唐介去世后，王珪和刘挚分别撰写他的墓志与神道碑，王珪对唐介反对王安石及新法也是无一述及，刘挚对相关内容的记载也很隐晦。

三　坚持原则据实直书

虽然政治形势严峻，但仍然有人敢于直书其事，不过与顺应政治潮流及不敢求铭或表达隐晦的碑志文相比则属罕见。④ 笔者仅见以下数例，现胪列如下：

司马光熙宁四年（1071）撰写吕诲墓志云："新为政者恃其材，弃众任，已厌常为奇，多变更祖宗法，专汲汲敛民财，所爱信引拔，时或非其人，天下大失望。献可屡争不能得，乃抗章，悉条其过失，且曰：'误天下苍生必此人，如久居庙堂，必无安静之理。'又曰：'天下本无事，

---

① 《宋史》卷321《陈襄传》，第10420页。
② 叶祖洽：《承奉郎守秘书省著作佐郎知太常寺陈先生行状》，陈襄：《古灵集》卷末，宋集珍本丛刊，线装书局2004年版，第9册，第73页。
③ 孙觉：《陈先生墓志铭》，陈襄：《古灵集》卷末，宋集珍本丛刊，第9册，第75—76页。
④ 赵冬梅教授对司马光撰写墓志碑铭的策略，有相当精彩的论述。见赵冬梅《试论北宋中后期的碑志书写：以司马光晚年改辙拒作碑志为中心》，王晴佳、李隆国主编：《断裂与转型：帝国之后的欧亚历史与史学》，上海古籍出版社2017年版，第373—397页。

但庸人扰之。'上遣使谕解，献可执之愈坚，乃罢中丞，出知邓州。"① 在此情况下，河南监牧刘航（字仲通）原本"自请书石"，但"既见其文，仲通复迟回不敢书"，后虽其子刘安世代父书之，刘航还是"阴祝献可诸子勿摹本"，理由是"恐非三家之福"。② 熙宁八年（1075）韩琦去世，陈荐为其撰写墓志铭，宋神宗亲自撰写神道碑，在两者的对比中，能较好反映出当时主持变法者与反对变法者对同一墓主事迹的不同态度。陈荐在墓志中记载了韩琦对新法的不满："时青苗法初下，公奏曰：'愚民请之则甚易，纳之则甚难，或遇荐饥，民无以输，必恐本钱亦浸失矣，愿罢之，复常平旧法。'俄条例司疏驳以为非是，公又建明，言愈切直，事虽不就，世亦称其忠。"③ 而韩琦在宋神宗朝的一系列活动，宋神宗仅记载了韩琦上疏论西夏事和契丹对其敬重④，未涉及任何其对新法不满之处。

另外，有两则撰写于建中靖国元年（1101）的碑志文，笔者亦想尝试分析。第一篇是苏辙为其兄苏轼撰写的墓志，其中言及了苏轼与王安石、司马光之间的矛盾：

> 王介甫用事，多所建立，公与介甫议论素异，既还朝，置之官告院。四年，介甫欲变更科举，上疑焉，使两制三馆议之。公议上，上悟曰："吾固疑此，得苏轼议，意释然矣。"即日召见，问："何以助朕？"公辞避久之，乃曰："臣窃意陛下求治太急，听言太广，进人太锐，愿陛下安静以待物之来，然后应之。"上悚然听受。曰：

---

① 司马光：《温国文正司马公文集》卷77《右谏议大夫吕府君墓志铭》，四部丛刊初编，第843册，第11a页。

② 邵伯温撰，李剑雄、刘德权点校：《邵氏闻见录》卷10，中华书局1983年版，第107—108页。

③ 陈荐：《宋故推忠宣德崇仁保顺守正协恭赞治纯诚亮节佐运翊戴功臣永兴军节度管内观察处置等使开府仪同三司守司徒检校太师兼侍中行京兆尹司判相州军州事兼管内劝农使上柱国魏国公食邑一万六千八百户食实封六千五百户赠尚书令谥忠献配享英宗庙廷韩公墓志铭并序》，河南省文物局编著：《安阳韩琦家族墓地》，第95页。

④ 宋神宗：《两朝顾命定策元勋之碑》，杜大珪撰，洪业等修纂：《琬琰集删存》卷1，第50—57页。

"卿三言，朕当详思之。"介甫之党皆不悦，命摄开封推官，意以多事困之。公决断精敏，声闻益远。会上元，有旨市浙灯，公密疏，旧例无有，不宜以玩好示人，即有旨罢。殿前初策进士，举子希合，争言祖宗法制非是。公为考官，退拟答以进，深中其病。自是论事愈力，介甫愈恨。御史知杂事者为诬奏公过失，穷治无所得。公未尝以一言自辨，乞外任避之，通判杭州。

苏辙还记载了苏轼与司马光之间因政事导致的不合："时君实方议改免役为差役。差役行于祖宗之世，法久多弊。编户充役不习，官府吏虐使之，多以破产。而狭乡之民，或有不得休息者。先帝知其然，故为免役，使民以户高下出钱，而无执役之苦。行法者不循上意，于雇役实费之外，取钱过多，民遂以病。若量出为入，毋多取于民，则足矣。君实为人忠信有余，而才智不足，知免役之害，而不知其利，欲一切以差役代之。方差官置局，公亦与其选，独以实告，而君实始不悦矣。尝见之政事堂，条陈不可。君实忿然，公曰：'昔韩魏公刺陕西义勇，公为谏官，争之甚力，魏公不乐，公亦不顾。轼昔闻公道其详，岂今日作相，不许轼尽言耶？'君实笑而止。公知言不用，乞补外，不许。君实始怒，有逐公意矣。会其病卒乃已。时台谏官多君实之人，皆希合以求进，恶公以直形己，争求公瑕疵。既不可得，则因缘熙宁谤讪之说以病公，公自是不安于朝矣。"①

第二篇是李之仪建中靖国元年（1101）撰范纯仁行状，详细地交代了富弼等人对王安石兴新法的抗议："是时王安石初秉政，置三司条例司，兴青苗、助役法，分遣专使诣诸路搜抉遗利，将尽变祖宗法度，同己者进，异己者逐。富弼、赵抃、唐介日交论于上前，或以疾辞，或以事去，或以至发疽而死。司马光、吕诲、范镇章疏论辨，每进对亦比极口指陈，中外纷然。"甚至李之仪还提到王安石企图加害范纯仁的事实："公尽录前后章疏申中书，安石见之怒甚，携以告上曰：'范某狂妄如此，

---

① 苏辙撰，曾枣庄、马德富点校：《栾城集·后集》卷22《亡兄子瞻墓志铭》，第1412—1415页。

不可不重贬。"上曰："范某无罪。"安石争不已，上久之乃曰："与一善地。"遂以公知河中府。盖方用安石，故屈公，令少避也。未几，移成都府路转运使。安石憾不能释。而谓新法行之民间多不便，公盖尽论，仍戒州县不得遽行以待报。安石愈怒，命其客李元瑜为提举常平官，且伺察公，将遂害之。"①

苏辙在撰写苏轼墓志中间相当详细地记载了苏轼与新党领袖王安石、旧党领袖司马光之间的冲突；李之仪在范纯仁行状中则交代了王安石企图加害范纯仁的事实。因这两篇文字撰于宋徽宗建中靖国元年（1101），曾布曾主持确立了"欲以大公至正消释朋党"的国策，即便如此，在碑志文中直言与新党领袖王安石、旧党领袖司马光之间的矛盾冲突，仍然需要较大勇气，笔者认为这当为直书其事的行为，不过，李之仪因撰次行状而导致逮系御史狱②，则属于始料未及之事了。

小　结

帝制时期政治的触角无处不在，就宋代而言，虽研究者一致认为统治者实行重文抑武的基本政策和较为宽松的文化政策，促使宋代文化达到中国古代"登峰造极"的高度。但从实际政治运作中观察，北宋士大夫仍不乏有以文字得罪者，研究者认为北宋中后期"文字狱"时有发生，且具有相当大的破坏力，③ 这也能较为清晰地呈现在墓志碑铭文字中。

一般而言，所谓顺应政治潮流撰写的碑志文，主要是指碑志文字与最高统治者的施政方针保持一致。如宋代前期关于北宋建立与统一及对辽战争等事件的撰写，自然不能出现有损帝王形象的篡位或大败而归等记载，即所谓的"国恶不可书"。北宋中期刘太后负面形象的出现，也是在宋仁宗亲政之后才逐渐产生的；从庆历新政中的"君子有党"到新政

---

① 李之仪：《范忠宣公行状》，范纯仁：《范忠宣公文集》卷19，宋集珍本丛刊，第15册，第512页。
② 李之仪：《姑溪居士文集》卷50《姑溪居士妻胡氏文柔墓志铭》，丛书集成初编，商务印书馆1935年版，第1937册，第372页。
③ 沈松勤：《北宋文人与党争》，第117—182页。

失败之后"指为朋党",亦可体会到统治者的喜好及政治风向的改变。随着北宋晚期国是屡变,党争日趋严重,碑志文撰写也出现了新的变化。除了顺应政治潮流撰写的大宗墓志碑铭之外,许多深陷党争中的官僚去世之后,或嘱咐后嗣不得求铭,或子孙不敢求铭,或撰者在碑志中有意忽略与政局相左的墓主之主要事迹,而诸如司马光、陈荐之类敢于直书不隐的碑志文则属凤毛麟角,这还是在自觉或不自觉的避祸心理下的一种自然反应。但是,无论如何撰写碑志文字,都会或多或少受到政治的干扰。

第 三 章

个人习惯与墓志碑铭撰写：
以地理、职官为例

第一节　范仲淹撰墓志中所见郡名考论

宋人在撰写墓志碑铭文字时，经常会用"郡称"或"俗称"以代指当时州或县的称谓。如：夏竦撰魏咸信墓志云："洎（公）出临魏郡也，豪右屏迹，囹圄屡空。"① 尹洙在李渭墓志中记载了其上书治理黄河水患事："先是，河决东郡，历岁未平，公以《治河十策》为献。会参知政事鲁公宗道奉诏行河，即奏同至东郡。"② 宋庠撰刘随墓志铭云："驿召换左正言，囊封尽规，为相国文穆王公不悦。会京府秋荐，命君逻察试席，入荣进士有一辞异卷者，亦既构讼，抉以为疵，左迁掌济州商算。明年，移监平阳郡。"③ 周行己言王君夫人毛氏"永嘉郡人"④；周行己还提到"元丰作新太学，四方游士岁常数千百人。温海郡去京师阻远，居太学不

---

① 夏竦：《文庄集》卷29《故保平军节度使同中书门下平章事驸马都尉赠中书令魏公墓志铭》，文渊阁《四库全书》，第1087册，第288页。
② 尹洙：《河南先生文集》卷15《故金紫光禄大夫检校右散骑常侍降授右监门卫将军持节惠州诸军事惠州刺史兼御史大夫轻车都尉陇西郡开国侯食邑一千七百户李公墓志铭并序》，宋集珍本丛刊，线装书局2004年版，第3册，第427页。
③ 宋庠：《元宪集》卷34《宋故朝请大夫尚书工部郎中充天章阁待制上轻车都尉赐紫金鱼袋彭城刘府君墓志铭》，丛书集成初编本，商务印书馆1935年版，第1871册，第358页。
④ 周行己撰，周梦江笺校：《周行己集》卷7《王君夫人毛氏墓志铭》，上海社会科学院出版社2002年版，第140页。

满十人"①；葛胜仲云祝康"崇宁元年守鲁郡"，并提及了其曾有"知赵、晋、潞、兖四郡"的经历；②等等。皆是用郡称指代宋代州县称呼。而许翰所谓"宋侯道方……从方外士客游梁宋间，遂家襄陵"③，李复称其友人刘公彦乃"高密诸城人也"④；黄庭坚之母李氏卒，"以丧还葬豫章"⑤；蔡卞撰《冲隐先生墓志铭》时自称元祐中"守宣城"⑥；许翰称魏禼"公自泗上用荐者改左宣德郎"⑦；则是以俗称指代当时州县称谓的现象。

然而，宋代实际地方行政区划，周振鹤先生从权力分配的角度分析称其为"二级半或虚三级制"⑧；李昌宪先生则认为是"三级行政建制，于州、县两级之上设路，以总领三百余州军"⑨。然无论如何定义"路"的地位，学者们对"府、州、军、监"作为统辖县的上一级政区并无不同，宋代的数部地理总志及《宋史·地理志》皆是以府州军监辖县的方式撰写的，这与墓志碑铭中以郡名或俗称指代截然不同。若不了解作者的写作习惯、历史沿革、风土人情等，很难了解墓志碑铭撰者所用郡名或俗称究竟借以指代何地。且只有厘清此种地理称谓问题，才能对墓主仕宦、生平事迹有更为准确的了解。

笔者以《范文正公文集》为个案，尝试对范仲淹所撰墓志碑铭文字中出现的郡名之所指，以及撰者的使用特点等做一考察。以之为基础，

---

① 周行己撰，周梦江笺校：《周行己集》卷7《赵彦昭墓志铭》，第136页。
② 葛胜仲：《丹阳集》卷13《左朝议大夫致仕祝公墓志铭》，文渊阁《四库全书》，台北商务印书馆1986年版，第1127册，第522—523页。
③ 许翰：《襄陵文集》卷12《修职郎宋侯墓志铭》，文渊阁《四库全书》，第1123册，第592页。
④ 李复：《潏水集》卷8《刘君俞墓志铭》，文渊阁《四库全书》，第1121册，第79页。按：宋代"诸城县"为密州的治所所在地，密州下辖"高密县"，然此"高密诸城"当为"密州"之俗称。《宋史》卷85《地理一》，第2108页。
⑤ 陈师道：《后山居士文集》卷18《李夫人墓志铭》，上海古籍出版社1984年版，第786页。
⑥ 蔡卞：《冲隐先生墓志铭》，北京图书馆金石组编：《宋代石刻文献全编》（二），第153页。检《宋史·蔡卞传》称哲宗即位之后，蔡卞"以龙图阁待制知宣州"，故此"宣城"当为"宣州"之俗称。《宋史》卷472《蔡卞传》，第13728页。
⑦ 许翰：《襄陵文集》卷11《朝请大夫提点信州太霄宫魏公墓志铭》，文渊阁《四库全书》，第1123册，第589页。
⑧ 周振鹤：《中国地方行政制度史》，上海人民出版社2005年版，第72页。
⑨ 李昌宪：《中国行政区划通史·宋西夏卷》，复旦大学出版社2017年版，第13页。

从而推进对墓主生平事迹、仕宦经历、政治活动等各方面的研究。检《范文正公文集》计有神道碑 4 篇，墓志铭 17 篇，墓表 5 篇，出现郡名 52 次，共涉及 37 个郡。前贤学者对范仲淹的研究，成果颇为丰富，然于此问题皆无述及，故笔者尝试撰文分析此种现象。需要说明的是，在所涉及的 37 处郡名中，海陵郡出现 5 次，姑苏郡 4 次，回中郡 3 次，高密郡、寿春郡、桐庐郡、玉山郡、曹南郡及合肥郡各 2 次，其余出现 1 次，以下考述以出现次数多少为序，同样次数则以文集中出现先后为准，唯首次出现而无法考证者，置于该部分文末。

一　碑志所见郡名考实

（一）海陵郡（附新安郡）

1. 范仲淹在撰写同僚张纶墓志时云："又海陵郡有古堰，亘百有五十里，厥废旷久，秋涛为患。公请修之，议者难之，谓将有蓄潦之忧。"[①] 按《续资治通鉴长编》卷一〇四天圣四年八月丁亥条载："诏修泰州捍海堰。先是，堰久废不治，岁患海涛冒民田，监西溪盐税范仲淹言于发运副使张纶，请修复之。纶奏以仲淹知兴化县，总其役。难者谓涛患息则积潦必为灾。"[②] 既云修泰州捍海堰，那么海陵郡所指，当为泰州。

2. 在撰写田锡墓志铭时，范仲淹云："真宗皇帝即位，迁吏部郎中，判审官院，兼通进银台封驳司，赐金紫。求出，典海陵郡。"[③] 有关于此，《宋史·田锡传》曰："真宗嗣位，迁吏部……同知审官院通进、银台、封驳司，赐紫金；与魏廷式联职，以议论不协求罢，出知泰州。"[④] 则海陵郡亦为泰州。

3. 范仲淹在为同年兼好友滕宗谅撰写墓志铭曰："君去海陵，得召试

---

　① 范仲淹撰，范能濬编集，薛正兴点校：《范仲淹全集·范文正公文集》卷 12《宋故乾州刺史张公神道碑铭》，第 256 页。
　② 李焘：《续资治通鉴长编》卷 104，天圣四年八月丁亥，第 2419 页。
　③ 范仲淹撰，范能濬编集，薛正兴点校：《范仲淹全集·范文正公文集》卷 13《赠兵部尚书田公墓志铭》，第 280 页。
　④ 《宋史》卷 293《田锡传》，第 9791 页。

学士院。"① 而《宋史·滕宗谅传》则云："（滕宗谅）乃以泰州军事推官，诏试学士院。"由此可知，滕宗谅在诏试学士院前官职为泰州军事推官，故海陵仍为泰州。

4. 范仲淹在王质墓志中记述了郑戬与叶清臣推荐王氏的过程："今资政殿学士郑公戬、翰林学士叶公清臣，皆论公奇才未大用，而非辜坐黜，岂朝廷之意耶？诏起公，知海陵郡。代还，除度支郎中、荆湖北路转运使。"② 苏舜钦在撰写王质行状时，对该事有如下记载："今资政殿大学士郑公戬，翰林侍读学士叶公清臣，皆荐公才可大用，而以非辜久黜，遂起知泰州。"③ 故可知此海陵郡也为泰州。

5. 范仲淹在谢涛神道碑中记述道："（谢涛）历三司度支判官，出守海陵、新安二郡。"④ 尹洙撰谢涛行状称："（景德）四年，授三司度支判官。大中祥符初，出知秦州，又知歙州。"⑤ 若如尹洙所言，则海陵郡当为秦州，新安郡当为歙州。然而，欧阳修在撰写谢涛墓志铭时则曰："既而为三司度支判官，知泰州、歙州。"⑥ 以欧阳修所言论，海陵郡当为泰州，新安郡为歙州。前述所云海陵郡皆为泰州，且"秦"与"泰"字形相近，则尹洙《河南集》中秦州当为泰州之误，而新安郡为歙州。

（二）姑苏郡

1. 谢涛神道碑中，范仲淹还提及了谢氏的居住地："及冠，居姑苏郡。时翰林王公禹偁、拾遗罗君处约，并宰苏之属邑。"⑦ 尹洙在《谢涛

---

① 范仲淹撰，范能濬编集，薛正兴点校：《范仲淹全集·范文正公文集》卷15《天章阁待制滕君墓志铭》，第318页。

② 范仲淹撰，范能濬编集，薛正兴点校：《范仲淹全集·范文正公文集》卷14《尚书度支郎中充天章阁待制知陕州军府事王公墓志铭》，第297页。

③ 苏舜钦撰，沈文倬校点：《苏舜钦集》卷16《王子野行状》，第211页。

④ 范仲淹撰，范能濬编集，薛正兴点校：《范仲淹全集·范文正公文集》卷12《宋故太子宾客分司西京谢公神道碑》，第265页。

⑤ 尹洙：《河南先生文集》卷12《故中大夫守太子宾客分司西京上柱国陈留县开国侯食邑九百户赐紫金鱼袋谢公行状》，宋集珍本丛刊，第3册，第400页。

⑥ 欧阳修撰，李逸安点校：《欧阳修全集》卷63《太子宾客分司西京谢公墓志铭》，第914页。

⑦ 范仲淹撰，范能濬编集，薛正兴点校：《范仲淹全集·范文正公文集》卷12《宋故太子宾客分司西京谢公神道碑》，第265页。

行状》中云："既冠，寓居吴郡。"① 欧阳修撰《谢涛墓志铭》则称其"稍长，居苏州"②。"吴郡"为苏州的别称③，则此姑苏郡当为欧阳修所称的苏州。

2. 王质墓志中记载了他丁父兵部忧，"服除，以前官充职，同判姑苏郡"④。苏舜钦撰王质行状言其"服除，通判苏州"⑤。故此姑苏郡也为苏州。

3. 范仲淹撰许衮墓志，称其"乃拜太子右赞善大夫，通判姑苏郡事。时二浙之地始归朝廷，宿政如绳，公善解之"⑥。

4. 元奉宗墓志铭中记载其致仕之后居住地："再期，求分务南都，寻告老，归姑苏郡。"⑦

3和4均无对应信息以确定其姑苏郡之具体所指，然在范仲淹撰写墓志过程中，重复出现的郡名所表示均为同一州的称呼（后详），故上述姑苏郡亦当为苏州。

（三）回中郡

1. 范仲淹在撰写胡令仪墓志时云："（胡令仪）除河北转运使，未逾月，朝廷以河东方窘财用，改河东转运使。公请借民飞挽，以实边郡。人或媒孽以为非便，朝廷惑其说，徙守回中郡。"⑧而对于此次任命，《续资治通鉴长编》卷一一〇天圣九年三月癸亥记载："河东转运使、金部郎

---

① 尹洙：《河南先生文集》卷12《故中大夫守太子宾客分司西京上柱国陈留县开国侯食邑九百户赐紫金鱼袋谢公行状》，宋集珍本丛刊，第3册，第399页。
② 欧阳修撰、李逸安点校：《欧阳修全集》卷63《太子宾客分司西京谢公墓志铭》，第913页。
③ 乐史撰，王文楚等点校：《太平寰宇记》卷91《江南道三·苏州》，第1816页。
④ 范仲淹撰，范能濬编集，薛正兴点校：《范仲淹全集·范文正公文集》卷14《尚书度支郎中充天章阁待制知陕州军府事王公墓志铭》，第296页。
⑤ 苏舜钦撰，沈文倬校点：《苏舜钦集》卷16《王子野行状》，第210页。
⑥ 范仲淹撰，范能濬编集，薛正兴点校：《范仲淹全集·范文正公文集》卷13《赠户部郎中许公墓志铭》，第275页。
⑦ 范仲淹撰，范能濬编集，薛正兴点校：《范仲淹全集·范文正公文集》卷13《都官员外郎元公墓志铭》，第279页。
⑧ 范仲淹撰，范能濬编集，薛正兴点校：《范仲淹全集·范文正公文集》卷12《宋故卫尉少卿分司西京胡公神道碑》，第260页。

中胡令仪知泾州，殿中侍御史朱谏知耀州，并坐调发扰民也。"① 胡令仪的职官及调任缘由均与墓志材料一致，故知回中郡所指当为泾州。

2. 范仲淹记述了滕宗谅遭御史梁坚弹劾事，"（梁）坚既死，台谏官执坚之说，犹以为言。朝廷不得已，坐君前守回中日，馈遗往来逾制，降一官，仍充天章阁待制，知虢州，又移知岳州"②。有关滕宗谅此次被贬，《续资治通鉴长编》卷一四六记载：

> 徙知虢州滕宗谅知岳州……始，梁坚劾宗谅枉费公用十六万缗。及遣中使检视，乃宗谅始至泾州日，以故事犒赉诸部属羌；又间以馈遗游士故人。宗谅恐连逮者众，因悉焚其籍，以灭姓名。然宗谅所费，才三千缗，坚并诸军月给言之，故云十六万。参知政事范仲淹力辨之。会坚死，台官执坚奏劾宗谅不已，故宗谅再黜，然终赖仲淹之力，不夺职也。③

由《续资治通鉴长编》记载可知，滕宗谅由知虢州贬知岳州，是因为梁坚弹劾其在泾州期间滥用公使钱之故，梁坚去世，御史中丞王拱辰等仍弹劾不已，故有是黜。《涑水记闻》卷十亦有类似记载："滕宗谅知泾州，用公使钱无度，为台谏所言。朝廷遣使者鞫之，宗谅闻之，悉焚公使历，使者至不能案，朝廷落职，徙知岳州。"④ 则此回中郡即为泾州之别称。

（四）高密郡

1. 范仲淹为蔡齐撰写墓志铭时称其"转礼部郎中、龙图阁学士，守西京。以便亲，求为高密郡，徙南京"⑤。欧阳修撰蔡齐行状，于此事记载曰："（蔡齐）迁礼部郎中，改龙图阁直学士，出为西京留守。是时鲁

---

① 李焘：《续资治通鉴长编》卷110，天圣九年三月癸亥，第2555页。
② 范仲淹撰，范能濬编集，薛正兴点校：《范仲淹全集·范文正公文集》卷15《天章阁待制滕君墓志铭》，第320—321页。
③ 李焘：《续资治通鉴长编》卷146，庆历四年二月己酉，第3542页。
④ 司马光撰，邓广铭、张希清点校：《涑水记闻》卷10《焚公使历》，第196页。
⑤ 范仲淹撰，范能濬编集，薛正兴点校：《范仲淹全集·范文正公文集》卷14《户部侍郎赠兵部尚书蔡公墓志铭》，第293页。

肃简公方参知政事，争之太后前，卒不能留。以亲便，求改密州。"① 张方平撰蔡齐神道碑亦有类似说法："久之，除龙图阁学士、知密州，徙应天府。"② 均可推知墓志所云高密郡为密州。

2. 前述墓主胡令仪于宋真宗东封西祀之际，"庆均内外，迁太子赞善大夫。归朝，进殿中丞，领高密郡"③。此处高密郡所指当与前一致，亦为密州。

（五）*寿春郡*（附*高安郡*）

1. 谢涛神道碑中还言及他仕宦寿春郡的经历："还，拜著作佐郎，太宗面诏通判大藩，得寿春郡，移高安郡，改知兴国军。"④ 其行状中则云："（谢涛）召归，授著作佐郎。太宗面谕，令通判大藩，即通判寿州，迁秘书丞。又通判筠州，知兴国军。"⑤ 墓志中则称："由华阳召改著作佐郎，通判寿州、筠州，知兴国军。"⑥ 故寿春郡当为寿州，高安郡为筠州。

2. 王质墓志中范仲淹还记载了其辞去开封府推官事："朝廷除公开封府推官，初兄雍为三司判官。公曰：'皆是要职，吾兄弟同日除拜，朝廷岂乏之人哉？'乃坚请外补，愿留兄京师以奉家庙，士大夫闻而贤之。往守寿春郡。"⑦ 苏舜钦撰王质行状亦载此事："转祠部郎中，召为开封府推官。公兄雍，时亦为三司判官，公曰：'是皆剧职，吾兄弟并命，妨寒士

---

① 欧阳修撰、李逸安点校：《欧阳修全集》卷38《尚书户部侍郎赠兵部尚书蔡公行状》，第555页。

② 张方平：《乐全先生文集》卷37《推诚保德守正功臣正奉大夫尚书户部侍郎知颍州军州事管内劝农使上柱国汝南郡开国公食邑二千户食实封四百户赐紫金鱼袋赠兵部尚书谥文忠蔡公神道碑铭》，宋集珍本丛刊本，第6册，第181页。

③ 范仲淹撰，范能濬编集，薛正兴点校：《范仲淹全集·范文正公文集》卷12《宋故卫尉少卿分司西京胡公神道碑》，第260页。

④ 范仲淹撰，范能濬编集，薛正兴点校：《范仲淹全集·范文正公文集》卷12《宋故太子宾客分司西京谢公神道碑》，第264页。

⑤ 尹洙：《河南先生文集》卷12《故中大夫守太子宾客分司西京上柱国陈留县开国侯食邑九百户赐紫金鱼袋谢公行状》，宋集珍本丛刊，第3册，第400页。

⑥ 欧阳修撰，李逸安点校：《欧阳修全集》卷63《太子宾客分司西京谢公墓志铭》，第914页。

⑦ 范仲淹撰，范能濬编集，薛正兴点校：《范仲淹全集·范文正公文集》卷14《尚书度支郎中充天章阁待制知陕州军府事王公墓志铭》，第296页。

之进。'遂恳辞之，出知寿州。"① 欧阳修撰王质神道碑云："入为开封府推官，已而其兄雍为三司判官，公曰：'省、府皆要职，吾岂可兄弟居之？'求知寿州，徙庐州。"② 由此可知寿春郡即为寿州。

（六）桐庐郡

1. 田锡墓志中记载了其仕宦桐庐郡的情况："出为河北转运使，改知相州，就除左补阙。移桐庐郡。"③《宋史·田锡传》相应记载曰："（太平兴国）七年，徙知相州，改右[左]补阙。复上章论事。明年，移睦州。"④ 而张方平在《睦州奏请州学名额及公田》中亦曾称"太平兴国九年，知州故左补阙田锡始建今至圣文宣王庙"⑤。可见，田锡确实在太平兴国九年（984）前后知睦州，故此桐庐郡当为睦州。

2. 范仲淹在为胡则撰写墓志时云："拜太常博士，提举二浙榷茶事，兼知桐庐郡。"⑥《宋史·胡则传》中载："以太常博士提举两浙榷茶，就知睦州。"⑦ 则可知此桐庐郡亦指睦州。

（七）玉山郡（附福唐郡、雪上郡、岳阳郡）

1. 范仲淹记载了胡则丁父忧后知玉山郡的经历："移广南西路转运使。以户部郎中复充江淮制置发运使，转吏部郎中，改太常少卿。丁先君忧。终制，知玉山郡，移福唐郡。"⑧《宋史·胡则传》称此次差遣变动的主要原因是与丁谓结党："复为发运使，累迁太常少卿。乾兴初，坐丁谓党，降知信州，徙福州。"⑨ 可判断玉山郡所指当为信州，福唐郡为

---

① 苏舜钦撰，沈文倬校点：《苏舜钦集》卷16《王子野行状》，第210页。
② 欧阳修撰，李逸安点校：《欧阳修全集》卷21《尚书度支郎中天章阁待制王公神道碑铭》，第338页。
③ 范仲淹撰，范能濬编集，薛正兴点校：《范仲淹全集·范文正公文集》卷13《赠兵部尚书田公墓志铭》，第281页。
④ 《宋史》卷293《田锡传》，第9790页。
⑤ 张方平：《乐全先生文集》卷21《睦州奏请州学名额及公田》，宋集珍本丛刊，第5册，第803页。
⑥ 范仲淹撰，范能濬编集，薛正兴点校：《范仲淹全集·范文正公文集》卷13《兵部侍郎胡公墓志铭》，第285页。
⑦ 《宋史》卷299《胡则传》，第9941页。
⑧ 范仲淹撰，范能濬编集，薛正兴点校：《范仲淹全集·范文正公文集》卷13《兵部侍郎胡公墓志铭》，第285页。
⑨ 《宋史》卷299《胡则传》，第9942页。

福州。

2. 滕宗谅"在玉山、雪上、回中、岳阳四郡，并建学校"①。《能改斋漫录》卷十三中确有滕宗谅在湖州兴学之记录："滕宗谅知湖州，兴学，费民钱数千万，役未毕而去。或言钱出入不明者，通判以下不肯签簿。胡武平宿来继守，而言曰：'滕侯所为非是，诸君奚不早言？去乃非之，岂分谤之意乎？'皆惭而签簿，卒成其业。"② 前述已知玉山、回中分别为信州、泾州，滕宗谅被贬知岳州后亦曾兴学，尹洙《岳州学记》③ 中记载甚详，故岳阳郡为岳州，从而推知雪上为湖州④。

（八）曹南郡

1. 谢涛神道碑记载了其仕宦曹南郡之过程："边有急奏，上议北征，又京东有强寇惊郡县，而曹南阙守。朝廷虑之，遂命公往。"⑤ 其行状中云："真宗面谕宰相：'昨日京东奏，曹州阙人，谢涛可转官知曹州。'"⑥ 欧阳修撰其墓志铭中亦曰："边臣有急奏，天子诏且亲征。是时，大贼王长寿又劫曹、濮，真宗面语宰相，委公曹州，遂改屯田员外郎以往。"⑦ 从而可推知，曹南郡当为曹州。

2. 在上官融墓志中，范仲淹记载了其"除太子中舍致仕，居于曹南郡"⑧。庆历三年三月，上官融去世，葬于"济阴县沛郡乡崇儒里"。据《太平寰宇记》载："济阴县属曹州"，则应可说明曹南郡与前述所指一

---

① 范仲淹撰，范能濬编集，薛正兴点校：《范仲淹全集·范文正公文集》卷15《天章阁待制滕君墓志铭》，第320—321页。
② 吴曾：《能改斋漫录》卷13《滕宗谅兴湖学》，上海古籍出版社1979年版，第389页。
③ 尹洙：《河南先生文集》卷4《岳州学记》，宋集珍本丛刊，第3册，第363页。
④ 宋代称雪上为湖州为俗称，如晁补之《湖州谢到任表》中载："臣补之言：奉敕就差知湖州，已于四月二十九日到任讫。始解蒲中，即临雪上，去股肱之要郡，得山水之名城。"晁补之：《鸡肋集》卷55《湖州谢到任表》，四部丛刊初编本，第1034册，第6a页。
⑤ 范仲淹撰，范能濬编集，薛正兴点校：《范仲淹全集·范文正公文集》卷12《宋故太子宾客分司西京谢公神道碑》，第264页。
⑥ 尹洙：《河南先生文集》卷12《故中大夫守太子宾客分司西京上柱国陈留县开国侯食邑九百户赐紫金鱼袋谢公行状》，宋集珍本丛刊，第3册，第400页。
⑦ 欧阳修撰，李逸安点校：《欧阳修全集》卷63《太子宾客分司西京谢公墓志铭》，第914页。
⑧ 范仲淹撰，范能濬编集，薛正兴点校：《范仲淹全集·范文正公文集》卷15《太子中舍致仕上官君墓志铭》，第324页。

致，当为曹州。

（九）合肥郡

1. 王质墓志铭中云："朝廷除公开封府推官，初兄雍为三司判官。公曰：'皆是要职，吾兄弟同日除拜，朝廷岂乏人哉？'乃坚请外补，愿留兄京师以奉家庙，士大夫闻而贤之。往守寿春郡，期月，改合肥郡。盗有杀其徒以并其财者，吏擒之，公令处死。法寺议当贷死，遂劾之。"① 苏舜钦撰王质行状对于此事描述道："公兄雍，时亦为三司判官，公曰：'皆是剧职，吾兄弟并命，妨寒士之进。'遂恳辞之，出知寿州……又移庐州，巨盗张雄杀其党，并所赀而遁，逻者获之，公以法诛之。"② 由"盗杀其徒"事例可证，合肥郡当为庐州。

2. 范仲淹记载了范雍之父去世时的官职："以太傅（按指范雍之祖父）荫为供奉官，终于合肥郡之监军。"③ 此事史籍无考，然亦当为庐州。

（十）辰溪郡、天水郡、清池郡

范仲淹在撰写张纶神道碑时，对其仕宦中后期的历程有这样的描述："俄以边略典辰溪郡……（天圣）六年，有大绩，迁天水郡，实提重兵，以压庶羌，盖西诸侯之长焉。及朝廷有均劳之议，徙横海军，又徙瀛州，充高阳关兵马钤辖，重北门也。岁余请老，不获命，复莅清池郡。"④ 按《宋史·张纶传》记载称："奉使灵夏，还，会辰州溪峒彭氏蛮内寇，以知辰州。纶至，筑蓬山驿，路贼不得通，乃遁去。"⑤ 根据《宋史》相关记载与之对照，可知辰溪郡为辰州。又检《续资治通鉴长编》卷一〇六载："（天圣六年八月）甲戌，淮南江浙荆湖制置发运使、文思使、昭州刺史张纶知秦州。"⑥ 据之可推知，天水郡当为秦州。

---

① 范仲淹撰，范能濬编集，薛正兴点校：《范仲淹全集·范文正公文集》卷14《尚书度支郎中充天章阁待制知陕州军府事王公墓志铭》，第296页。

② 苏舜钦撰，沈文倬校点：《苏舜钦集》卷16《王子野行状》，第210—211页。

③ 范仲淹撰，范能濬编集，薛正兴点校：《范仲淹全集·范文正公文集》卷14《资政殿大学士礼部尚书赠太子太师谥忠献范公墓志铭》，第306页。

④ 范仲淹撰，范能濬编集，薛正兴点校：《范仲淹全集·范文正公文集》卷12《宋故乾州刺史张公神道碑铭》，第254页。标点与点校本稍异。

⑤ 《宋史》卷426《张纶传》，第12694页。

⑥ 李焘：《续资治通鉴长编》卷106，天圣六年八月甲戌，第2479页。

另外，张纶神道碑中言其"复莅清池郡"，故知他曾两次知清池郡。《宋史·张纶传》云："（张纶）历知秦、瀛二州，两知沧州，再迁东上阁门使，真拜乾州刺史，徙知颍州，卒。"① 而《东都事略·张纶传》亦曰："累迁东上阁门，使历知泰、沧、瀛州，拜乾州刺史，再知沧州、徙颍州。"② 均提及张纶两知沧州的事实，故可知清池郡当指沧州。

（十一）会稽郡

谢涛仕宦晚年，"俄求东归，除吏部郎中，直昭文馆，知会稽郡"③。尹洙于其行状中云："（乾兴元年），以疾求东归，除吏部郎中、直昭文馆、知越州。"④ 墓志铭云："迁吏部郎中，直昭文馆，知越州。"⑤ 故可知会稽郡即指越州。

（十二）覃怀郡

范仲淹撰许衮墓志时道："以奉安先茔，请理覃怀郡，出奉公家，入敦孝事，河内人歌焉。"⑥ 许衮因安葬先人坟茔，求治理"覃怀郡"，当许氏到任后，"河内"民众欢欣鼓舞。另，墓志还云许衮去世后，"以某年某月，归葬于怀之河内县某乡某里"。则可以推测其应该是与先人一起葬于"怀之河内县"。北宋时期河内县属于怀州，故覃怀郡当指怀州。《宋会要辑稿》中亦曾记载许衮知怀州事："五月，知怀州许衮上言：'蒙差奉职张致与臣相度开畎河水，浇溉人户田苗并官竹园佃［田］。'"⑦ 可为旁证。

---

① 《宋史》卷426《张纶传》，第12695页。
② 王称：《东都事略》卷112《张纶传》，宋史资料萃编本，文海出版社1979年版，第1728页。
③ 范仲淹撰，范能濬编集，薛正兴点校：《范仲淹全集·范文正公文集》卷12《宋故太子宾客分司西京谢公神道碑》，第265页。
④ 尹洙：《河南先生文集》卷12《故中大夫守太子宾客分司西京上柱国陈留县开国侯食邑九百户赐紫金鱼袋谢公行状》，宋集珍本丛刊，第3册，第401页。
⑤ 欧阳修撰，李逸安点校：《欧阳修全集》卷63《太子宾客分司西京谢公墓志铭》，第915页。
⑥ 范仲淹撰，范能濬编集，薛正兴点校：《范仲淹全集·范文正公文集》卷13《赠户部郎中许公墓志铭》，第275—276页。
⑦ 徐松辑，刘琳等点校：《宋会要辑稿》食货7之3，第6116页。

（十三）宣城郡、宛丘郡

田锡墓志记载了其仕宦经历，"释褐，除将作监丞，通判宣城郡……公在西掖，会京畿大旱，祷祠无应，遂抗章言切于时政，故有宛丘之行"①。《宋史·田锡传》云："太平兴国三年，进士高等，释褐将作监丞、通判宣州……端拱二年，京畿大旱，锡上章，有'调燮倒置'语，忤宰相，罢为户部郎中，出知陈州。"②故可推知田锡入仕之初通判的宣城郡为宣州；因天旱上书被贬宛丘为陈州。

（十四）永嘉郡

胡则"丁太夫人忧。服除，以本官知永嘉郡，迁屯田员外郎，提举江南路银铜场铸钱监"③。对于此事，《宋史·胡则传》记载："（胡则）以太常博士提举两浙榷茶，就知睦州，徙温州。岁余，提举江南路银铜场铸钱监。"④故可得知永嘉郡为温州。

（十五）吴兴郡

范仲淹撰其同年沈严墓志时，首言"吴兴郡太守滕侯下车求故同年沈君之家，得诸孤，问其坟墓"⑤。既云滕侯为其同年，检《宋登科记考》大中祥符八年（1015）进士及第滕姓者，仅滕宗谅一人⑥，故此滕侯当为滕宗谅。既然滕宗谅到"吴兴郡"后首先问沈严葬所，后又葬沈严"德清县之永和乡"⑦，故德清县应该在吴兴郡统辖之下。检《太平寰宇记》及《元丰九域志》，德清县均为湖州管辖⑧，北宋前中期并无变化，

---

① 范仲淹撰，范能濬编集，薛正兴点校：《范仲淹全集·范文正公文集》卷13《赠兵部尚书田公墓志铭》，第281—282页。

② 《宋史》卷293《田锡传》，第9787—9791页。

③ 范仲淹撰，范能濬编集，薛正兴点校：《范仲淹全集·范文正公文集》卷13《兵部侍郎致仕胡公墓志铭》，第285页。

④ 脱脱等撰：《宋史》卷299《胡则传》，第9941页。

⑤ 范仲淹撰，范能濬编集，薛正兴点校：《范仲淹全集·范文正公文集》卷14《宁海军节度掌书记沈君墓志铭》，第290页。

⑥ 龚延明、祖慧编著：《宋登科记考》，江苏教育出版社2005年版，第106—111页。

⑦ 范仲淹撰，范能濬编集，薛正兴点校：《范仲淹全集·范文正公文集》卷14《宁海军节度掌书记沈君墓志铭》，第290页。

⑧ 乐史撰，王文楚等点校：《太平寰宇记》卷94《江南东道六·湖州》，第1879页；王存撰，王文楚、魏嵩山点校：《元丰九域志》卷5《两浙路·湖州》，中华书局1984年版，第212页。

故此吴兴郡当为湖州。

（十六）金华郡

王丝"改太常博士，通判衢州……其堂室仅百楹，朝廷赐州学额。又营资粮之具，最于诸郡。时金华郡阙守，外台假君领之。衢之父老遮道于境上，谓婺民曰：'我州一鉴，何夺之为？'有诣外台乞还者"①。通过上述文字，我们可以看出，王丝先为衢州通判，后改金华郡知州。而衢州之父老极力挽留，并称婺州之民夺"我州一鉴"，则金华郡当为婺州。

（十七）鄱阳郡

范仲淹在记述滕宗谅被罢黜时曰："俄以言得罪，换祠部员外郎，知信州，又监鄱阳郡榷酤。"②此事《宋会要辑稿》云其得罪之由是与范讽结党，处理结果为"知信州滕宗谅移监当差遣"③。《续资治通鉴长编》卷一一六则云："龙图阁学士、给事中、知兖州范讽责授武昌行军司马，不签书事。新广东转运使、祠部员外郎庞籍降授太常博士、知临江军。东头供奉官吴守则追一官。又降都官员外郎、判刑部李逊知潍州，祠部员外郎、知信州滕宗谅监饶州税。"④故鄱阳郡即为饶州。

（十八）淮西郡

王质曾"进司封外郎，出领淮西郡……蔡俗旧祠吴元济，公曰：'岂有逆丑而当庙食耶？吾为州长，不能正民之视听，俾民何从哉！'"⑤苏舜钦于王子野行状中称："俄丁尚书忧，旅于南都，与诸弟饭脱粟茹蔬，至性孝睦，族无间言。服除，同判苏州……改司封，知蔡州。蔡之圭田颇瘠，民岁输租，甚苦之。公至郡，悉蠲除不取。俗旧祠吴元济，公曰：

---

① 范仲淹撰，范能濬编集，薛正兴点校：《范仲淹全集·范文正公文集》卷16《权三司盐铁判官尚书兵部员外郎王君墓表》，第335—336页。

② 范仲淹撰，范能濬编集，薛正兴点校：《范仲淹全集·范文正公文集》卷15《天章阁待制滕君墓志铭》，第318页。

③ 徐松辑，刘琳等点校：《宋会要辑稿》职官64之34，第4784页。

④ 李焘：《续资治通鉴长编》卷116，景祐二年二月丁卯，第2721页。

⑤ 范仲淹撰，范能濬编集，薛正兴点校：《范仲淹全集·范文正公文集》卷14《尚书度支郎中充天章阁待制知陕州军府事王公墓志铭》，第296页。

'安有逆丑而庙食者乎？'"①《续资治通鉴长编》卷一一八亦言："质尝知蔡州，州人岁时祠吴元济庙。质曰：'安有逆丑而庙食于民者？'"② 由上述记载可知，王质所领之淮西郡当为蔡州。

（十九）兖海郡、北海郡、汝阴郡

范仲淹在记述蔡齐早期仕宦时云："释褐，除将作监丞，通判兖海郡，移北海郡。"③ 欧阳修撰其行状称："初拜将仕郎、将作监丞，通判兖州……逾年，通判潍州。"④ 张方平在其神道碑中曰："释褐将作监丞、通判兖州，徙潍州。"⑤ 由行状与神道碑印证，可知兖海郡为兖州，北海郡为潍州。

另外，范仲淹还言及蔡齐"以户部侍郎罢，终于汝阴郡"⑥。这在其行状中亦有清晰显示："久之，出知颍州。宝元二年四月四日，以疾卒于官。"⑦ 故可推知汝阴郡当指颍州。

综合上述，范仲淹碑志文中出现的 37 个郡名，经过笔者分析考证，除了弋阳郡⑧、颍川郡、巴汉郡、历城郡、陇城郡⑨、浉川⑩、景陵郡⑪及

---

① 苏舜钦撰，沈文倬点校：《苏舜钦集》卷16《王子野行状》，第210页。
② 李焘：《续资治通鉴长编》卷118，景祐三年五月丙戌，第2784页。
③ 范仲淹撰，范能濬编集，薛正兴点校：《范仲淹全集·范文正公文集》卷14《户部侍郎赠兵部尚书蔡公墓志铭》，第293页。
④ 欧阳修撰，李逸安点校：《欧阳修全集》卷38《尚书户部侍郎赠兵部尚书蔡公行状》，第554—555页。
⑤ 张方平：《乐全先生文集》卷37《推诚保德守正功臣正奉大夫尚书户部侍郎知颍州军州事管内劝农使上柱国汝南郡开国公食邑二千户食实封四百户赐紫金鱼袋赠兵部尚书谥文忠蔡公神道碑铭》，宋集珍本丛刊本，第6册，第181页。
⑥ 范仲淹撰，范能濬编集，薛正兴点校：《范仲淹全集·范文正公文集》卷14《户部侍郎赠兵部尚书蔡公墓志铭》，第293页。
⑦ 欧阳修撰，李逸安点校：《欧阳修全集》卷38《尚书户部侍郎赠兵部尚书蔡公行状》，第557页。
⑧ 范仲淹撰，范能濬编集，薛正兴点校：《范仲淹全集·范文正公文集》卷13《赠户部郎中许公墓志铭》，第275页。
⑨ 范仲淹撰，范能濬编集，薛正兴点校：《范仲淹全集·范文正公文集》卷12《宋故卫尉少卿分司西京胡公神道碑》，第260页。
⑩ 范仲淹撰，范能濬编集，薛正兴点校：《范仲淹全集·范文正公文集》卷13《都官员外郎元公墓志铭》第279页。
⑪ 范仲淹撰，范能濬编集，薛正兴点校：《范仲淹全集·范文正公文集》卷15《试秘书省校书郎知耀州华原县事张君墓志铭》，第322页。

淄川郡①等 8 郡名称因直接材料不足，无法确知外，其他均可证实。而且，从上述考证中也可看出，范仲淹在行文中所涉及同一郡的称呼，所指也均为同一地。如：范仲淹被贬后曾有诗文《赴桐庐郡淮上遇风三首》《出守桐庐道中十绝》和《萧洒桐庐郡十绝》等数篇，其《潇洒桐庐郡十绝》中云："潇洒桐庐郡，严陵旧钓台。"②而睦州桐庐县有"严子陵钓台，在县南大江侧"③，故范仲淹所谓桐庐郡确为睦州。再如：范仲淹称岳州为岳阳，其和庞籍诗现题为《和延安庞龙图寄岳阳滕同年》④即为明证。如前述许衮仕宦与元奉宗安居的姑苏郡，当为苏州；上官融居住的曹南郡应为曹州，范雍之父去世时职官合肥郡监军概为庐州监军。然而，这些郡名是因袭前代而来，还是州之别名俗称？若沿袭前代，则所述郡名属秦属汉，抑或魏晋隋唐？其所用郡名有无规律？都需要我们进一步梳理。

二　范仲淹所用郡名特点

如所周知，中国传统社会的郡县制度在全国推行始于秦朝，秦朝郡的数量学者多有考证⑤，之后两汉、魏晋⑥及隋唐各有不同程度的施行。唐代以后，郡作为地方行政区划，退出历史舞台。故范仲淹所用郡称或为借用前代名物以达到典雅效果，在宋代实际并不起任何作用。虽则如此，笔者以为，若把范仲淹碑志中郡名与前代做一一比较，有助于我们对范氏使用的郡称呼的特色及规律有更为全面的把握。现主要以《太平寰宇记》之记载列表如下：

---

① 范仲淹撰，范能濬编集，薛正兴点校：《范仲淹全集·范文正公文集》卷 16《赠大理寺丞蔡君墓表》，第 334 页。
② 范仲淹撰，范能濬编集，薛正兴点校：《范仲淹全集·范文正公文集》卷 5《潇洒桐庐郡》，第 84 页。
③ 乐史撰，王文楚等点校：《太平寰宇记》卷 95《江南东道七·睦州》，第 1912 页。
④ 范仲淹撰，范能濬编集，薛正兴点校：《范仲淹全集·范文正公文集》卷 6《和延安庞龙图寄岳阳滕同年》，第 103 页。
⑤ 最新研究成果见后晓荣《秦代政区地理》，社会科学文献出版社 2009 年版；何慕：《秦代政区研究》，博士学位论文，复旦大学，2009 年。
⑥ 魏晋南北朝时期实行州郡县三级制，然范仲淹笔下之郡皆为对应之州，故笔者主要讨论的为郡县二级制中之郡，魏晋南北朝之州郡县不在考察范围内。

表3　　　　　　　　范仲淹所用郡名与前代郡名比较

碑志郡号	对应州	秦郡	汉郡	隋郡	唐郡	治所
海陵郡	泰州	属九江郡	属九江郡	属江都郡	属广陵郡	海陵县①
新安郡	歙州	属鄣郡	属丹阳郡	新安郡	新安郡	歙县
姑苏郡	苏州	会稽郡	吴郡	吴郡	吴郡	吴县
回中郡	泾州	安定郡	安定郡	安定郡	安定郡	保定县
高密郡	密州	无	无	高密郡	高密郡	诸城县
寿春郡	寿州	属九江郡	属九江郡	淮南郡	寿春郡	下蔡县
高安郡	筠州	属豫章郡	属豫章郡	属豫章郡	属豫章郡	高安县②
桐庐郡	睦州	属鄣郡	属丹阳郡	遂安郡	新定郡	延德县
玉山郡	信州	属豫章郡	属豫章郡	属豫章郡	属豫章郡	上饶县③
福唐郡	福州	闽中郡	属会稽郡	建安郡	长乐郡	闽县
霅上郡（吴兴郡）	湖州	属会稽郡	属鄣郡、吴郡	吴郡	吴兴郡	乌程县
岳阳郡	岳州	属长沙郡	属长沙郡	巴陵郡	巴陵郡	巴陵县
曹南郡	曹州	属济阴郡	属济阴郡	济阴郡	济阴郡	济阴县
合肥郡	庐州	属庐江郡	无	庐江郡	庐江郡	合肥县
辰溪郡	辰州	黔中郡	武陵郡	武陵郡	泸溪郡	阮陵县④
天水郡	秦州	陇西郡	天水郡	天水郡	天水郡	成纪县
清池郡	沧州	属钜鹿郡	属渤海郡	渤海郡	景城郡	清池县
会稽郡	越州	会稽郡	会稽郡	会稽郡	会稽郡	会稽、山阴
覃怀郡	怀州	属北地郡	河内郡	河内郡	河内郡	河内县
宣城郡	宣州	属鄣郡	属宛陵郡	宣城郡	宣城郡	宣城县
宛丘郡	陈州	颍川郡	无	淮阳郡	淮阳郡	宛丘县

① 泰州为南唐时新设州。本属扬州海陵县，南唐升元元年（937）升为州。见乐史撰，王文楚等点校：《太平寰宇记》卷130《淮南道八·泰州》，第2564页。

② 筠州为南唐保大年间新设州。唐武德五年（622）于此建靖州，七年改靖州为米州，又改筠州，以地产筠篁为名。八年州废，其望蔡等县却还高安。南唐保大十年（952）再置筠州。乐史撰，王文楚等点校：《太平寰宇记》卷106《江南西道四·筠州》，第2117页。

③ 信州原属于豫章郡之鄱阳县，历代不改。乾元元年（758）租庸使洪州刺史元载奏置。见李吉甫撰，贺次君点校：《元和郡县图志》卷28《江南道四·信州》，中华书局1983年版，第678页；乐史撰，王文楚等点校：《太平寰宇记》卷107《江南西道四·信州》，第2148页。

④ 《太平寰宇记》此部分亡佚，据王存撰，王文楚、魏嵩山点校：《元丰九域志》卷6《荆湖南路·辰州》，第274页。

续表

碑志郡号	对应州	秦郡	汉郡	隋郡	唐郡	治所
永嘉郡	温州	属会稽郡	属会稽郡	永嘉郡	永嘉郡	永嘉县
金华郡	婺州	属会稽郡	属会稽郡	东阳郡	东阳郡	金华县
汝阴郡	颍州	颍川郡	属汝南郡	汝阴郡	汝阴郡	汝阴县
兖海郡	兖州	属薛郡	无	鲁郡	鲁郡	瑕丘县
北海郡	潍州	属北海郡	属北海郡	属北海郡	属北海郡	北海县①
淮西郡	蔡州	属三川郡	汝南郡	汝南郡	汝南郡	汝阳县
鄱阳郡	饶州	属九江郡	属豫章郡	鄱阳郡	鄱阳郡	鄱阳县

从29个可考的郡名中，大体可概括出以下特点：

第一，范仲淹碑志文中有因袭唐郡名称现象。范氏所用郡号中计有10个郡名与唐郡完全一致，分别为新安郡、高安郡、寿春郡、吴兴郡、天水郡、会稽郡、宣城郡、永嘉郡、汝阴郡与鄱阳郡；8个郡名与隋郡一致，有新安郡、高安郡、会稽郡、宣城郡、永嘉郡、汝阴郡及鄱阳郡；2个郡名与汉郡一致，为天水郡和会稽郡，仅会稽郡1处与秦郡一致。不过，凡范仲淹所用郡名与秦、汉、隋郡名相同者，皆为唐代沿袭前代郡名所致，若范仲淹所用郡名与唐代郡名不同，则和隋代之前郡名绝无相同者；且唐代"寿州"为"寿春郡"，"湖州"为"吴兴郡"，是范仲淹在碑志中亦使用隋代以前所无的称呼，故可知推知范仲淹所借用的应该为唐郡之名称。

第二，范仲淹碑志文中所用郡称多以"辖县+郡"命名，其特殊形式则是"治所+郡"。在可考记录中，"辖县+郡"计有18处，其中包括"治所+郡"共12处。"治所+郡"形式中与因袭唐郡重合者有5处，分别为越州（治会稽、山阴二县）、宣州（治宣城县）、温州（治永嘉县）、颍州（治汝阴县）和饶州（治鄱阳县），范仲淹分别记为会稽郡、宣城郡、永嘉郡、汝阴郡及鄱阳郡。除此之外，还包括3个新置州和4处非新

---

① 潍州为宋代新置州，《太平寰宇记》曾云："唐武德八年废潍州，仍省营丘、下密二县，以北海属青州。至皇朝建隆三年为北海军，至乾德三年改为潍州，复旧名也。"乐史撰，王文楚等点校：《太平寰宇记》卷18《河南道一八·潍州》，第361页。

置州：新置州有泰州（治海陵县）、筠州（治高安县）、潍州（治北海县），范仲淹分别撰为海陵郡、高安郡及北海郡；非新置州有：庐州（治合肥县）、沧州（治清池县）、陈州（治宛丘县）与婺州（治金华县），分别记为合肥郡、清池郡、宛丘郡及金华郡。尤其值得注意的是新置州，指代它们的郡名以前并无成例可循，显示了范仲淹撰文有"治所＋郡"的习惯。此外，"辖县＋郡"还有密州（辖高密县①）、寿州（辖寿春县②）、睦州（辖桐庐县③）、信州（辖玉山县④）、辰州（辖辰溪县⑤）、秦州（辖天水县⑥），范仲淹在碑志文中分别记为高密郡、寿春郡、桐庐郡、玉山郡、辰溪郡和天水郡。

第三，范仲淹所用郡名中部分为宋人对该地的别称，而此别称一般多与辖区的山川遗迹等地理方面的命名及辖区内重要历史事件、历史人物等人事方面的命名等有关⑦，可简化为"别名＋郡"形式。就前述记录中，有姑苏、福唐、曹南、回中、雪上、覃怀、岳阳、兖海及淮西等9处。如，范仲淹撰诗称："姑苏从古号，繁华却恋岩。"⑧ 可见在范仲淹话语中，姑苏之称乃根据古称而来。宋人亦有类似称呼，陈舜俞曾有诗寄苏州通判："莫厘山头万家橘，震泽闲人一叶舟。林袅金丸出篱落，浪喷雪阵上汀洲。云生缥缈吟魂远，日入穹窿醉望收。不禁五湖容小隐，为传篇什谢苏州。"⑨ 方勺也记载了姑苏即苏州的事实："吴伯举舍人知苏州

---

① 乐史撰，王文楚等点校：《太平寰宇记》卷24《河南道二十四·密州》，第503页。
② 乐史撰，王文楚等点校：《太平寰宇记》卷129《淮南道七·寿州》，第2545页。
③ 乐史撰，王文楚等点校：《太平寰宇记》卷95《江南东道七·睦州》，第1911页。
④ 乐史撰，王文楚等点校：《太平寰宇记》卷107《江南西道五·信州》，第2148页。
⑤ 王象之：《舆地纪胜》卷75《荆湖北路·辰州》，中华书局1992年版，第2489页。
⑥ 乐史撰，王文楚等点校：《太平寰宇记》卷150《陇右道一·秦州》，第2902页。
⑦ 史念海先生以县名为例，认为县名来源有地理与人事两方面的命名现象，而华林甫则进一步研究，得出中国古代地名主要有"以方位命名""以山为名""以水为名""以具体地理实体为名""因事名之""年号地名""以形得名"及"以姓氏、人物为名"等原则。参阅史念海《论地名的研究和有关规律的探索》，《中国历史地理论丛》1985年第1期；华林甫《中国地名学史考论》，社会科学文献出版社2002年版，第23—39页。
⑧ 范仲淹撰，范能濬编集，薛正兴点校：《范仲淹全集·范文正公文集》卷5《依韵酬章推官见赠》，第88页。
⑨ 陈舜俞：《都官集》卷13《山中寄姑苏守倅》，宋集珍本丛刊，第13册，线装书局2004年版，第188页。

日，谒告归龙泉，迁葬母夫人。已营坟矣，及启堂殡，见白气氤氲，紫藤绕棺，急复掩之。术人视殡处，知是吉地，因即以为坟。然颇悔之，舍人竟卒于姑苏。"①

北宋时期，福州有"福唐"之俗称，张耒撰李处道墓志云："五代时有讳澄者，尝为梁使闽，遂居晋福之连江，故今为福唐人。"② 而1991年12月出土于湖北鄂州的李处道墓志则曰："五代时有讳澄者，尝为梁使闽，遂留居福之连江，故今为福州人。"③ 虽然丧家并没有按照张耒所撰福唐原文，而是改为福州，然这恰好证明"福唐"在北宋确属福州之俗称，之所以有如此的称谓，应该和福州的州治福清县在唐代为福唐县有关④。宋人有关"曹南"的记载，苏颂在撰写官员的制书时云："敕具官某：朕以东畿积寇多出曹南，故严设捕格之科，以除生聚之患。以尔得调铨筦，往专尉循，能奋勇谋，悉擒凶党。擢尔京司之秩，欲示信赏之行，其益祗钦，以对光渥。可。"⑤ 从制书题名知王洎此次任命乃曹州县尉，而称积寇多出曹南，则此曹南定指曹州。而曹南名称之由来，或与其境内辖"曹南山"⑥ 有关。可见曹南称曹州既然已出现在官方任命官员的制书中，说明其在宋代使用是较为普遍的。

而泾州称为回中郡，概因"回中，地在安定，其中有宫也"⑦。湖州为霅上郡，除前述晁补之例子外，《朱子语类》中亦云："旧见徐端立言，石林尝云：'今世安得文章！只有个减字换字法尔。如言'湖州'，必须去'州'字，只称'湖'，此减字法也；不然，则称'霅上'，此换字法

---

① 方勺撰，许沛藻、杨立扬点校：《泊宅编》卷10，中华书局1983年版，第60页。
② 张耒撰，李逸安、张通海、傅信点校：《张耒集》卷60《李参军墓志铭》，中华书局1990年版，第883页。
③ 张耒：《有宋李公深之墓志铭》，熊亚云：《鄂州出土墓志、地券辑录及讨论》，《东南文化》1993年第6期。
④ 乐史撰，王文楚等点校：《太平寰宇记》卷100《江南东道十二·福州》，第1994页。
⑤ 苏颂撰，王同策等点校：《苏魏公集》卷31《曹州南华县尉王洎可太常寺奉礼郎》，第448页。
⑥ 乐史撰，王文楚等点校：《太平寰宇记》卷13《河南道十三·曹州》，第265页。
⑦ 《汉书》卷94上《匈奴传》，中华书局1962年版，第3762页。

也.'"① 这或许与其辖境内有"霅溪"② 有关。怀州称覃怀郡，是因怀州乃《禹贡》所谓"覃怀底绩，至于衡漳"③ 即为此地。范仲淹对岳州的称呼，其千古名篇《岳阳楼记》中首言："庆历四年春，滕子京谪守巴陵郡。"④ 其和庞籍诗，现题目为《和延安庞龙图寄岳阳滕同年》⑤，亦称岳州为岳阳，此处用岳阳当用其俗称。兖海之称，范仲淹在书信中亦有涉及："某再拜知府大卿仁兄：近辱真诲，伏承下车兖海，起居休泰。吾兄长厚仁政，东鲁民淳，比之越上可偃息矣。"⑥ 王辟之也曾称："王文正公曾、李文定公迪，咸平、景德间相继状元及第，其后更践政府，及罢相镇青，又为交承，故文正送文定《移镇兖海诗》有'锦标夺得曾相继，金鼎调时亦践更'之句。又云：'并土儿童君再见，会稽章绂我偏荣。'盖文定再镇兖，而青社，文正乡里也。"⑦ 上述可知，王曾因李迪知兖州而作《移镇兖海诗》。宋代称蔡州为淮西郡，陈师道诗曰："又为太守专淮右，胜喜郎君类若翁。"任渊注云："若翁，犹言乃翁，谓六一居士亦尝知蔡州，蔡州在淮西。"⑧ 苏轼亦有诗云："君不是淮西李侍中，夜入蔡州缚取吴元济。"⑨ 故知蔡州称淮西郡亦当为宋代之别称。

综合以上，范仲淹在碑志文中，地名多用郡称，并没有固定模式，其或沿袭唐代郡名；或以州治所所在或州下辖县冠以"郡"字以指代该州；或以俗称代指该地。若上述原则无误的话，笔者认为可以以之为基

---

① 黎靖德编，王星贤点校：《朱子语类》卷139，中华书局1986年版，第3318页。
② 乐史撰，王文楚等点校：《太平寰宇记》卷94《江南东道六·湖州》，第1878页。
③ 《尚书正义》卷6《禹贡》，阮元校刻：《十三经注疏》，上海古籍出版社1997年版，第146页。
④ 范仲淹撰，范能濬编集，薛正兴点校：《范仲淹全集·范文正公文集》卷8《岳阳楼记》，第168页。
⑤ 范仲淹撰，范能濬编集，薛正兴点校：《范仲淹全集·范文正公文集》卷6《和延安庞龙图寄岳阳滕同年》，第103页。
⑥ 范仲淹撰，范能濬编集，薛正兴点校：《范仲淹全集·范文正公尺牍》卷下《与知府大卿》，第631页。
⑦ 王辟之撰，吕友仁点校：《渑水燕谈录》卷7《歌咏》，第85页。
⑧ 陈师道撰，任渊注：《后山诗注》卷12《送欧阳叔弼知蔡州》，中华书局1995年版，第458页。
⑨ 苏轼撰，王文诰辑注，孔凡礼点校：《苏轼诗集》卷15《大雪，青州道上，有怀东武园亭，寄交代孔周翰》，中华书局1982年版，第715页。

础，尝试推测史料不足征而未能直接考实的郡称所指州名。

三　未详考郡称推测

未能详考的8处郡名中，笔者认为三种情况同时存在，以下将根据上述原则试加考证。

（一）因袭唐代郡名

1. 胡令仪"丁太夫人忧，服除，补颍川郡法掾"①。检《旧唐书·地理一》许州政区沿革，许州，"隋颍川郡，武德四年平王世充，改为许州"，"天宝元年改为颍川郡"②，则范仲淹所谓颍川郡当为许州。

2. 范仲淹记载许衮生平时云："以前均榷浙右，坐联职之累，降品一等，领饶阳钱监。未几辩之，移倅弋阳郡。"③《太平寰宇记·光州》记载："秦属九江郡。汉为西阳县，属江夏郡。魏分置弋阳郡……隋初郡废为州，炀帝初又为郡。唐武德三年平江淮，改为光州，置总管府……天宝元年改为弋阳郡。"④ 故可知弋阳郡乃因袭唐代旧称，所指为光州。

（二）"辖县+郡"或"治所+郡"

1. 胡令仪"迁国子博士，拜虞部员外郎，典历城郡……徙陇城郡，历比、驾二部外郎"⑤。历城郡与陇城郡，《太平寰宇记》均有以之为县名者，其中齐州"今理历城县"⑥，秦州"元领县五。今六，成纪、陇城、清水、天水、长道、大潭"⑦。故历城郡和陇城郡当分别指齐州与秦州。

---

①　范仲淹撰，范能濬编集，薛正兴点校：《范仲淹全集·范文正公文集》卷12《宋故卫尉少卿分司西京胡公神道碑》，第260页。
②　《旧唐书》卷38《地理一》，中华书局1975年版，第1431—1432页。
③　范仲淹撰，范能濬编集，薛正兴点校：《范仲淹全集·范文正公文集》卷13《赠户部郎中许公墓志铭》，第275—276页。
④　乐史撰，王文楚等点校：《太平寰宇记》卷127《淮南道五·光州》，第2511页。
⑤　范仲淹撰，范能濬编集，薛正兴点校：《范仲淹全集·范文正公文集》卷12《宋故卫尉少卿分司西京胡公神道碑》，第260页。
⑥　乐史撰，王文楚等点校：《太平寰宇记》卷19《河南道一九·齐州》，第381页。
⑦　乐史撰，王文楚等点校：《太平寰宇记》卷150《陇右道一·秦州》，第2898—2899页。

2. 墓主张问进士不第，退居景陵郡："不利于春官，退居景陵郡。"①《太平寰宇记》记载：复州，"今理景陵郡"②。则景陵郡应为复州。

3. 范仲淹撰蔡元卿墓表云："时方尚雕虫技，君以好古，不合于有司，退居淄川郡之北郊。"③《太平寰宇记》云：缁州，"今理淄川县"④。故淄川郡当为缁州。

（三）"俗称+郡"

1. 胡令仪在宋真宗即位后"改大理丞……秩满，迁守巴汉郡，赐五品服"。前代无以巴汉郡为郡名者，则当为用俗称。宋人用巴汉代指益州，胡宿有诗《送益州运使田学士》曰："剑栈秋旗拂过鸿，行台西去抚蚕丛。民间幼艾餐和气，徼外酋豪偃德风。巴汉静归筹笔内，岷峨闲入画图中。时平幕府无留事，乐职何妨颂圣功。"⑤ 故墓志中巴汉郡应指益州。

2. 元奉宗墓志中，范仲淹称其"擢拜太子中允，领泲川榷酤"⑥，世无以泲川为郡名者，故亦当为用俗称。宋祁曾有诗《中山公损疾二首》，其后附注："时公有泲川之命。"⑦ 此处泲川，宋祁亦称泲上，《景文集》卷13有诗题为《闻中山公泲上家园新成秘奉阁辄抒拙诗寄献》，其中曰"为乐东平得再麾公"，其后注释云"两镇泲上"。⑧ 既称再麾东平，有云两镇泲上，则泲上乃东平之别称。而东平郡为郓州在唐天宝元年所

---

① 范仲淹撰，范能濬编集，薛正兴点校：《范仲淹全集·范文正公文集》卷15《试秘书省校书郎知耀州华原县事张君墓志铭》，第322页。
② 乐史撰，王文楚等点校：《太平寰宇记》卷144《山南东道三·复州》，第2802页。
③ 范仲淹撰，范能濬编集，薛正兴点校：《范仲淹全集·范文正公文集》卷16《赠大理寺丞蔡君墓表》，第334页。
④ 乐史撰，王文楚等点校：《太平寰宇记》卷19《河南道一九·缁州》，第375页。
⑤ 胡宿：《文恭集》卷5《送益州运使田学士》，丛书集成初编，中华书局1985年版，第1884册，第58—59页。
⑥ 范仲淹撰，范能濬编集，薛正兴点校：《范仲淹全集·范文正公文集》卷13《都官员外郎元公墓志铭》，第279页。
⑦ 宋祁：《景文集》卷16《中山公损疾二首》，丛书集成初编，第1874册，第190页。
⑧ 宋祁：《景文集》卷13《闻中山公泲上家园新成秘奉阁辄抒拙诗寄献》，丛书集成初编本，第1873册，第156—157页。

改郡名①，故范仲淹所谓溵川应为郓州。

综合上述可以发现，对范仲淹所撰碑志文中郡名的考证，可以发现范仲淹在碑志文撰写中使用的郡名大概有三种情况：第一，因袭唐代郡名；第二，使用"辖县＋郡"或"治所＋郡"的形式；第三，使用"俗称＋郡"形式。以此为基础，可以厘清墓主的生平事迹及仕宦经历，有补充史籍不足的作用。如：传世文献对许衮、元奉宗、上官融等生平仕宦记载均不详，墓志材料成为研究他们最重要的依据，通过对郡名的考订，可以使他们模糊化的生平仕宦信息得以厘清。而且，笔者以为还可以利用碑志文郡名之考证，与传世文献相互比较，有校勘史籍错误的功能。如：传世文献中有关滕宗谅仕宦经历的记载，就有歧互之处：《续资治通鉴长编》卷一一六景祐二年二月丁卯云："龙图阁学士、给事中、知兖州范讽责授武昌行军司马，不签书事。新广东转运使、祠部员外郎庞籍降授太常博士、知临江军。东头供奉官吴守则追一官。又降都官员外郎、判刑部李逊知潍州，祠部员外郎、知信州滕宗谅监饶州税。"②《宋史·滕宗谅传》则曰："（滕宗谅）乃以泰州军事推官，诏试学士院……降尚书祠部员外郎、知信州。与范讽雅相善，及讽贬，宗谅降监池州酒。"③ 其他材料不载此记录。然而，根据前述考证，范仲淹记述滕宗谅被"俄以言得罪，换祠部员外郎，知信州，又监鄱阳郡榷酤"④，此处鄱阳郡乃采用"治所＋郡"的形式，所指为饶州。故《宋史·滕宗谅传》所载池州误，当据以改为饶州。

然而，宋代碑志文借用前代郡名的现象，可能是受到北宋中期古文运动的影响，但这种影响主要与撰者的个人习惯有关。在当时并不是所有人都使用或赞同的，与范仲淹、尹洙同时代的古文运动健将欧阳修撰写碑志文计 20 卷 111 篇，绝无以郡名替代当时州名的现象出现。前引传

---

① 郓州，东平郡。今理须城县。隋开皇十六年分兖州万安置郓州。大业三年罢州为东平郡。唐武德五年平徐圆朗，于郓城，置郓州。天宝元年改为东平郡。见乐史撰，王文楚等点校：《太平寰宇记》卷 13《河南道一三·郓州》，第 247—248 页。
② 李焘：《续资治通鉴长编》卷 116，景祐二年二月丁卯，第 2721 页。
③ 《宋史》卷 303《滕宗谅传》，第 10037 页。
④ 范仲淹撰，范能濬编集，薛正兴点校：《范仲淹全集·范文正公文集》卷 15《天章阁待制滕君墓志铭》，第 318 页。

世文献李处道墓志与出土墓志对比，丧家把"福唐"订正为"福州"，也是不同意撰者用前代地名指代当时地名，在墓志刻石过程中所做的"润饰"①。而且，即便是皆适用郡名代替当时州名的墓志碑铭的撰者，其借代也不一致。前述范仲淹所用郡名多为"唐代郡名"，并常使用"辖县＋郡""治所＋郡"或"俗称＋郡"等形式，有一定规律可循。尹洙也使用较多郡名，他撰陈赉墓志铭称其为"邺郡安阳人"②，同是安阳（今河南安阳市）人的韩琦之兄韩琚，其墓志中则云为"相州安阳人"③，故之其所言"邺郡"乃指代"相州"，而相州称邺郡为唐天宝元年（742）事④；前引尹洙在李渭墓志中记载了黄河水患事云："先是，河决东郡，历岁未平，公以《治河十策》为献。"此处东郡所指为滑州（今河南省滑县），滑州唐为灵昌郡，东郡为秦汉魏晋时期所使用郡称⑤。故尹洙所用郡名似乎没有固定的规律。

总体而言，碑志文中出现如此多的郡名和俗称，虽然为撰者有意或无意对地名的雅化现象，对当事人而言可能不会造成理解上的不便，但对于后世研究者来说，这样的雅化就利用墓志碑铭进行分析墓主及与其相关的问题而论，往往带来对墓主生平、仕宦等研究的困难。

第二节　出土墓志所见北宋韩琦家族"中散公"考实

学界利用墓志碑铭对宋代家族史或家庭史研究，已经形成了相当丰富的学术成果。就北宋韩琦家族研究而言，王曾瑜从起家方式、家族发展、族人仕宦、婚姻关系、教育及经济情况等出发，全面梳理了两宋相

---

① 详见第四章《北宋墓志碑铭撰写中的丧家因素——以石本、集本对比为重心》。
② 尹洙：《河南先生文集》卷14《故将作监主簿陈公墓志铭并序》，宋集珍本丛刊，第3册，第415页。
③ 尹洙：《河南先生文集》卷16《故两浙转运使朝奉郎尚书司封员外郎护军赐紫金鱼袋韩公墓志铭》，宋集珍本丛刊，第3册，第433页。
④ 乐史撰，王文楚等点校：《太平寰宇记》卷55《河北道四·相州》，第1134页。
⑤ 乐史撰，王文楚等点校：《太平寰宇记》卷9《河南道九·滑州》，第160页。

州韩氏家族的兴衰;①陶晋生研究了韩琦家族在北宋的婚姻和家庭情况,从中观察韩琦家族的运作和维持;②张彦霞通过研究宋代韩琦家族婚姻关系特征,认为韩琦家族的婚姻关系具有注重门第、世代通婚、同年家族联姻、皇室联姻、政治联姻等五个突出特征,这样交错复杂的婚姻网络对宋朝政治产生了重大的影响。③然而,在上述有关韩琦家族的研究成果中,因资料深度辨析或有余地,结论仍有进一步深入的可能。此处以韩琦家族数方墓志中出现的"中散公"为例加以考实,一方面可以对韩琦家族史的研究有所帮助,另一方面,借此个案说明墓志碑铭中以职官代指人名现象,为后人研究带来的诸多不便。

一　北宋韩琦家族墓志所见"中散韩公"

出土韩琦家族墓志,除了2012年《安阳韩琦家族墓地》一书中收录的韩琦及其直系亲属墓志外,《北京图书馆藏中国历代石刻拓本汇编》中也收录多方。其中有两方墓志中记载了韩琦家族中的"中散公"。第一方墓志为杨信功大观三年前后所撰时氏墓志铭,拓片长56cm,宽52cm,现藏于国家图书馆,编号"章1285",首题为"宋故时氏墓志铭",编者拟名"韩君妻时氏墓志"。为方便讨论,录文如下:

宋故时氏墓志铭

承议郎新差知深州饶阳县事杨信功撰并书

时氏,汴人。自少事中散韩公,永嘉郡君张氏服勤柔顺,永嘉抚爱特厚,相继生二子,益自抑畏。奉永嘉弥谨,从中散公通判成都,时氏以疾卒于官舍,实元祐三年三月二十日也。年二十三,所生二子,长曰儁,登仕郎,行相州汤阴县主簿,次曰侨,将仕郎,监淮阳军宿迁县市易务。时氏之亡,中散公与永嘉甚悲怜之,故自

---

① 王曾瑜:《宋朝相州韩氏家族》,《新史学》第8卷第4期,1997年12月,今据王曾瑜《锱铢编》,河北大学出版社2006年版,第245—272页。
② 陶晋生:《北宋士族——家族·婚姻·生活》,第245—267页。
③ 张彦霞:《宋代韩琦家族婚姻关系特征考论》,《集宁师专学报》2005年第3期;张彦霞:《论婚姻关系对韩琦家族社会地位的影响》,《安阳师范学院学报》2008年第1期。

成都数千里之远，携其丧以归，厝于相州开元寺。大观三年十一月二十日，葬永嘉于西南祖茔之侧，中散公命置时氏圹中而侍葬焉。铭曰：

  天与茂质，出险而觏。承休衍祥，乃弗克有。振振庆余，往未可量。归从所安，是谓不亡。①

从墓志内容可知，这是大观三年（1109）安葬时氏的情况，时氏应先为中散韩公家婢，生育二子韩僖和韩侨，并从韩公仕宦成都，23岁时去世，或已经成为韩氏之妾，故得以侍葬中散韩公妻子永嘉郡君张氏之圹。编者所拟"韩君妻时氏墓志"称其为韩君之妻，不妥。而且，这里还指明了韩中散公（按：中散为中散大夫简称）与妾时氏生育韩僖和韩侨二子，但中散韩公为谁并未点明。

另一方墓志铭也透露出韩僖、韩僖所生母时氏、韩僖父中散公等信息。此墓志是韩治为中散韩公另外一妾刘氏所撰，拓片长58cm，宽60cm，现藏于国家图书馆，编号"章1304"，首题为"宋故刘氏墓志铭"，编者拟名为"韩君姬刘氏墓志"，兹引录全文如下：

宋故刘氏墓志铭

中大夫知相州军州事韩治撰

  刘氏，博野人，吾叔中散大夫之姬也。生五子，二男三女。男庆来、王老，蚤夭。宣教郎李德充、尚书吏部元外郎杨信功、将作监李祓，三女之婿也。刘性谨厚，吾叔与张郡君皆倚信之。政和三年八月十三日卒于安阳之第，宣和元年九月十七日葬于水冶之茔，年六十有三。葬与时氏同穴，时氏，吾叔长子僖之所生母也。铭曰：

  敦厥行兮福随之，粲三女兮为士妻，安且吉兮宅于兹。②

---

① 杨信功：《宋故时氏墓志铭》，北京图书馆金石组编：《北京图书馆藏中国历代石刻拓本汇编》，第41册，第177页。

② 韩治：《宋故刘氏墓志铭》，北京图书馆金石组编：《北京图书馆藏中国历代石刻拓本汇编》，第42册，第103页。

墓志内容显示，中散韩公与妻永嘉郡君张氏皆倚重信任刘氏，则她侍奉中散韩公时张氏仍健在，断不可能为其妻。根据韩治所言，刘氏为中散大夫韩公之"姬"，这实际上是妾的另一种称谓。刘氏葬于时氏同穴，地位应该大体相当，亦可佐证时氏应为中散韩公之妾。刘氏与中散韩公生育韩庆来、韩王老二男，皆早亡，三女分别嫁于李德充、杨信功和李祓。刘氏政和三年（1113）去世，宣和元年（1119）与时氏同穴而葬。而且，此墓志中关于中散韩公有一个极其关键的信息，即墓志撰者韩治称呼其为"吾叔中散大夫"。以下将循此线索试加考证。

二 "中散韩公"考实

据陶晋生考证，北宋相州韩氏家族韩治之父韩忠彦辈计有13人，[①]其中韩治之父韩忠彦出生于宝元元年（1038），既然韩治称此人为叔，则年龄当小于韩忠彦，否则应该称伯。在韩氏家族"彦"字辈13人中，早亡3人，长于韩忠彦者4人，除了陶晋生考证的韩公彦、韩方彦和韩直彦外，还有韩正彦[②]。少于韩忠彦者4人。韩纯彦妻乃令人孙氏，为孙固之小女儿，其墓志收录于《竹隐畸士集》中，令人孙氏墓志《安阳韩琦家族墓地》中亦有收录。[③] 韩粹彦"娶陈氏，资政殿学士（陈）荐之女"[④]，韩嘉彦娶神宗第三女唐国长公主[⑤]。以婚姻关系判断，上述三人均可排除，剩下的仅韩孝彦和韩端彦。赵振华先生猜测此中散韩公可能为韩端

[①] 陶晋生：《北宋士族——家族·婚姻·生活》，第262—266页。

[②] 韩治在撰写《韩正彦侧室艾氏墓志》时即云："余九兄穆之，即伯父朝议大夫、直秘阁讳正彦之第三子。"称韩正彦为伯父，故韩正彦年龄应该长于韩忠彦。韩治：《韩正彦侧室艾氏墓志》，北京图书馆金石组编：《北京图书馆藏中国历代石刻拓本汇编》，第40册，第137页。

[③] 赵鼎臣：《竹隐畸士集》卷19《孙令人墓志铭》，文渊阁《四库全书》，台北商务印书馆1986年版，第1124册，第262—263页；河南省文物局编著：《安阳韩琦家族墓地》，第100—101页。

[④] 赵鼎臣：《竹隐畸士集》卷17《故龙图阁学士宣奉大夫中山府路安抚使兼马步军都总管兼知定州军府事提举本府学事兼管内劝农使开封县开国子食邑六百户赠特进资政殿学士韩公行状》，文渊阁《四库全书》，第1124册，第242—247页。

[⑤] 《宋史》卷248《唐国长公主》，第8780页。

彦，并未论证。① 笔者之前曾认为，符合韩治叔父条件的仅韩端彦一人，②然而这是完全错误的。

解决此问题的关键，是分析中散韩公妾的葬地和北宋韩琦家族的祖茔特征。前述的时氏大观三年初葬时，侍葬于永嘉郡君张氏墓圹之内，而张氏葬于西南祖茔之侧，并未明确显示其具体位置。不过，时氏初葬不久，因中散公去世，又迁葬别处。韩僖为所生母时氏撰写的改葬志有清晰的显示。时氏改葬志拓片长宽均55cm，现藏于国家图书馆，编号"章1284"，题名"韩僖母时氏改葬志"。其录文云：

> 大观三年十一月，先姒永嘉郡君张氏之葬，先公命以僖、俣所生母时氏之柩侍葬于圹中。政和二年春，先公寝疾，顾谓俣曰："吾近作寿棺稍大，恐墓内无余地，它日，可迁汝所生母于它所。"今以七月五日，葬我先公，僖等谨遵遗命，奉所生母柩葬于崇福院之东，九兄所生母艾氏墓围内之庚穴云。孤子韩僖谨记。③

韩僖所记，称永嘉郡君张氏为姒，时氏为所生母，可以得知其父妻为张氏，封永嘉郡君，大观三年（1109）十一月葬。其所生母时氏大观三年得以侍葬张氏圹中。政和二年（1112）七月，韩僖父去世并与妻子张氏合葬，而将韩僖生母时氏迁葬于崇福院之东九兄所生母艾氏墓围当中。

韩僖所谓的九兄所生母艾氏，墓志为韩治所撰，现藏于国家图书馆，编号"章1264"，拓片长57cm，宽58cm，其录文曰：

韩正彦侧室艾氏墓志

朝请郎尚书吏部郎中上护军赐绯鱼袋韩治撰

---

① 赵振华：《北宋官妾的生活状态与特质——以出土墓志为中心》，《湖南科技学院学报》2012年第10期。
② 仝相卿：《墓志所见韩琦出身及婚姻关系述略——兼论北宋相州韩氏家族妾的封赠》，常建华主编：《中国社会历史评论》第15辑，天津古籍出版社2014年版，第173页。
③ 韩僖：《韩僖母时氏改葬志》，北京图书馆金石组编：《北京图书馆藏中国历代石刻拓本汇编》，第42册，第21页。

第三章　个人习惯与墓志碑铭撰写:以地理、职官为例　/　121

左朝议大夫致仕上柱国赐紫金鱼袋王东珣书

余九兄穆之，即伯父朝议大夫、直秘阁讳正彦之第三子，嫡母夫人曰王氏，寿安县君，所生母艾氏，生穆之，三岁乃去，归父母家。后二十年，穆之既仕，知母在外，刻志求访，一日，遇于京师，遂迎之官。孝养十余年，元祐四年十月初九日，以疾终于密州之官舍，享年五十六。穆之去官，心丧三年。绍圣三年十二月初三日，因伯父直阁公葬相州安阳县新安村之茔，乃葬夫人于孝亲崇福院之侧。夫人之为母道也，肃静而俭约，教勉厥子以有立。穆之虽从仕州县，未尝辄废学问，盖方进而未艾也。穆之名韶，今为宣德郎、知开封府鄢陵县事云。铭曰：

生而享有子之养，殁得归新安之原。荣则多矣，复何恨焉。①

通过墓志可以得出以下结论：第一，韩僖与韩治所谓的九兄，为韩正彦之第三子韩韶。第二，韩正彦娶妻王氏，封寿安县君，艾氏应该为韩正彦家婢女。所以在生育韩韶三年之后，仍归于父母家。第三，在韩韶的努力下，最终寻找到生母艾氏，并悉心照料十余年，还在她去世之后，侍葬韩正彦于家族在安阳的祖茔新安村之茔。由此可推知，韩僖所生母时氏政和二年（1112）迁葬时氏墓围，也在新安茔中。

而中散公妾刘氏墓志明确显示，她宣和元年（1119）九月十七日葬于水冶之茔，且与时氏同穴，则两人皆葬于韩琦家族水冶祖茔新安茔中。北宋韩琦家族在相州的墓地分为两个部分，一个是以韩国华为始祖的新安茔，安葬韩国华及除了韩琦之外的子孙。另一个是以韩琦为始祖的丰安茔，安葬韩琦及其直系子孙。②既然这几位女性均安葬于新安茔中，则

---

① 韩治：《宋故夫人艾氏墓志铭》，北京图书馆金石组编：《北京图书馆藏中国历代石刻拓本汇编》，第40册，第137页。

② 河南省文物局编著：《安阳韩琦家族墓地》，第62—63页。实际上，安阳韩琦祖茔有新安茔和丰安茔两处，丰安茔虽然安葬主体为北宋时期韩琦及其直系子孙，但以韩琦为始祖的说法并不准确。韩琦曾祖父韩璆与妻史氏、祖父韩构与妻李氏皆葬于丰安茔，这在韩琦《重修五代祖茔域记》中有清晰显示："先君令公始葬永济与夫人史氏暨琦祖太子中允、知康州讳构与夫人李氏于相州安阳县之丰安村。"韩琦：《安阳集》卷46《重修五代祖茔域记》，宋集珍本丛刊，第6册，第585页。

绝非韩琦直系子孙，故中散韩公绝不可能为韩端彦，当为韩孝彦无疑①。

史籍有关韩琦三兄韩琚之子韩孝彦的记载极度缺乏，仅知康定元年（1040）韩琚去世时为"太庙斋郎"，②韩琦熙宁八年（1075）去世时，用韩琦遗奏，"孝彦、纯彦、粹彦升一任"，③除此之外，传世文献再无记载。基于上述考证，我们可以对韩孝彦的生平、婚姻及子嗣情况再作梳理：韩孝彦康定元年（1040）其父去世时为太庙斋郎，熙宁八年（1075）韩琦去世时，用韩琦遗奏升一任，政和二年（1112）去世，官至中散大夫。生活仕宦于宋仁宗、英宗、神宗、哲宗、徽宗五朝。韩孝彦娶张氏为妻，封永嘉郡君，大观三年（1109）去世，未见有子嗣记录，有妾时氏和刘氏二人。时氏可能先为韩孝彦家婢，后因育有二子而成为韩孝彦之妾，元祐三年（1088）去世，时23岁；她与韩孝彦生育二子：韩僖和韩俣。刘氏博野人，亦为韩孝彦之妾，政和三年（1113）去世，宣和元年（1119）葬，去世时63岁，和韩孝彦生育二男三女。男韩庆来、韩王老均早夭，女儿分别嫁给宣教郎李德充、尚书吏部员外郎杨信功和将作监李袚。

更为重要的是，上述对"中散韩公"为韩孝彦的系列考证，得以把北宋韩琦家族数代世系加以"串联"，梳理出相对完整的韩琦三兄韩琚的家族关系。前述墓志中韩俣，传世文献中已无记录，韩僖现存资料仅两条：其一，石刻文献中有其北宋末期仕宦记录："宣和己亥九月二十四日，面奉玉音，至奉符催视岳祠。后一月，伯言至自兖。明日，具香烛以告上旨而罢醮于会真宫，独登瑞云亭，早饭于行馆，遂同令寇庠、丞

---

① 笔者曾寓目上海图书馆藏《羊山韩氏宗谱》，编者为民国时期韩琦后人韩百年。其中有韩百年书信云："民国十七年元月十八日，即阳历二月九日。河南浚县西关同族钦明致百年函云：'去岁，钦在安阳停住半载。因水冶先茔各墓多被不肖族人伐掘，发出古物售诸外洋。如孝彦公之如夫人时氏、刘氏，正彦公之如夫人艾氏，以及翼肯公、晶公各墓，或非先人嫡配，或为幼殇。各墓但皆祖先已属，令人可恨。'"可知，民国时期韩氏族人已经知道时氏、刘氏为韩孝彦之妾。同时也可看出，韩琦家族墓地中时氏、刘氏等人墓是1927年前后被盗掘的。见韩百年编《羊山韩氏宗谱》，上海图书馆藏，第30b页。

② 韩琦：《安阳集》卷46《三兄司封行状》，宋集珍本丛刊，第6册，第588页。

③ 李焘：《续资治通鉴长编》卷267，熙宁八年八月癸丑，第6548页。

吕光间、祠官曹钦承、莱芜令韩僖、道士苏彦弼谒岱岳。"① 知宣和元年（1119）时韩僖为莱芜（今山东莱芜）县令。其二，《建炎以来系年要录》中记载了韩僖仕宦南宋及死亡情况：

> 初，广东诸司奏右朝散郎、通判广州韩僖贪赃不法事，下提刑司劾治。已而僖子惇胄使人诣阙，讼转运判官章杰与父有深仇，乞移狱。诏江西提刑丁彬选官根勘。僖与吕颐浩子抗善，故颐浩主之。勘官通判南安军时益因移文劾杰，杰奏益观望用情。诏彬更选官往治，毋得观望徇情灭裂。②

上述记载中，大体可以反映出以下信息：首先，韩僖寄禄官为"右朝散郎"，则他非科举出身，当为荫补进入仕途的。其次，韩僖在绍兴二年（1132）为右朝散郎、通判广州，绍兴三年（1133）十一月卒于广州（今广东广州）狱中。最后，韩僖有子韩惇胄。至此，北宋韩琦家族韩琚一支，韩琚—韩孝彦（中散韩公）—韩僖—韩惇胄贯穿南北宋的家族关系得以建立③。

小　结

北宋中晚期的毕仲荀于《幕府燕闲录》中曾有这样一则材料云："范文正公尝为人作墓志，已封将发，忽曰：'不可不使师鲁见之。'明日以

---

① 顾炎武：《求古录·钱伯言题》，国家图书馆善本金石组编：《宋代石刻文献全编（二）》，第 550 页。

② 李心传撰，胡坤点校：《建炎以来系年要录》卷 67，绍兴三年七月乙亥，中华书局 2013 年版，第 1311—1312 页。

③ 因墓志材料中墓志称谓用职官信息代替，较为隐晦，且诸多材料"支离破碎"，导致研究者难以准确把握。陶晋生认为韩僖应为韩直彦第二子，然并未考虑到韩直彦卒于皇祐三年（1053），而韩僖父卒于政和二年（1112）。李国玲在《宋人传记资料补编》中笼统记为："韩君，名未详，为中散大夫。姬刘氏，博野人。政和三年八月卒于安国之第，年六十三。"有效信息全未发掘，均不准确。陶晋生：《北宋士族——家族·婚姻·生活》，第 263 页；李国玲编：《宋人传记数据索引补编》，四川大学出版社 1994 年版，第 1942 页。

示师鲁，师鲁曰：'希文名重一时，后世所取信，不可不慎也。今谓转运使部刺史，知州为太守，诚为脱俗，然今无其官，后必疑之，此正起俗儒争论也。'希文抚己曰：'赖以示子，不然吾几失之。'"① 范仲淹在撰写墓志时有意将转运使写为部刺史，知州记为太守，尹洙认为这样的撰写方法，会导致后人的疑惑，不利于阅读和理解。赵翼在批评文章假借时曾指出："文章家于官职舆地之类，好用前代名号以为典雅，此李沧溟诸公所以贻笑于后人也。孙樵云：史家纪职官、山川、地理、礼乐、衣服，宜书一时制度，使后人知某时如此，某时如彼，不当取前代名器，以就简牍。"② 职官、地理之类本是极具时代意义的内容，可以之为据展开诸多方面的研究，这已多为治政治史、历史地理等学者们所利用，故借前代之名，典雅与否可以见仁见智，但墓志碑铭材料既然是研究墓主生平事迹、家族发展、婚姻关系等最基本的材料，如此借用对研究者阅读使用增加了本不必要的麻烦，则是毋庸置疑的。

---

① 陶宗仪：《说郛》卷14，中国书店1986年版，第22a页。
② 赵翼：《陔余丛考》卷22《文章忌假借》，中华书局1963年版，第429页。

第四章

北宋墓志碑铭撰写中的丧家因素

——以石本、集本对比为中心

与魏晋隋唐相比，宋代以后墓志碑铭的保存方式有了新的特点。魏晋隋唐墓志碑铭多以出土文献的方式呈现于世[1]，属于一般意义上的金石文献范畴；随着印刷技术的发展，宋代刻书业盛行，宋人撰写的大量墓志碑铭被收录文集或碑志合集（如《名臣碑传琬琰集》）等作品当中，得以刊刻并保存下来，多属于传世文献。随着出土碑志文献的丰富，原本收录于传世文献中的碑志文同时亦发现于出土的金石文献之中，且在考察同一墓主、同一撰者而分属于传世文献与金石文献的碑志文时，发现两者并非完全吻合，因此是一个值得深入探究的话题。

前辈学者已经注意到了出土文献与传世文献并不完全一致，且以出土文献为据，校勘传世文献流传过程中出现的讹误。如：陈柏泉先后比较了曾巩所撰北宋刘涣妻钱氏墓志和南宋杨万里所撰邹定墓志铭[2]；戴尊德校勘了司马光撰写的魏闲墓志[3]；黄宽重校勘了范祖禹所撰赵瞻神道

---

[1] 赵万里：《汉魏南北朝墓志集释》，科学出版社1956年版；赵超：《汉魏南北朝墓志汇编》，天津古籍出版社1992年版；罗新、叶炜：《新出魏晋南北朝墓志疏证》，中华书局2005年版；洛阳古代石刻艺术馆：《隋唐五代墓志汇编》，天津古籍出版社1991年版；周绍良、赵超：《唐代墓志汇编》，上海古籍出版社1992年版；周绍良、赵超：《唐代墓志汇编续集》，上海古籍出版社2001年版。

[2] 陈柏泉：《江西出土墓志选编》，第34—37、146—150页。

[3] 戴尊德：《司马光撰魏闲墓志之研究》，《文物》1990年第12期。

碑、李觏所撰陈肃墓志铭以及张耒撰写的李处道墓志铭①；马玉臣用传世文献与新出土富弼家族墓志中富弼与富绍京二人石刻墓志对校，发现123处不同②。这实际上是延续了宋代以来金石学的传统，欧阳修即曾取石刻材料校正家藏号称"最善本"的韩愈文集，并得出家藏集本"犹不胜其舛谬"③的结论。前辈学者利用出土文献的原始性来订正传世文献流传中出现的舛误、有意或无意改动等问题，其主要着眼于文字校勘层面，这是宋代以降金石学兴起之后利用碑刻资料的主要方法。但是，分析二者之间差异的原因，并未引起学者的关注。

实际上，集本与石本间的差异有时乃有意为之，这是在文本形成过程中已经存在的现象。易言之，即撰者撰写与丧家刊石间的差异。对此问题的关注，叶国良通过长时段的梳理，总结了石本与集本产生异同的原因及校勘原则，具有开创之功。④ 本章试图通过对比分析二者的差异，尝试理解碑志撰者与丧家之间关于碑志撰写的不同理念，以及丧家干预碑志刊石定稿的情况。

第一节　墓志碑铭石本与集本对应篇目及校勘情况

随着北宋墓葬不断被发掘，越来越多的出土碑志得以在传世文献中找到对应内容。需要说明的是，有些碑志出土之后，保存并不容易，在流传过程中逐渐亡佚，或仅存拓片，或仅有录文保存于地方志及金石合集中，本书写作时，仍把此类文字作为广义上的出土文献来对待。现在，将笔者所见北宋石本碑志与集本相同篇目列表如下。

---

　　① 黄宽重：《宋史研究的重要史料——以大陆地区出土宋人墓志资料为例》，《新史学》第9卷第2期，1998年，今据黄宽重《宋代的家族与社会》，第14—43页。
　　② 马玉臣：《宋代富弼家族墓志史料价值刍议》，《史学史研究》2012年第1期。
　　③ 欧阳修撰，李逸安点校：《欧阳修全集》卷141《集古录跋尾·唐韩愈黄陵庙碑》，第2273页。
　　④ 叶国良：《石本与集本碑志文异同问题研究》，《台大中文学报》第8期，1996年4月，今据叶国良《石学续探》，大安出版社1999年版，第27—57页。

表 4　　　　　　　　　传世文献与出土文献对应篇目

	墓志铭	传世文献	出土文献	异同
1	韩恬墓志铭	《安阳集》卷49	北京图书馆金石组编：《北京图书馆藏中国历代石刻拓本汇编》，第39册，第43页	4
2	韩恺墓志铭	《安阳集》卷49	郭茂育等编著：《宋代墓志辑释》，中州古籍出版社2016年版，第196—197页	3
3	赵宗道墓志铭	《安阳集》卷49	北京图书馆金石组编：《北京图书馆藏中国历代石刻拓本汇编》，第39册，第55页	12
4	刘奕墓碣	《蔡襄集》卷37	《宋代石刻文献全编（一）》，第280—281页	15
5	贾昌龄墓志铭	《范仲淹全集》卷14	信应君、杜平安：《宋贾昌龄墓志考释》，《中原文物》2014年第4期	32
6	王尚恭墓志铭	《范忠宣公文集》卷14	赵君平等编：《河洛墓刻拾零》，北京图书馆出版社2007年版，第678页	18
7	赵世昌墓志铭	《华阳集》卷39	《北宋皇陵·附录三》，第527页	6
8	蔡禀墓志铭	《乐全先生文集》卷39	李森、王瑞霞：《北宋蔡禀蔡亶墓志考释》，《聊城大学学报》2002年第2期	15
9	陈肃墓志铭	《李觏集》卷30	陈柏泉编：《江西出土墓志选编》，第21—22页	20

续表

	墓志铭	传世文献	出土文献	异同
10	欧阳修妻薛氏墓志铭	《栾城集》卷25	乔志敏：《新郑欧阳修墓地出土墓志简述》，《中原文物》1990年第4期	5
11	赵从郁墓志铭	《景文集》卷58	《北宋皇陵·附录三》，第524页	7
12	赵世昌妻钱氏墓志铭	《景文集》卷60	《北宋皇陵·附录三》，第525页	8
13	富弼墓志铭	《南阳集》卷29	洛阳第二考古工作队编：《富弼家族墓地》，中州古籍出版社2009年版，第41—53页	121[①]
14	周尧卿墓表	《欧阳修全集》卷24	《宋代石刻文献全编（一）》，第253—254页	32
15	王汲墓志铭	《欧阳修全集》卷27	赵君平编：《邙洛碑志三百种》，中华书局2004年版，第374页	15
16	赵世哲妻周氏墓志铭	《欧阳修全集》卷37	《北宋皇陵·附录三》，第526页	2
17	王田墓志铭	《苏魏公文集》卷56	淮建利：《北宋苏颂撰王田墓志考疏》，《中州学刊》2015年第12期	62
18	赵世职墓志铭	《太史范公文集》卷46	《北宋皇陵·附录三》，第541页	7
19	赵仲晔墓志铭	《太史范公文集》卷46	郭茂育等编著：《宋代墓志辑释》，第354—355页	4

---

① 马玉臣：《宋代富弼家族墓志史料价值刍议》，《史学史研究》2012年第1期。

续表

	墓志铭	传世文献	出土文献	异同
20	邓国长公主追封记	《太史范公文集》卷53	（民国）《巩县志》卷17，第1384—1386页	5
21	赵瞻神道碑	《太史范公文集》卷41	高文、高成刚编：《四川历代碑刻》，四川大学出版社2000年版，第165—167页	8①
22	富绍京墓志铭	《太史范公文集》卷38	《富弼家族墓地》，第58—59页	2
23	游师雄墓志铭	《永乐大典》卷8842，中华书局，1986年	北京图书馆金石组编：《北京图书馆藏中国历代石刻拓本汇编》，第40册第155—156页	40
24	魏闲墓志铭	《温国文正司马公文集》卷77	北京图书馆金石组编：《北京图书馆藏中国历代石刻拓本汇编》，第39册，第36页	10②
25	范贻孙墓志铭	《武夷新集》卷9	河南省文物研究所、河南洛阳地区文管处编：《千唐志斋藏志》，第1257页	10
26	赵玄祐墓志铭	《武夷新集》卷11	郭茂育等编著：《宋代墓志辑释》，中州古籍出版社2016年版，第108—109页	13
27	王茂之墓志铭	《西台集》卷13	郭茂育等编著：《宋代墓志辑释》，第392—393页	32
28	刘涣妻钱氏墓志铭	《曾巩集》卷45	陈柏泉：《江西出土墓志选编》，第36—37页	21
29	曾巩墓志铭	《曾巩集·附录》	陈柏泉编：《江西出土墓志选编》，第37—42页	15

---

① 黄宽重：《宋代的家族与社会》，第23—24页。
② 戴尊德：《司马光撰魏闲墓志之研究》，《文物》1990年第12期。

续表

	墓志铭	传世文献	出土文献	异同
30	李处道墓志铭	《张耒集》卷60	熊亚云：《鄂州出土墓志、地券辑录及讨论》，《东南文化》1993年第6期	19
31	韩纯彦妻孙氏墓志铭	《竹隐畸士集》卷19	河南省文物局编著：《安阳韩琦家族墓地》，科学出版社2012年版，第100—101页	23

* 传世文献版本：李觏撰，王国轩校点：《李觏集》，中华书局1981年版；曾巩撰，陈杏珍、晁继周点校：《曾巩集》，中华书局1984年版；张耒撰，李逸安、张通海、傅信点校：《张耒集》，中华书局1990年版；宋祁：《景文集》，丛书集成初编据聚珍版丛书排印本，商务印书馆1936年版；欧阳修撰，李逸安点校：《欧阳修全集》，中华书局2001年版；王珪：《华阳集》，文渊阁《四库全书》，台北商务印书馆1986年版；范祖禹：《太史范公文集》，宋集珍本丛刊影印清钞本，线装书局2004年版；韩维：《南阳集》，文渊阁《四库全书》，台北商务印书馆1986年版；韩琦：《安阳集》，宋集珍本丛刊影印明刻安氏校正本，线装书局2004年版；杨亿：《武夷新集》，宋集珍本丛刊影印清嘉庆刻本，线装书局2004年版；赵鼎臣：《竹隐畸士集》，文渊阁《四库全书》，台北商务印书馆1986年版；张方平：《乐全先生文集》，宋集珍本丛刊影印清钞本，线装书局2004年版；范纯仁：《范忠宣公文集》，宋集珍本丛刊影印元刻明修本，线装书局2004年版；苏辙撰，曾枣庄、马德富校点：《栾城集》，上海古籍出版社2009年版；蔡襄撰，吴以宁点校：《蔡襄集》，上海古籍出版社1996年版；司马光：《温国文正司马公文集》，四部丛刊初编影印宋蕲州刻本，商务印书馆1922年版；解缙等纂：《永乐大典》，中华书局1986年版；苏颂撰，王同策等点校：《苏魏公文集》，中华书局1988年版。

叶国良在讨论石本与集本碑志文异同时，认为石本、集本之所以有参差，原因可能有4种："集本传刻时有误，石本摹勒时有误，编集时删其头尾，刻石时增改原稿。"[①] 笔者对校上述文字时，除了石本摹勒未见，其他三种情况皆有。

集本传刻有误在利用石本校勘中属于较为常见的舛误，出土文献可以校正传世文献之讹误。韩琦撰写赵宗道墓志中云"民歌喜之未足"，而出土墓志则记载为"民歌喜之谓足"，意思恰好相反，当据以改正。《范

---

① 叶国良：《石本与集本碑志文异同问题研究》，叶国良：《石学续探》，第31页。

忠宣公文集》中王尚恭墓志记载韩琦、文彦博等于洛阳组织耆英会事："故韩国公、今潞国文公、留守丞相韩公高年者为耆英会。"① 而出土文献则曰："故韩国富公、今潞国文公、留守丞相韩公、北都留守王公皆爱遇之。潞公集旧德之高年者为耆英会。"② 可知集本逸"北都留守王公皆爱遇之。潞公集旧德"数字，意义完全改变。另外，传世文献王尚恭墓志还云："（王尚恭）五女：长适知秦州陇城县事张景观；次适永兴军节度推官刘唐陆；次适权夔州路提刑杨畏；次适进士尹焕；次适进席徽；皆先公而卒。"③ 由此可推知王尚恭女儿去世全都早于其父亲。然而，出土墓志则载："长适知秦州陇城县事张景观；次适永兴军节度推官刘唐睦；次适权夔州路提刑杨畏；次适进士尹焕；次适进士席徽卿，先公而卒。"④ 除了可以校勘传世文献记载"刘唐陆"为"刘唐睦"，"席徽"为"席徽卿"之误外，还可看出王尚恭诸女当中，实际上仅席徽卿夫人先其父卒，一字之差，意义大不相同。范祖禹撰赵瞻神道碑有"虏寇下上"之语，⑤ 不知所云，而碑志中显示为"虏寇不止"，⑥ 形容契丹进攻宋朝无休止之意。游师雄墓志中"再辞为管勾机宜文字"，⑦ 实际当为"再辟为管勾机宜文字"，⑧ 一字之差，意义完全相左，皆当据之订正。等等。

宋人文集在编订过程中，撰者不载篆盖、书丹与刊刻人的信息，或为撰者撰写志文时，对丧家求何人篆盖、书丹及刻石等尚不知情。叶国良称为"编集时删其头尾"，实际并不准确。除了首题与自署结衔外，书

---

① 范纯仁：《范忠宣公文集》卷14《朝议大夫王公墓铭》，宋集珍本丛刊，第15册，第474页。
② 范纯仁：《宋故朝议大夫致仕王公墓志铭》，赵君平等编：《河洛墓刻拾零》，第678页。
③ 范纯仁：《范忠宣公文集》卷14《朝议大夫王公墓铭》，宋集珍本丛刊，第15册，第474页。
④ 范纯仁：《宋故朝议大夫致仕王公墓志铭》，赵君平等编：《河洛墓刻拾零》，第678页。
⑤ 张舜民：《直龙图阁游公墓志铭》，解缙等纂：《永乐大典》卷8842，第4047页。传世文献《画墁集》中不载。
⑥ 张舜民：《宋故朝奉郎直龙图阁权知陕州军府兼管内劝农事兼提举商虢等州兵马巡检公事飞骑尉赐绯鱼袋借紫游公墓志铭》（以下简称《游师雄墓志》），北京图书馆金石组编：《北京图书馆藏中国历代石刻拓本汇编》，第40册，第155页。
⑦ 张舜民：《直龙图阁游公墓志铭》，解缙等纂：《永乐大典》卷8842，第4047页。
⑧ 张舜民：《游师雄墓志》，北京图书馆金石组编：《北京图书馆藏中国历代石刻拓本汇编》，第40册，第155页。

丹者、刻石者等名讳撰者多不知晓，皆不属于集本有意省略范围。① 石本碑志首尾保留了大量撰者、书者、篆盖、刊刻人及填讳人信息，此类资料与碑志撰写时间结合考察，有助于增加对墓志撰者、书者、篆盖及刊刻人生平及仕宦经历的了解，② 相当重要。

不过，若排除上述集本流传出现的讹误，以及撰者编订文集时不载篆盖、书丹和刻石者等情况，"刻石时增改原稿"则集中体现了撰者与丧家之间对于撰写碑志的不同理念，也能显示出碑志撰写过程中的丧家干预。

第二节　墓志碑铭文字"刻石时增改原稿"现象分析

叶国良认为"刻石时增改原稿"的情况在集本与石本碑志对比中占最多数，并认为其主要包括 4 种原因：

(1) 撰者资料不全，留白以待丧家自行填补。
(2) 撰者陈述事实不误，丧家修饰后刻石。
(3) 撰者陈述事实有误，丧家修改后刻石。
(4) 撰者与丧家对墓主行谊认知不一，丧家修改后刻石。③

相当全面地涵盖了石本和集本之间的不同情况。以之为基础，对北宋石本、集本碑志文的不同内容试加归类分析。

---

① 撰者不载篆盖人、刊刻人的相关信息，当为撰者撰写志文时对丧家求何人刊刻并不知情所导致。如欧阳修与杜䜣论杜衍墓志时即称："或择一真楷书而字画不怪者书之，亦所以传世易晓之意也……葬事知定十月，不知何人篆盖？"欧阳修撰，李逸安点校：《欧阳修全集》卷 70《再与杜䜣论祁公墓志书》，第 1021 页。

② 梁太济先生曾以司马光进《资治通鉴》的结衔，考察了《资治通鉴》各卷撰写的大体时间，给我们做了相当精彩的示范。梁太济：《从每卷结衔看〈资治通鉴〉各纪的撰进时间》，《内蒙古大学学报》1997 年第 5 期，今据梁太济《唐宋历史文献研究丛稿》，上海古籍出版社 2004 年版，第 1—12 页。

③ 叶国良：《石本与集本碑志文异同问题研究》，叶国良：《石学续探》，第 31—32 页。

一 撰者资料不全，留白以待丧家自行填补

撰者撰写碑志文时，一般会把墓主名讳、下葬时间及后嗣姓名等信息部分留白，以便丧家自行补充，文集中以"某"代替。前述石本、集本对比可知，此种现象多有出现。如：李觏撰陈肃墓志集本中云："公讳某，字某……明年及此月某甲子，葬于某乡某里某地名。曾王父某；王父某，不仕。父某，赠某官。母周氏，某县君，妻黄氏，某县君。长男某，广文生，再就礼部试。次某，不应举。次某，一举下第，死于京师。女嫁黄某、范某、黄某。"① 许多信息缺失，而石本则记载为："公讳肃，字仲容……明年及此月丙申，葬于太平乡长平里仙人石。曾王父式；王父承嗣，不仕。父文藻，赠殿中丞。母周氏，南城县太君，妻黄氏，封寿安县君。长男瓔，广文生，再就礼部试；次君俞，不应举；次琥，一举下第，死于京师。女嫁黄宗谊、范赓、黄冽。孙六人，尚幼。"② 较为完整地补充了名讳、时间职官及封号等信息。《曾巩集》收录刘涣妻钱氏墓志载："葬于其岁十一月某日某甲子，墓在南康军西城之某原……孙某、某。凝之名涣，筠州某人。"③ 而石本则曰："葬于其岁十一月之庚申。墓在南康军西城之北原……孙羲仲、和叔。凝之名涣，筠州高安县人。"④ 与陈肃墓志补充类似。《欧阳修全集》载王汲墓志称："王君之皇考曰讳某……皇祖讳某。皇曾祖讳某……不幸吾先人之亡，将以今年某月甲子，葬于河南某县某乡之某原，宜得铭于石以志诸后世。"⑤ 对应内容在石本中云："赠卫尉抄卿讳明藻……皇祖讳晃，皇曾祖为蜀合州刺史讳福……不幸先君之丧日逾期，将以今年十一月壬申葬于河南府河南县

---

① 李觏撰，王国轩点校：《李觏集》卷30《宋故朝奉郎尚书都官员外郎上骑都尉赐绯鱼袋陈公墓志铭》，第370页。
② 李觏：《宋故朝奉郎尚书都官员外郎上骑都尉赐绯鱼袋陈公墓志铭并序》，陈柏泉编：《江西出土墓志选编》，第21—22页。
③ 曾巩撰，陈杏珍、晁继周点校：《曾巩集》卷45《寿安县君钱氏墓志铭》，第608页。
④ 曾巩：《宋故寿安县君钱氏墓志铭并序》，陈柏泉编：《江西出土墓志选编》，第35页。
⑤ 欧阳修撰，李逸安点校：《欧阳修全集》卷27《太子中舍王君墓志铭》，第412页。

雒苑乡司徒里,宜得文铭石,以志后世。"① 等等,亦如前者。通过石本的补充,能够较好理顺墓主生卒年岁、安葬地点、家族世系等内容,这是仅利用集本文献无法得知的。

二 撰者陈述事实不误,丧家修饰后刻石

丧家在撰者撰成的碑志文基础上,会仔细阅读揣摩,对其中表述欠准确之处加以润饰后刊石,此润饰属于丧家有意为之,与流传过程中出现的舛误有相似之处,但实质并不相同。

杨亿撰范贻孙墓志,在介绍范贻孙祖父时,传世文献称"王父故鲁国公"②,而出土文献则为"王父故相国鲁公"③,虽稍稍改动,但后者明显突出了范质曾任宰相的事实,表达更为准确细腻。欧阳修撰王汲墓志曰:"其二子始习业国子学。"④ 出土文献则为"尚恭、尚喆始习业国子学"⑤,特意点出二子名讳"尚恭、尚喆"加以强调。周尧卿家族也把欧公所撰写的周氏"皇祐五年某月日,葬于道州永明县之紫薇岗"⑥,润色为"皇祐五十囗年,敕葬道州永明紫薇岗"⑦,此处本由丧家增补周尧卿的卒葬信息,而家人特意强调"敕葬",显示了安葬周尧卿为宋仁宗诏官方护葬的行为,可以从侧面凸显周氏品行功业足以得到皇帝重视。《永乐大典》引张舜民撰游师雄墓志记载:"治平元年,进士第一中其科。"⑧

---

① 欧阳修:《宋故承事郎守太子中舍知汉州洛县事骑都尉王君墓志铭》,赵君平编:《邙洛碑志三百种》,第347页。

② 杨亿:《武夷新集》卷9《宋故主客员外郎直集贤院高平范公墓志铭》,宋集珍本丛刊本,第2册,第274页。

③ 杨亿:《宋故主客员外郎直集贤院高平范公墓志铭》,河南省文物研究所、河南洛阳地区文管处编:《千唐志斋藏志》,第1257页。

④ 欧阳修撰,李逸安点校:《欧阳修全集》卷27《太子中舍王君墓志铭》,第412页。

⑤ 欧阳修:《宋故承事郎守太子中舍知汉州洛县事骑都尉王君墓志铭》,赵君平编:《邙洛碑志三百种》,第347页。

⑥ 欧阳修撰,李逸安点校:《欧阳修全集》卷24《太常博士周君墓表》,第378页。

⑦ 欧阳修:《宋故进士累官至太常博士历连衡二州司理参军桂州司录知高安囗(宁)化二县事通判饶州赠金紫光禄大夫周公讳尧卿府君神道并墓志文》,国家图书馆善本金石组编:《宋代石刻文献全编(一)》,第254页。

⑧ 张舜民:《直龙图阁游公墓志铭》,解缙等纂:《永乐大典》卷8842,第4047页。

而出土墓志则称为"治平元年,乡举进士第一,遂中其科"①,与传世文献相比,出土文献显然更为准确,经过丧家修饰,可以对游师雄科举入仕情况有更为精确的把握。

三 撰者陈述事实有误,丧家修改后刻石

若撰者对墓主的生平、仕宦、职官及婚姻等信息记载有误,丧家一般会在碑志刊石过程中予以直接纠正。赵宗道墓志中,韩琦云"以其年十一月五日,诸子举子渊之丧,葬于司空之兆次"②,而出土文献则称下葬时间为"十一月四日"。③ 张耒所撰李处道墓志中记载"浦城民有自称徐偃王之神"④,丧家则纠正事件发生地为"开化"(北宋属衢州,今浙江开化县)而非浦城(北宋属建州,今福建浦城县);李处道"六迁州县临辄靡",事实上为"七迁",遗漏了仕宦"衢州开化令"的事实,也被丧家更正。⑤ 赵鼎臣文集中载,令人孙氏"女嫁左司郎中姚宗彦,早卒"⑥,所指当为韩纯彦女嫁后去世较早,而出土文献称"女嫁宣义郎陆宇,字亡,再适左司郎中姚宗彦。余三女皆早卒"⑦,实际上是其他三女早卒,而嫁与陆宇者,在陆氏去世后再嫁姚宗彦,赵鼎臣所记错误之处,被韩氏族人一一改正。范祖禹撰赵瞻神道碑中,其后嗣信息记载为:"孙男六人:基,郊社斋郎;垂,假承务郎;墅,右承务郎;壁、垦、坚未仕。孙女五人。曾孙男二人:戭、戡。"⑧ 而出土碑文相对应内

---

① 张舜民:《游师雄墓志》,北京图书馆金石组编:《北京图书馆藏中国历代石刻拓本汇编》,第40册,第155页。

② 韩琦:《安阳集》卷49《故尚书祠部郎中集贤校理致仕赵君墓志铭》,宋集珍本丛刊本,第6册,第609页。

③ 韩琦:《宋故朝奉郎守尚书祠部郎中集贤校理致仕柱国赐绯鱼袋赵君墓志铭并序》,北京图书馆金石组编:《北京图书馆藏中国历代石刻拓本汇编》,第39册,第55页。

④ 张耒撰,李逸安点校:《张耒集》卷60《李参军墓志铭》,第884页。

⑤ 熊亚云:《鄂州出土墓志、地券辑录及讨论》,《东南文化》1993年第6期。

⑥ 赵鼎臣:《竹隐畸士集》卷19《孙令人墓志铭》,文渊阁《四库全书》,第1124册,第263页。

⑦ 赵鼎臣:《宋故令人孙氏墓志铭》,河南省文物局编著:《安阳韩琦家族墓地》,第101页。

⑧ 范祖禹:《太史范公文集》卷41《同知枢密院赵公神道碑铭》,宋集珍本丛刊本,第24册,第408页。

容则记载为：

> 孙男六人：基，郊社斋郎；垂，假承务郎；墅，右承务郎；壁幼卒，垦、坚未仕。孙女六人：长适渭州华亭县尉司马桂，次适潞州司理参军穆京，次先公二日卒，次适□□□□礼□□□□□幼。曾孙男三人，戟、戢、□。①

不但补充了孙女的婚姻状况，还对撰者出现的错误加以纠正。欧阳修撰周尧卿墓表言及周尧卿7子："曰谕，鼎州司理参军；曰诜，湖州归安主簿；曰谥、曰讽、曰諲、曰说、曰谊，皆未仕。"② 出土文献则颠倒周諲与周说的位置，并增加"女一人，出适"③。传世墓志记载，北宋末年，游师雄曾在西夏边防中建"汝遮、纳迷、金城关"④，出土文献则纠正为"汝遮寨、金城关"两处，并无"纳迷"⑤ 等等。

四 撰者与丧家对墓主行谊认知不一，丧家修改后刻石

欧阳修撰周尧卿墓表，文集中标题为"太常博士周君墓表"，⑥ 出土文献首题则为"宋故进士累官至太常博士历连衡二州司理参军桂州司录知高安□（宁）化二县事通判饶州赠金紫光禄大夫周公讳尧卿府君神道并墓志文"，⑦ 周尧卿墓表的首题当为丧家修改的结果。学者研究认为，

---

① 范祖禹：《宋故中大夫同知枢密院事上柱国天水郡开国侯食邑一千二百户食实封三百户赠右银青光禄大夫谥懿简赵公神道碑铭并序》，高文、高成刚编：《四川历代碑刻》，第167页。
② 欧阳修撰，李逸安点校：《欧阳修全集》卷24《太常博士周君墓表》，第378页。
③ 欧阳修：《宋故进士累官至太常博士历连衡二州司理参军桂州司录知高安□（宁）化二县事通判饶州赠金紫光禄大夫周公讳尧卿府君神道并墓志文》，国家图书馆善本金石组编：《宋代石刻文献全编（一）》，第254页。
④ 张舜民：《直龙图阁游公墓志铭》，解缙等纂：《永乐大典》卷8842，第4048页。
⑤ 张舜民：《游师雄墓志》，北京图书馆金石组编：《北京图书馆藏中国历代石刻拓本汇编》，第40册，第156页。
⑥ 欧阳修撰，李逸安点校：《欧阳修全集》卷24《太常博士周君墓表》，第378页。
⑦ 欧阳修：《宋故进士累官至太常博士历连衡二州司理参军桂州司录知高安□（宁）化二县事通判饶州赠金紫光禄大夫周公讳尧卿府君神道并墓志文》，北京图书馆善本金石组编：《宋代石刻文献全编（一）》，第253页。

作为古文家的欧阳修，撰文语简而用意特深，简练而不拖沓。① 就碑志文撰写本身言，欧阳修撰碑志文计 20 卷 111 篇，没有发现一例如周尧卿墓表的首题，甚至在已公布的北宋出土碑志中，类似表述也似绝无仅有。故欧阳修当不可能把周尧卿进士及第和历任之官皆书于首题，更不会写下"神道并墓志文"这样不类之语。这应该是丧家有意突出周尧卿生前曾进士及第和仕宦经历丰富功绩之处，并非撰者的本意。

张耒撰李处道墓志，文集题为"李参军墓志铭"，② 以官职为首题，符合北宋墓志的一般规范，而出土墓志则改题为"有宋李公深之墓志铭"，③ 并不遵循一般原则，当为特意更改，未知何故。另外，文集中称："公讳处道，字深之，吾先君子之友也。自言系出唐太宗皇帝"④，而出土文献中则直接言"吾先君子之友也，系出唐太宗皇帝"⑤。虽出土文献仅删去"自言"二字，意义实际上大不相同，传世文献说明撰者张耒对李处道系出唐太宗一支的写法乃李氏家族的自述，张耒此处仅为转述；而出土文献则采用十分肯定的语气，成为撰者张耒自己的判断，显示了丧家着力强调李氏为唐代皇族后裔的真实性不容置疑。

赵鼎臣《竹隐畸士集》中记载了韩纯彦对妻孙氏去世后的态度："（夫人）以政和八年四月十七日卒于兴道坊之赐第。待制公拊棺而哭曰：'子昔与我同处其约，今不共享其泰，岂不酷哉！'闻者悲之。"出土文献则仅云"政和八年四月十七日卒"，丧家有意回避韩纯彦拊棺而哭的一段话："子昔与我同处其约，今不共享其泰，岂不酷哉！"在赵鼎臣笔下，韩纯彦对其妻孙氏的去世极其悲伤，但这点似乎并不为韩氏族人所认同，韩氏族人对韩纯彦反应的刻意回避，当是觉得韩纯彦对妻子去世这一事实的举动应"动乎情而止乎礼"，拊棺痛哭有违礼法，宁可不书，也不能给人留下韩纯彦对妻亡事太过伤心，二人关系太过亲昵的印象，故在刻

---

① 洪本健：《论欧阳修碑志文的创作》，《井冈山师范学院学报》2004 年第 2 期。
② 张耒撰，李逸安等点校：《张耒集》卷 60《李参军墓志铭》，第 883 页。
③ 熊亚云：《鄂州出土墓志、地券辑录及讨论》，《东南文化》1993 年第 6 期。
④ 张耒撰，李逸安等点校：《张耒集》卷 60《李参军墓志铭》，第 883 页。
⑤ 熊亚云：《鄂州出土墓志、地券辑录及讨论》，《东南文化》1993 年第 6 期。

石之时予以删去。①

张舜民在游师雄墓志中记载了其赴阙赐对的情形："乃召赴阙，既赐对。"② 相当简略。而丧家在此则改为："乃召赴阙，有自西方来者，言游师雄已安，且夕当至矣。辅臣初皆不知，及将陛见，班当第四，御笔升班第一。既赐对，上顾谓曰：'知卿所苦已安。'"③ 丧家将游师雄觐见宋哲宗前的波折娓娓道来，显示了哲宗对游师雄的重视和眷顾。游师雄去世后，张舜民在墓志中这样描写道："率常在边塞，其蕃汉之人莫不怀附。"④ 而丧家则改为：

（游师雄）率常在边塞，其蕃汉情伪，将佐才否，以至熟羌生界住坐，山川险易，种落族姓，靡不周知。拊循劳问，下逮孩幼。故远蕃之人，莫不怀附。⑤

在丧家的修改之下，游师雄对边事的用心，以及边人对其敬重之情更加形象地凸显出来。在最后总结时，张舜民云："才猷器识，如是而不得尽所蕴焉。"⑥ 丧家则扩充道："才猷器识，度量风概，瑰奇卓绝。如是而不得尽所蕴焉，可不惜哉。"⑦ 后者对游师雄的称颂之语更加丰富。

通过石本、集本的差异现象，可以发现丧家在碑志撰写中的参与作用，除了撰者所依据的材料大都由丧家提供外，在碑志文撰成之后，丧家还会认真审视，对碑志文或修饰，或纠谬，在相关文字和撰者理念发生冲突之处不惮增删刊石，石本内容实际上是经过丧家干预之后的"修

---

① 仝相卿：《新材料与北宋韩琦家族的历史"拼接"》，刘中玉主编：《形象史学》2017年下半年（第十辑），社会科学文献出版社2018年版，第190—193页。
② 张舜民：《直龙图阁游公墓志铭》，解缙等纂：《永乐大典》卷8842，第4048页。
③ 张舜民：《游师雄墓志》，北京图书馆金石组编：《北京图书馆藏中国历代石刻拓本汇编》，第40册，第156页。
④ 张舜民：《直龙图阁游公墓志铭》，解缙等纂：《永乐大典》卷8842，第4049页。
⑤ 张舜民：《游师雄墓志》，北京图书馆金石组编：《北京图书馆藏中国历代石刻拓本汇编》，第40册，第156页。
⑥ 张舜民：《直龙图阁游公墓志铭》，解缙等纂：《永乐大典》卷8842，第4049页。
⑦ 张舜民：《游师雄墓志》，北京图书馆金石组编：《北京图书馆藏中国历代石刻拓本汇编》，第40册，第156页。

订稿",反映出丧家与撰者在碑志文撰写过程中理念并不完全一致。

第三节　碑志文撰写中丧家和撰者的理念

丧家和撰者究竟抱着何种理念看待碑志文的撰写？若二者之间出现冲突，又是如何尝试进行沟通与协调？下面试对此问题加以分析。

一　丧家欲彰显墓主美德

至亲去世，家属除了哀痛之外，请人为逝者撰写墓志碑铭等文字以彰显墓主生前之道德、学养以期传之久远，是非常普遍的现象。胡楷请范仲淹为父胡则撰写墓志铭时称："《礼经》谓称扬先祖之美，以明著于后世，此孝子孝孙之心也。"[1] 王曙去世后，其子王益恭对尹洙云："先君素慎密，在中书枢府，为上谋虑，虽子孙莫得闻，故嘉言密论，无一传者。在任他官，多用章疏论事，从子益冲书之，益冲密留其稿，今颇得存。及诸行事，皆世所睹者，大惧失其传，子故吏，当次之，将刻石以示后世。"[2] 赵概之子早世，赵概请铭于文同言曰："余之子不幸蚤弃世，余常观其所为，宜有以舒发流闻于后者。"[3] 可见无论长辈抑或晚辈去世，丧家欲撰碑志光大逝者事迹功业的心情并无二致。

而且，丧家彰扬逝者功德事迹的决心，不会因时间推移而有所改变。韩琦在其父去世30余年后求尹洙为父作墓志时云："孝子之心，必求世之高才大笔，以志不朽。"[4] 在得到尹洙撰志之后近20年，韩琦还求富弼撰父韩国华神道碑："虽论行有状，志圹有铭，载于史有传，施之幽显，

---

[1] 范仲淹撰，薛正兴点校：《范仲淹全集·范文正公文集》卷13《兵部侍郎致仕胡公墓志铭》，第284页。

[2] 尹洙：《河南先生文集》卷12《故推忠协谋同德佐理功臣枢密使金紫光禄大夫行尚书吏部侍郎检校太傅同中书门下平章事上柱国太原郡开国公食邑四千一百户食实封一千四百户赠太保中书令文康王公神道碑铭并序》，宋集珍本丛刊本，第3册，第406页。

[3] 文同：《新刻石室先生丹渊集》卷38《试秘书省校书郎赵君墓志铭》，宋集珍本丛刊本，第9册，第304页。

[4] 韩琦：《安阳集》卷46《叙先考令公遗事与尹龙图书》，宋集珍本丛刊本，第6册，第585页。

不为无述。然墓在吾里相州安阳县之新安村，有窆棺之碑存诸隧。公与我游，又尝陪议军国于二府，知吾家为详，宜为我列先人事实刻于其上，以表于道，灿然使后世观者曰：'此有宋贤臣之墓，可信不惑。'不待钩考而后见，则吾志毕矣。"① 其锲而不舍的精神令人动容。毕士安去世80余年，其曾孙毕仲游仍写信求铭于刘挚，刘挚云："某视公之时良已远，然考其事迹，有门生故吏之状，幽宫之铭，太常有议，国史有传，家有谱集，又杂见于他书传记，与夫章章在士大夫者，类非一事，参验可信，皆合不诬，于是独掇大要而论次之。"② 甚至为了扬先人美德，后嗣子孙不惜违背或变相违背墓主遗言。墓主慕容伯才去世之前，告诫子孙不求墓志铭，其子对王寀曰："吾家世以武进，先君嗣其家而以文登科，历官四十余年，清节介行，有'羔羊''素丝'之德而不大耀。复无名文以表显之，大惧泯灭，使我先君之令善无以传子孙，则为人之后者罪莫为大。盖闻《礼经》曰：'有善而弗知，不明也；知而弗传，不仁也。'则铭父之美，有自来矣。今若告诸先君平生相知之居上位者，乞文以铭其墓，是礼也，则又惧违先君之治命，且令速葬，期已迫矣，进退惶恐，不知所出。"③ 故王寀为慕容伯才撰"遗戒"刊石埋入地下，虽云遗诫，其内容性质实际上与墓志完全相同。

二 墓志撰者有自己的写作原则

对于丧家彰扬墓主美德的决心，撰者当然心知肚明。蔡襄就曾云："处士名氏不著以闻于后，其子之孝心不能自安也。"④ 韩琦甚至称道："前贤行状必求故人故吏为之者，不徒详其家世事迹而已，亦欲掩疵扬

---

① 富弼：《大宋太中大夫行右谏议大夫上柱国南阳县开国男食邑三百户赐紫金鱼袋赠开府仪同三司太师中书令兼尚书令魏国公韩公神道碑铭并序》，北京图书馆善本金石组编：《宋代石刻文献全编（三）》，第266页。

② 刘挚撰，裴汝诚等点校：《忠肃集》卷11《毕文简神道碑》，第225页。

③ 王寀：《宋故朝请郎致仕慕容君遗戒》，北京图书馆金石组编：《北京图书馆藏中国历代石刻拓本汇编》，第40册，第143页。

④ 蔡襄撰，吴以宁点校：《蔡襄集》卷37《许处士墓表》，第679页。

善，以安孝子之心。"① 故不少碑志撰者在撰写碑志文时对墓主大加称颂，对其过失则用模糊的语言一笔带过或直接忽略不书。如欧阳修撰程琳墓志时云："宰相有所欲私，辄以语折之，至今人往往能道其语。而小人佞幸多不得志，遂共以事中之，坐贬光禄卿、知颍州。"② 声称程琳被贬为小人诬陷行为。对于此事《宋史·程琳传》记载：

> 故枢密副使张逊第在武成坊，其曾孙偕才七岁，宗室女生也，贫不自给。乳媪擅出券鬻第，琳欲得之，使开封府吏密谕媪，以偕幼，宜得御宝许鬻乃售。乳媪以宗室女故，入宫见章惠太后。既得御宝，琳乃市取之。又令吏市材木，买妇女。已而吏以赃败，御史按劾得状，降光禄卿、知颍州。③

可知程琳被贬与他指使吏人购买木材及设计购买宅第有关，并非冤枉，墓志撰写时有意回避了其不法行为。孙抃撰写孙继邺神道碑，称其父孙承睿"机警有胆量，始署小校，李昇识之于行列间，□从征□有劳，为左右所忌，叹曰：'此安足委质耶？'遂变姓名，徙淮、楚"④。而《宋史·孙继邺传》记载：孙继邺祖父"事李昇为长剑都指挥使，南伐闽，援兵不至，战死。父承睿时为小校，愤将兵者不如期，致其父没，乃刺杀之，亡去，转徙淮、楚间"⑤。可以看出孙承睿之所以变更姓名，亡命淮楚间，与他杀人有直接关系。

不过，碑志资料固然有诸多溢美不实之处，但撰者对丧家的要求绝

---

① 韩琦：《安阳集》卷37《与文正范公论师鲁行状书》，宋集珍本丛刊本，第6册，第551页。

② 欧阳修撰，李逸安点校：《欧阳修全集》卷31《镇安军节度使同中书门下平章事赠中书令谥文简程公墓志铭》，第464页。

③ 《宋史》卷288《程琳传》，第9675页。

④ 孙抃：《宋故翊卫功臣侍卫亲军步军都虞候泾州仪渭州镇戎军驻泊马步军副都部署金紫光禄大夫检校太子宾客使持节端州诸军事端州刺史充本路防御使兼御史大夫骑都尉乐安郡开国侯食邑一千八百户食实封二百户孙公神道碑铭并序》，国家图书馆善本金石组编：《宋代石刻文献全编（一）》，第659页。

⑤ 《宋史》卷290《孙继邺传》，第9708页。

非有求必应、照单全收，他们仍有自己的原则，以欧阳修为例，他在与梅尧臣书信交流时云：

> 忽辱惠教，兼得唐子方家行状，谨当牵课，然少宽数日为幸。其如行状中泛言行己，殊不列事迹，或有记得者，幸更得数件，则甚善。又云有尹师鲁所作墓志，亦得一本，尤幸也。寻常人家送行状来，内有不备处，再三去问，盖不避一时忉忉，所以垂永久也。乞以此意达之。①

欧阳修对唐介家人提供的行状并不满意，认为记事简略泛泛，希望能够得到更多有用信息。而且，他还点明了撰写碑志欲永久流传的自我期待。另外，欧阳修在接到曾巩求铭的要求后，反复考证曾巩提供世次源流，并指出其中的明显错误，要求曾巩加以订正。② 曾巩在与欧阳修交流中，也提出了自己对碑志文创作的意见，显示了撰者与丧家理念的歧异："为人之子孙者，一欲褒扬其亲而不本乎理。故虽恶人，皆务勒铭以夸后世。立言者既莫之拒而不为，又以其子孙之所请也，书其恶焉，则人情之所不得，于是乎铭始不实。后之作铭者，常观其人。苟托之非人，则书之非公与是，则不足以行世而传后。故千百年来，公卿大夫至于里巷之士，莫不有铭，而传者盖少。其故非他，托之非人，书之非公与是故也。"③ 南宋刘克庄评价黄庭坚为人撰墓志时云："（黄庭坚）为人作墓志，必咨问行状中事，亦可见前辈直笔实录之意，可以为谀墓者之戒。"④ 这样求真的态度，或撰者在墓志中宣扬自己所撰为"实录"的说法，在碑志撰者中比比皆是。⑤

---

① 欧阳修撰，李逸安点校：《欧阳修全集》卷149《与梅圣俞四十六通》四十四，第2464页。
② 欧阳修撰，李逸安点校：《欧阳修全集》卷47《与曾巩论氏族书》，第665—666页。
③ 曾巩撰，陈杏珍、晁继周点校：《曾巩集》卷16《寄欧阳舍人书》，第253页。
④ 刘克庄撰，辛更儒笺校：《刘克庄集笺校》卷102《东坡颍师听琴水调及山谷帖》，第4258页。
⑤ 撰者对碑志文字写作过程中的期待和焦虑，刘静贞教授作了极其精彩的研究，可资参考。参见刘静贞《北宋前期墓志书写活动初探》，《东吴历史学报》第11期，2004年6月。

三 丧家、撰者在碑志撰写中的冲突与调和

在撰者的原则与丧家彰扬墓主美德决心的互相角力间，必然会出现一系列纠葛，凸显了撰者与丧家之间理念不一致之处。欧阳修与杜䜣论杜衍墓志的撰写曰："所示志文今已撰了……然所记事，皆实录，有稽据，皆大节与人之所难者。其他常人所能者，在他人更无巨美，不可不书，于公为可略者，皆不暇书。如作提刑断狱之类。然又不知尊意以为如何？"① 叶国良先生通过检杜衍墓志，发现"'提刑断狱'之事，赫然俱在，足见杜䜣对欧公原稿'不暇书'者不满，要求增入，而为欧公接受，故今集本所收乃经增改者"②。属于撰者在丧家干预下对碑志文加以修改的例子。

不过，亦有撰者并不屈服于丧家，这就导致了二者之间的冲突。王安石撰钱公辅母亲墓志遭到了钱氏的不满，王安石去信申明自己的撰写理念：

> 如得甲科为通判，通判之署，有池台竹林之胜，此何足以为太夫人之荣，而必欲书之乎？贵为天子，富有天下，苟不能行道，适足以为父母之羞。况一甲科通判，苟粗知为辞赋，虽市井小人，皆可以得之，何足道哉！何足道哉！故铭以谓闾巷之士，以为太夫人荣，明天下有识者，不以置悲欢荣辱于其心也。太夫人能异于闾巷之士，而与天下有识同，此其所以为贤而宜铭者也。至于诸孙，亦不足列。孰有五子而无七孙者乎？七孙业之有可道，固不宜略；若皆儿童，贤不肖未可知，列之于义何当也？诸不具道，计足下当与有识者讲之。③

从书信内容可知，钱公辅要求王安石增加其科举中甲科，初任为通判，

---

① 欧阳修撰，李逸安点校：《欧阳修全集》卷70《再与杜䜣论祁公墓志书》，第1021页。
② 叶国良：《石本与集本碑志文异同问题研究》，叶国良《石学续探》，第29—30页。
③ 王安石撰，王水照主编：《王安石全集·临川先生文集》卷74《答钱公辅学士书》，第1327—1328页。

通判官署有池台竹林等美景以及详列墓主 7 位孙子等内容，王安石并不认同，称上述事项对彰显墓主形象并没有任何帮助，坚持自己撰写碑志的理念。

丧家与撰者冲突之典型是欧阳修的例子。欧阳修撰尹洙墓志，引起尹洙家人不满，认为"简而有法"不足以涵盖尹洙在文学方面的成就，并质疑欧阳修，要求增加相关内容。欧阳修特意撰写《论尹师鲁墓志》加以批驳，结尾处更是理直气壮地言道："死者有知，必受此文。所以慰吾亡友尔，岂恤小子辈哉！"① 对尹洙家族的质疑毫不理会，坚持自己的观点。尹洙墓志并未出土，我们无从知道最终定稿如何，然尹洙家人则通过韩琦撰写墓表立于墓前加以弥补，则是不争的事实。欧阳修撰范仲淹神道碑事，更是纠葛丛生。欧阳修撰成范仲淹神道碑后，因"吕范解仇"事，导致范仲淹长子范纯仁的强烈不满，在交涉无果的情况下，丧家刊石时削去"吕范解仇"一节，使得欧公耿耿于怀，不承认删改后的文字为自己所撰。在他与杜䜣的书信中云："范公家神刻，为其子擅自增损，不免更作文字发明，欲后世以家集为信。"② 在给苏洵的信中更是直斥范纯仁的行为："《范公碑》，为其子弟擅于石本改动文字，令人恨之。"③ 邵博所谓令人恨之的书信，最近于日本天理大学附属天理图书馆发现：

　　与苏编礼　　治平□年
　　修启。昨日论《范公神道碑》，今录呈。后为其家子弟擅于石本减却数处，至今恨之，当以此本为正也。修再拜明允贤良。④

可知至宋英宗治平年间，欧阳修言及范纯仁删改《神道碑》中文字，仍是余怒未消。甚至神宗熙宁三年（1070）写给张续的书信，还对此事耿耿于怀："修向作范文正文字，而悠悠之言，谓不当与吕申公同褒贬。二

---

① 欧阳修撰，李逸安点校：《欧阳修全集》卷 72《论尹师鲁墓志》，第 1046 页。
② 欧阳修撰，李逸安点校：《欧阳修全集》卷 70《与杜䜣论祁公墓志书》，第 1020 页。
③ 邵博撰，刘德权等点校：《邵氏闻见后录》卷 21，中华书局 1983 年版，第 163—164 页。
④ 东英寿：《新见九十六篇欧阳修散佚书简辑存稿》，《中华文史论丛》2012 年第 1 期。

公之贤，修何敢有所褒贬？亦如此而已。后闻范氏子弟欲有所增损，深可疑骇。"① 可见范纯仁刊石删去吕范解仇一节事，十余年后欧阳修仍然不能释怀。从中亦可说明，撰者与丧家在碑志形成中均坚持自己的理念，在发生纠葛冲突时并不会过度让步。②

丧家干涉碑志文定型的极致，是把他们所请撰者撰写的文字弃而不用，另找人重新撰写。王安石父亲王益去世之后，曾巩撰其墓志，题为《尚书都官员外郎王公墓志铭》，收录于《曾巩集》卷中，而且曾巩在墓志中云："吾又与安石友，故得知公事最详。其将葬也，使者以安石之述与书来请铭，遂为之铭。"③ 由此可知，曾巩之所以撰王益墓志，是王安石主动求铭的结果。然而，2009年10月在南京江宁区将军山南麓"复地朗香三期"别墅施工过程中，发现了王安石父王益、兄王安仁墓，并出土墓志两合。王益墓志结尾处载："安石以侔友，故来告□侔□。"④ 则王益石本墓志撰者为孙侔，并非曾巩。王安石在与孙侔的书信中讲道："先人铭固尝用子固文，但事有缺略，向时忘与议定。又有一事，须至别作……告正之作一碣，立于墓门，使先人之名德不泯，幸矣。"⑤ 王安石认为曾巩所撰墓志中对王益功业的叙述有所缺失，且质疑了部分文字的准确性，故在书信中特邀孙侔撰墓碣立于墓门。从出土墓志为孙侔撰写可以推测，王安石家族当是把孙侔所撰墓碣刊石入墓，而对家族提出异议的曾巩所撰墓志弃而不用。由此可知，丧家与撰者之间发生冲突后，墓主墓志如何行文、如何修改、是否使用，最终决定权完全掌握在丧家手中。

---

① 东英寿：《新见九十六篇欧阳修散佚书简辑存稿》，《中华文史论丛》2012年第1期。
② 详见仝相卿《欧阳修撰范仲淹神道碑理念探析》，《史学月刊》2015年第10期。
③ 曾巩撰，陈杏珍、晁继周点校：《曾巩集》卷44《尚书都官员外郎王公墓志铭》，第600页。
④ 南京市江宁区政协教卫文体和文史委编：《江宁春秋》，南京出版社2013年版，第39页。
⑤ 王安石撰，王水照主编：《王安石全集·临川先生文集》卷77《与孙侔书三》一，第1372—1373页。

小　结

随着出土碑志文的增加，石本文献与集本文献中重合的数量渐趋增多，对比之下可以发现他们不同之处颇多，这其中自然有因传世文献流传过程中出现有意、无意的舛误，以出土文献加以校正，可以减少其错误。但是，其中有一些不同之处则是丧家有意删改的结果，这实际上显示了丧家在碑志撰写过程中的参与作用。刘静贞在讨论相同篇章的传世文献与出土碑志文异同时，曾推测道："文集中所收录的墓志书稿史料与志石上实际刻写的石刻墓志史料之间，就可能有着极大的差异性。那可能代表着两种价值观的展现，而且是极具冲突性的两种价值理念。换言之，一般文集所搜罗的既是作者手上的文稿，又是文集墓志史料所透露的，便只是书写者个人的认知与思考，而刻写在志石上的才是当时经过整个墓志书写活动参与者所共同认可存留的信息。"① 可谓精辟。除了撰者所依据的材料来源于丧家所提供的行状等墓主个人资料外，在碑志文撰成之后，他们还需要填补基本信息并认真审视，对碑志文或润饰，或纠正，并和撰者沟通企图修改某些文字。

有些撰者会考虑实际情况，在不妨碍自己理念的前提下对碑志文加以修改，尽量满足丧家的要求。也有一些撰者坚持自己的观点，不惮与丧家发生冲突，其结果则是丧家擅自删改刊石，撰者在诸多场合申明删改之后的文章非自己本意，要求世人以自己文集所收录文字为准，二者的纠葛姑且不论，然最后刊石的文字仍然是经过丧家参与之后的"修订稿"。基于此，或可认为，同一碑志的集本和石本为两种定稿权不同的版本系统，集本定稿权属撰者，石本定稿权在丧家。虽集本在传抄过程中会产生诸多讹误，可以利用石本为参照进行校勘，然而，把石本作为校勘集本的依据，不加辨析地增删集本相关内容，仍存在较大的危险。

---

① 刘静贞：《文物・テキスト・コンテキスト——五代北宋期における墓誌資料の性質とその捉え方 -》，《大阪市立大學東洋史論叢》別冊特集号 "文獻資料學の新たな可能性"，2006年5月，第79—94页。

第 五 章

墓志碑铭撰写个案研究之一

——以北宋孔道辅为中心的考察

孔道辅，原名孔延鲁，字原鲁，《宋史》卷二百九十七有传，兖州曲阜（今山东曲阜）人。生于宋太宗雍熙二年（986），卒于宋仁宗宝元二年（1039），因差遣契丹接伴使，避契丹不喜"鲁"音改称道辅，以后沿用不改，真宗大中祥符五年（1012）进士及第，主要活动于宋真宗、仁宗朝，孔子第45代孙。[①] 研究孔道辅的主要材料，除了《东都事略》《宋史》《续资治通鉴长编》《宋会要辑稿》中的记载外，较为详尽的是王安石撰写的《给事中赠工部侍郎孔公墓志铭》[②] 和张宗益所撰之《宋守御史中丞赠太尉孔公后碑》[③]。需要指出的是，张宗益是文不见于任何宋代著录，而收入明代陈镐修撰的《阙里志》，当为明代出土的材料。但通过考察其中所载孔道辅的生平、仕宦、职官等信息，以及张宗益的身份、生活年代等，皆与宋代史料中记录孔道辅的事迹相吻合，可以肯定此确

[①] 仝相卿：《北宋孔道辅研究三题》，罗家祥主编：《华中国学》第2辑，华中科技大学出版社2014年版，第149—157页。
[②] 王安石撰，王水照主编：《王安石全集·临川先生文集》卷91《给事中赠工部侍郎孔公墓志铭》，第1580—1582页。
[③] 张宗益：《宋守御史中丞赠太尉孔公后碑》，陈镐修撰：《阙里志》卷24，第1771—1782页。另，"后碑"之概念，清人王芑孙曾云："后碑者，即碑阴也。汉碑阴，类多题名，或补前碑所木［未］及，无大论著，惟《史晨》及《孙叔敖后碑》所书杂事，犹之续记后记，乃创例也。"故此处所谓"后碑"，当与孙叔敖后碑性质相当，所书杂事。王芑孙：《碑版文广例》卷4《汉·后碑纪事例》，朱记荣辑：《金石全例（外一种）》，北京图书馆出版社2008年版，第216—217页。

为北宋时期撰写，而在撰成后并未广泛流传。

一般而论，宋人所撰行状、墓志与神道碑，因撰写顺序有先有后，撰者在创作后者时对已撰成之文多有参考。如：苏轼撰张方平墓志即张恕"以王巩之状来求铭"①，范祖禹撰赵瞻神道碑时曰："中书侍郎付尧俞诔公行而铭诸墓，其孤又以状请于太史氏，将刻之碑。"② 秦观撰写徐某成甫的行状时言道："余既相与泣下，因掇其尤著白者为行状，以俟夫自信之君子考而志焉"③ 这在墓志碑铭撰写时相当普遍。④ 后文在创作期间，甚至有大段摘抄前者的现象，以至于司马光曾云："常怪世人论撰其祖祢之德业，圹中之铭，道旁之碑，必使二人为之。彼其德业一也，铭与碑奚以异？曷若刻大贤之言，既纳诸圹，又植于道，其为取信于永久，岂不无疑乎？"⑤ 苏轼亦有类似见解："阡表既与墓志异名而同实。"⑥ 实际上都在强调竖立墓外之碑文与藏于圹内的志文有相当大的一致性。然就孔道辅圹内之墓志铭与墓外的后碑而言，虽撰写对象为同一人物，然二者的内容却有着较大的差异，具有一定的特殊性，这在以往的碑志文中并不常见，是一个值得深入探讨的话题。

有关宋代墓志碑铭的研究，学者多从"隐恶扬善"的角度对其史料价值进行宏观分析，但墓志碑铭如何书写？何种事情需隐而不彰？哪种情况又值得大书特书？为什么出现这种是此非彼的现象，却少有人深入论及。近来，部分学者开始关注墓志铭的"书写"与个人及政治的关系⑦，笔者深受启发，故现以孔道辅的碑志材料为个案，考察其墓志碑铭

---

① 苏轼撰，孔凡礼点校：《苏轼文集》卷14《张文定公墓志铭》，第458页。
② 范祖禹：《宋中大夫同知枢密院事上柱国天水郡开国侯食邑一千二百户食实封三百户赠右银青光禄大夫谥懿简赵公神道碑铭并序》，北京图书馆金石组编：《北京图书馆藏中国历代石刻拓本汇编》，第40册，第75—76页；另可参校高文、高成刚编：《四川历代碑刻》，第165—167页。
③ 秦观撰，徐培均笺注：《淮海集笺注》卷36《徐君主簿行状》，第1175页。
④ 刘静贞：《北宋前期墓志书写活动初探》，《东吴历史学报》2004年第11期。
⑤ 司马光：《温国文正司马公集》卷79《书田谏议碑阴》，四部丛刊初编本，商务印书馆1922年版，第843册，第13a页。
⑥ 苏轼撰，孔凡礼点校：《苏轼文集》卷53《答李方叔十七首》之九，第1579页。
⑦ 刘静贞：《北宋前期墓志书写活动初探》，《东吴历史学报》2004年第11期；柳立言：《苏轼乳母任采莲墓志铭所反映的历史变化》，《中国史研究》2007年第1期；刘成国：《北宋党争与碑志初探》，《文学评论》2008年第3期。

在书写过程中所受到个人习惯、政治环境及政治派别等因素的影响，从而导致"历史书写"呈现出的别样面貌。

第一节 孔道辅"墓志铭"与"后碑"文本分析

"隐恶扬善"是研究者在使用墓志碑铭作为材料时普遍诟病的事情，这在墓志碑铭出现之后不久就被人屡屡言及，属于中国古代死亡文化书写的重要组成部分①。然而，碑志中往往只能显示出个人的部分材料，以什么标准对墓主的材料加以取舍，又以何种标准去界定"善恶"，实际上是无法完全厘清的问题。我们以孔道辅《墓志铭》与《后碑》的文本为对象，做一简要对比分析，尝试探寻两位作者的"隐扬"手法及原因。需要指出的是，两者的"书写"均以孔道辅平生、仕宦经历为蓝本，故不可能有质的差别，然他们在处理材料时，详略、取舍并不一致，导致两文差异之处甚多。两文稍嫌冗长，不具引，仅就笔者对比所得差异处胪列以次，并利用史籍相关记载加以印证。

一 孔道辅世系之详略

王安石撰孔道辅墓志铭，详细介绍了他的曾祖父、祖父、父亲三代："孔公者，尚书工部郎中、赠尚书吏部侍郎、讳勖之子；兖州曲阜县令、袭封文宣公、赠兵部尚书，讳仁玉之孙；兖州泗水县主簿，讳光嗣之曾孙；而孔子之四十五世孙也。"② 而张宗益称："公讳道辅，字原鲁，孔子四十五代孙，其世系之详，史册记于国，封爵传其家，名教所宗，海内胥养。"③ 故并未多作介绍。

---

① 卢建荣：《北魏唐宋死亡文化史》，第 25 页。
② 王安石撰，王水照主编：《王安石全集·临川先生文集》卷 91《给事中赠工部侍郎孔公墓志铭》，第 1580—1581 页。
③ 张宗益：《宋守御史中丞赠太尉孔公后碑》，陈镐修撰：《阙里志》卷 24，第 1771 页。

二　孔道辅为谏官事迹

王安石对孔道辅在谏院任上的功绩表述较为清晰："尝知谏院矣，上书请明肃太后归政天子，而廷奏枢密使曹利用、尚御药院罗崇勋罪状。当是时，崇勋操权利，与士大夫为市；而利用悍强不逊，内外惮之。"① 这可与其他传世文献互证。要求刘太后归政宋仁宗，《东都事略·孔道辅传》及江少虞所撰《宋朝事实类苑》等均有记载，但具体时间上疏不明。② 论奏曹利用及罗崇勋事，《宋史·孔道辅传》云："受命日，论奏枢密使曹利用，尚御药罗崇勋窃弄威柄，宜早斥去，以清朝廷。立对称刻，太后可其言，乃退。"③ 李焘撰写《续资治通鉴长编》时参考了国史《本传》的相关内容，且对孔道辅论奏二人的时间有所考辨：

> 本传云道辅除左正言，受命日，论奏枢密使曹利用、上御药罗崇勋窃弄威柄，宜早斥去，以清朝廷。立对移刻，太后可其言，乃退。按道辅为左正言，乃天圣元年八月，此时利用及崇勋骄恣之状犹未著，道辅必不以受命日首论此二人。及五年十二月，迁左司谏，或可论矣。然距利用贬黜尚一年余，遽云太后可其言，亦妄矣。且利用不应与崇勋同论，或道辅果曾同论二人，亦必不在始受命日。传盖误也。④

确有见地。张宗益则记载曰："天圣元年，诏入为左正言知谏院，公不避权佞，在谏院七年，封章论事，轩陛尽规，忠言密启，无所隐蔽。章奏随灭。"⑤ 但其所记相当笼统，这可能与"章奏随灭"的情况有关。

---

① 王安石撰，王水照主编：《王安石全集·临川先生文集》卷91《给事中赠工部侍郎孔公墓志铭》，第1581页。
② 王称：《东都事略》卷60《孔道辅传》，第903页；江少虞：《宋朝事实类苑》卷5，上海古籍出版社1981年版，第46页。
③ 《宋史》卷297《孔道辅传》，第9884页。
④ 李焘：《续资治通鉴长编》卷108，天圣七年十二月辛亥，第2529页。
⑤ 张宗益：《宋守御史中丞赠太尉孔公后碑》，陈镐修撰：《阙里志》卷24，第1772页。

三 孔道辅两次出使契丹

王安石对孔道辅两次出使契丹之事，并无丝毫提及，不知何故。张宗益则撰写得相对清晰："寻为北蕃国信使，旧名延鲁，至是改今讳焉。至木叶山，虏主命宴，遣臣就席侑公酒，以小玉盏。公辞以不饮。侑者既传君旨，又曰：'饮此则气和。'公曰：'不和无害，但天性不饮耳。'虏君臣皆相顾。使还，以除公左司谏、充龙图阁待制。朝廷见语录对虏主有不和无害之说，言事者继进以谓正触机会，彼当有辞。陛见日，上问之。公曰：'契丹为黑水所破，势甚衰，但每见朝使臣俾馆候者，预构语言挑探强弱，使臣一不敢对，臣恐以此轻中国。'上大悦，由是群谤不能进。"第二次孔道辅出使则一语带过："旋命公使北庭贺册礼。"①

孔道辅曾两次出使契丹，史籍当中皆有记载。第一次出使为天圣五年（1027）九月，"直史馆孔道辅为契丹妻正旦使，左侍禁、閤门祗候马崇副之"②。第二次出使在天圣九年（1031）年六月，以"贺（契丹主）登位使"，后改为"契丹太后册礼使"。③ 另，有关"不和无害"说之起因，《续资治通鉴长编》载："契丹燕使者，优人以文宣王为戏，道辅艴然径出。契丹主使主客者邀道辅还坐，且令谢，道辅正色曰：'中国与北朝通好，以礼文相接。今俳优之徒，侮慢先圣而不之禁，北朝之过也，道辅何谢？'"④ 说明孔道辅因契丹伶优之人以其祖先孔子为戏，致使其心中不快，进而不顾出使大臣身份愤然"径出"，且不向契丹主道歉，是为两国交往中失仪之行为⑤。而张宗益所谓的"天性不饮"当是粉饰孔道辅在契丹宴会上的"失仪"之举。

---

① 张宗益：《宋守御史中丞赠太尉孔公后碑》，陈镐修撰：《阙里志》卷24，第1773—1775页。
② 李焘：《续资治通鉴长编》卷105，天圣五年九月庚子，第2447页。
③ 李焘：《续资治通鉴长编》卷110，天圣九年六月辛丑、七月戊午，第2563、2564页。
④ 李焘：《续资治通鉴长编》卷105，天圣五年十二月己丑，第2457页。
⑤ 国信使出使，"动止语默，辄关国体"，失仪会受到一定惩罚。聂崇岐：《宋辽交聘考》，《燕京学报》第27期，1940年，今据聂崇岐《宋史丛考》下册，中华书局1980年版，第331—332页。

四　明道二年（1033）废郭皇后伏阁请谏事件

这次事件由孔道辅领导①，在当时政坛震动较大，有学者认为这标志着台谏与宰相冲突的白热化②。王安石对孔道辅的言行这样记载："尝为御史中丞矣，皇后郭氏废。引谏官、御史伏阁以争，又求见上，皆不许，而固争之，得罪然后已。"③张宗益则云：

> 是年，皇后郭氏将出为金庭教主。公亟率谏官、御史十人，袖疏伏阁请对。时后已有成命，上命内侍、近臣就东上阁门，引公等赴中书俾丞相宣谕。公曰："某等外闻中宫动摇，未详德音，愿面见陛下。"上已归禁中，不得已，见政事堂。时丞相与公对立堂上，丞相曰："禁中事，中丞不得知，或不便于圣人，臣子非所安。"公曰："人臣视天子与后，犹子之事父母也。父母不和，可以谏止，未闻为人子者顺父出母，禁中事不当知。"丞相又曰："汉唐以来亦尝有废后。"公对曰："方今天下待丞相如皋夔，日望致君如尧舜，汉唐废后何足取法？"丞相不能对。公拂袖引谏官、御史出。明日晨谒，将至右义门，有吏持敕赴马前，已除谏议大夫、知泰州。台吏押行出都门。时谏官御史十人皆一时名辈，范仲淹尝谓所知曰："孔公方正名天下所共知，昨当撄鳞之际，事在不测，观其容止愈端重，颜色不沮丧。附中臣之对，答丞相之语，应若宿构，言有条理，此过于

---

① 仝相卿：《北宋孔道辅研究三题》，罗家祥主编：《华中国学》第2辑，第149—157页。另外，有关宋仁宗废后事件的前因后果，学者讨论颇丰富，如刘静贞借宋仁宗废后研究了宋代士大夫的政治理念与实践；王志双以郭皇后被废为切入，深入探讨了宋仁宗朝的政治局面；杨果、刘广丰讨论了宋仁宗郭皇后被废的原因。可参阅刘静贞《范仲淹的政治理念与实践——藉仁宗废后事件为论》，《宋史研究集》第24辑，第53—75页；王志双：《吕夷简与宋仁宗前期政治研究》，硕士学位论文，河北大学，2000年；王志双：《涤荡保守政风以开新局的前奏——郭皇后被废与宋仁宗朝前期政局》，《苏州科技学院学报》2012年第3期；杨果、刘广丰：《宋仁宗郭皇后被废案探议》，《史学集刊》2008年第1期。
② 贾玉英：《宋代监察制度研究》，河南大学出版社1996年版，第157页。
③ 王安石撰，王水照主编：《王安石全集·临川先生文集》卷91《给事中赠工部侍郎孔公墓志铭》，第1581页。

前所闻矣。"①

相比之下，张宗益对事件的经过、孔道辅的言行、被处置情况以及范仲淹对孔道辅的评价等交代得相当细致。

五 宝元二年（1039）冯士元狱

有关于此，《续资治通鉴长编》对其本末有较为详细的记载②。王安石云：

> 初，开封府吏冯士元坐狱，语连大臣数人，故移其狱御史。御史劾士元罪止于杖，又多更赦。公见上，上固怪士元以小吏与大臣交私污朝廷，而所坐如此。而执政又以谓公为大臣地道，故出知郓州。③

张宗益则曰：

> 初，开封府吏冯士元以赃败，辞连知枢密节度参知政事程琳。宰相张士逊以素恶琳而疾道辅不附己，将并逐之。谓道辅曰："上顾程公厚，今为小人所诬，宜为辩之。"道辅入对，言琳罪薄不足治。上怒以道辅朋附大臣，故并出之。④

王安石与张宗益二人的所撰，详略程度相当，但其中重要信息的透露程度却相差甚大。对于主要的人物，王安石笼统称"语连大臣数人""执政谓公为大臣地道"，相当含混。张宗益则把核心人物"程琳""张士逊"之名悉直书其间。

---

① 张宗益：《宋守御史中丞赠太尉孔公后碑》，陈镐修撰：《阙里志》卷24，第1775—1776页。
② 李焘：《续资治通鉴长编》卷125，宝元二年十一月丁酉，第2940页。
③ 王安石撰，王水照主编：《王安石全集·临川先生文集》卷91《给事中赠工部侍郎孔公墓志铭》，第1582页。
④ 张宗益：《宋守御史中丞赠太尉孔公后碑》，陈镐修撰：《阙里志》卷24，第1778—1779页。

六 孔道辅后嗣情况

一般而论，墓志碑铭会"详载子孙名字、仕历及婚配，这对研究家族史的学者来说提供第一手之史料"①，但具体到两者的撰写亦不相同。王安石云："生二男子：曰淘，今尚书屯田员外郎；曰宗翰，今为太常博士。"②张宗益则称："子二人：曰舜亮，曰宗翰。并中进士第。女三人，长适殿中丞李黄中，封寿光县君；次适王氏；次氏张氏，皆早卒。孙七人：若升、若谷、若古、恢、悼、忱、恂，皆仕。"③需要说明的是，孔元措《孔氏祖庭广记》及陈镐《阙里志》卷九《闻达子孙》均记孔道辅长子为"孔舜亮，字君亮"，④而上述文献同时亦有孔淘"嘉祐四年，以屯田员外郎知仙源县事"⑤的记载，其职官与王安石记载吻合，但当中并未交代其与孔道辅有何关系。孔道辅长子为孔淘抑或孔舜亮，是先为孔淘后改名舜亮，抑或撰写或传抄过程中有舛误的情况，笔者限于学力，未能详知，且存疑待考。

七 宋真宗大中祥符年间天庆观击蛇案

孔道辅宋真宗大中祥符年间在宁州天庆观击蛇事，当时人从社会影响、个人形象、政治纠纷等方面已多有论及⑥。王安石着重强调了孔道辅的人生态度，以及天庆观击蛇一事在其社会地位提升中所起到的作用："尤不好鬼神機祥事，在宁州，道士治真武像，有蛇穿其前，数出近人，人传以为神。州将欲视验以闻，故率其属往拜之，而蛇果出。公即举笏

---

① 王德毅：《墓志铭的史料价值》，《东吴历史学报》2004 年第 12 期。
② 王安石撰，王水照主编：《王安石全集·临川先生文集》卷 91《给事中赠工部侍郎孔公墓志铭》，第 1582 页。
③ 张宗益：《宋守御史中丞赠太尉孔公后碑》，陈镐修撰：《阙里志》卷 24，第 1779 页。
④ 孔元措：《孔氏祖庭广记》卷 6《族孙》，丛书集成初编本，商务印书馆 1936 年版，第 3316 册，第 73 页；陈镐修撰：《阙里志》卷 9《闻达子孙》，第 421 页。
⑤ 孔传撰，朱凯、姜汉椿整理：《东家杂记》卷下《乡官》，全宋笔记第 3 编第 10 册，大象出版社 2008 年版，第 228 页；孔元措：《孔氏祖庭广记》卷 9《乡官》，丛书集成初编本，第 3317 册，第 91 页；陈镐修撰：《阙里志》卷 8《授官恩泽》，第 350 页。
⑥ 仝相卿：《北宋孔道辅"天庆观击蛇案"的流传及演变》，姜锡东主编：《宋史研究论丛》第 14 辑，河北大学出版社 2013 年版，第 57—70 页。

击蛇，杀之。自州将以下皆大惊，已而又皆大服。公由此始知名。然余观公数处朝廷大议，视祸福无所择，其智勇有过人者，胜一蛇之妖，何足道哉！世多以此称公者，故余亦不得而略之也。"① 张宗益则仅云："手断妖蛇，不足为公道者，此不复书。"② 认为此事情无助于提升孔道辅的个人风范，故一笔带过。

同一人物的个人传记，篇幅亦不甚大。两位作者对材料的取舍有如此大的差异，使呈现出来的"历史书写"有相当程度的不同，殊难索解。笔者以下将尝试讨论导致差异的原因，然在此之前，需要对墓志碑铭的撰者和撰写时间稍加考述。

第二节　孔道辅"墓志铭"与"后碑"的撰者及撰写时间

一　王安石及孔道辅墓志铭撰写时间

王安石（1021—1086），《宋史》卷二百三十七有传。字介甫，江南西路抚州临川（今江西抚州）人。庆历二年（1042）进士及第，嘉祐六年（1061）七月戊寅到嘉祐八（1063）年八月甲午为"知制诰"，代替皇帝起草诏诰等文字工作。嘉祐八年八月丁母忧去位。宋神宗在位期间，王安石是熙丰变法中最为核心的人物。邓广铭先生和漆侠先生对王安石生平及王安石变法等相关内容均有细致的论述③，不赘述。然而王安石所撰孔道辅墓志铭的具体时间，史无明言，清人顾栋高在编撰王安石年谱时，于嘉祐七年（1062）王安石知制诰后云"撰给事中孔公墓志铭"④，然未知其所据。今以墓志中相关线索试加探究。

孔氏墓志中首先言孔道辅"仕当今天子天圣、宝元之间"，既称"天

---

① 王安石撰，王水照主编：《王安石全集·临川先生文集》卷91《给事中赠工部侍郎孔公墓志铭》，第1582页。
② 张宗益：《宋守御史中丞赠太尉孔公后碑》，陈镐修撰：《阙里志》卷24，第1780页。
③ 邓广铭：《北宋政治改革家王安石》，河北教育出版社2000年版；漆侠：《王安石变法研究》，河北人民出版社2002年版。
④ 顾栋高撰、裴汝诚点校：《王荆国文公年谱》卷上，顾栋高等撰：《王安石年谱三种》，中华书局1994年版，第60页。

圣""宝元"年号，又云"当今天子"，则知其定撰于宋仁宗在位期间。且言"嘉祐七年十月壬寅，葬公（按指孔道辅）孔子墓之西南百步"，则此文应作于嘉祐七年（1062）十月之前，否则无法刊石埋铭。再者，墓志中提及孔道辅之子孔宗翰为"太常博士"，而《秘书丞孔宗翰可太常博士》的制书，现收录于沈遘《西溪集》卷六中①，此制书当为沈遘担任知制诰时所作。王安石撰沈遘墓志铭云："召试知制诰。及为制诰，遂以文学称天下。金部君（按：指沈遘父沈扶）坐免，求知越州。"②又知沈遘知越州在"嘉祐六年十二月"③，则可大体推断沈遘担任知制诰应在嘉祐五年（1060）前后。王安石既知孔宗翰为太常博士，则撰写孔氏墓志铭当在其后，故是文当成于嘉祐五年（1060）到嘉祐七年（1062）之间。

王安石与孔道辅仕宦并无交集，墓志中亦未透露撰铭缘由，为何孔道辅去世20余年方才由王安石撰写墓志铭？其中很大可能是孔道辅后人向宋仁宗求铭，仁宗命知制诰王安石撰写的结果，这点从孔道辅墓志铭所据资料来源中亦可窥见，容后详述。故顾栋高所言嘉祐七年（1062）当可信之。

二 张宗益及《宋守御史中丞赠太尉孔公后碑》的撰写时间

张宗益，字仲巽④。《宋史》无传，生平事迹不甚详。据张宗益自

---

① 沈遘：《沈氏三先生文集·西溪文集》卷6《秘书丞孔宗翰可太常博士》，四部丛刊三编本，商务印书馆1936年版，第2册，第17a页。

② 王安石撰，王水照主编：《王安石全集·临川先生文集》卷93《内翰沈公墓志铭》，第1609页。

③ 施宿：《嘉泰会稽志》卷2《太守》，宋元方志丛刊本，第7册，中华书局1990年版，第6754页。

④ 《宋史》卷14《神宗一》载：熙宁元年（1068）八月丁卯"遣张宗益贺辽主生辰正旦"出使契丹，当时苏颂亦出使契丹，二者有诗文唱和，然张氏诗文今不载，苏颂诗文现存《苏魏公集》卷13《前使辽诗》（第160—167页）。其中有《和国信张宗益少卿过潭州朝拜信武殿》《和张少卿过德清忆郎中五弟》，又有《和张仲巽过瀛州感旧》《和王大观寄张仲巽》《和仲巽过古北口杨无敌庙》《和仲巽山行》《和仲巽过度云岭》《新岁五十始觉衰悴因书长句奉呈仲巽少卿》等，既称张宗益为国信少卿，有云仲巽少卿，则二者有可能为一人。又，郑獬《郧溪集》卷24曾有诗《对雪寄一二旧友呈张仲巽宗益运判》，而据《文潞公集》卷39《举张宗益》知，张宗益治平年间曾为湖北转运判官期间。故郑獬所云张仲巽宗益，应该和苏颂所云张宗益，仲巽当为一人，即我们所要讨论的张宗益。

称其为孔道辅父孔勖门人①，故与孔道辅应有一定的私交。天圣八年（1030）张宗益曾书写了孔道辅所撰《祖庙祝文》，则二人相识应在之前，除此之外，史料中对他们的关系还有所涉及。其一，孔道辅在景祐二年（1035）六月作《祖庙祭文碑》时，书写者仍为张宗益②；其二，张宗益在撰写孔道辅后碑时称："公在位时，诸子尚幼，故平生风迹不能尽记，惟宗益知之实详。"③或可认为二者私谊确实非比寻常。

考察张宗益于宋神宗在位时期的交游，他与文彦博、韩琦等多有往来唱和。文彦博治平二年（1065）为张宗益撰写举状，保举他为台阁清近之职，称他"学识精深，议论宏博。莅官为政，所至有声"④。元丰三年（1080）九月，文彦博在《五老会诗》云："四个老儿三百岁，当时此会已难伦"，四个老儿指"范镇内翰、张宗益工部、张问谏议、史炤大卿"。⑤而黄康弼在《续会稽掇英集》中称张宗益此时已是"尚书工部郎中致仕"⑥，可见张宗益与文彦博的关系一直保持密切。熙宁年间张宗益差遣知相州，曾多次与韩琦有过诗文的唱和，韩琦和诗云"好事庶逢贤守继，康时聊便里民游"，"铜雀台边事少州，名郎来守喜安休"⑦"今始推良牧，褒辞借病翁"⑧，等等。把张宗益称为"贤守""名郎""良牧"，应该是有良好的私人关系。

---

① 孔勖：《祖庙祝文》，国家图书馆善本金石组编：《宋代石刻文献全编（一）》，第107页。
② 孔道辅：《五贤堂记》，陈镐修撰：《阙里志》卷18，第940页。
③ 张宗益：《宋守御史中丞赠太尉孔公后碑》，陈镐修撰：《阙里志》卷24，第1780页。
④ 文彦博撰，申利校注：《文彦博集校注》卷39《举张宗益》，中华书局2016年版，第924—925页。
⑤ 文彦博撰，申利校注：《文彦博集校注》卷7《五老会诗》，第412页。
⑥ 黄康弼：《续会稽掇英集》卷3，《续修四库全书》本，第1682册，上海古籍出版社1995—2001年版，第479页。
⑦ 韩琦：《安阳集》卷15《再和》，宋集珍本丛刊，第6册，第466页。
⑧ 韩琦：《安阳集》卷15《次韵答张宗益工部》，宋集珍本丛刊，第6册，第466页。

而且，张宗益还和韩维①、郑獬②、苏颂③等亦有诗文唱和，当和他们也有良好的私人关系。前述文彦博、韩琦、韩维、郑獬等数人，均为熙丰变法中反对派的核心人物④，苏颂与张宗益的和诗，主要是熙宁元年（1068）出使契丹时所为。苏颂在神宗在位期间，虽担任着替皇帝草拟文书的知制诰职务，也做过司农寺的长官，但对于一些新法措施都曾上疏论列，表达自己的看法⑤，且并无结党痕迹。故曾肇所谓"议论持平，务循故事；避远权宠，不立党援"⑥，应该是对其熙宁时期政治主张的高度概括，然即便如此，他仍因为王安石提拔李定为御史事被贬职出外。而且，尽管苏颂没有明确表示反对变法，但仍有学者根据其政治实践，认为其当属于反变法派的阵营⑦。而张宗益与变法派的交往，史籍全无记载。故通过上述考察，虽不能遽断张宗益在政治上一定属于反对熙丰变法者，但就交游情况而论，亦大体可知其政治理念应该是趋于保守的。

另外，还有一则记载材料，则可直接说明张宗益在熙丰变法时期政治上属于反对变法者。张问在撰写张顗墓志时云："方熙宁初，朝廷要路美官皆新进少年，公与余及张君宗益友善，又同姓也，日为三老之会，

---

① 韩维：《南阳集》卷1《春夜怀仲巽》、《与张仲巽游善护院》；卷8《和仲巽消京尘》；卷10《和仲巽在高阳日作诗见怀而不见寄》，文渊阁《四库全书》，第1101册，第507、528、602页。

② 郑獬：《郧溪集》卷23《冬日同仲巽及府察游万寿寺兼有龙山之约》；卷24《对雪寄一二旧友呈张仲巽宗益运判》；卷25《和仲巽荆州大雪》；卷26《送仲巽归阙下》；卷27《同彦范谒仲巽饮之甚乐仲巽且有北归之期情见卒章辄用写呈》；卷28《酬张仲巽见督龙山之游》，宋集珍本丛刊本，第15册，第210、218、223—224、231、243—244、263页。

③ 苏颂撰，王同策等点校：《苏魏公集》卷13《和国信张宗益少卿过潭州朝拜信武殿》、《和张少卿过德清忆郎中五弟》、《和仲巽过瀛州感旧》、《和王大观寄张仲巽》、《和仲巽过古北口杨无敌庙》、《和仲巽山行》、《和仲巽过度云岭》、《和仲巽奚山部落》、《新岁五十始觉衰悴因书长句奉呈仲巽少卿》，第160—168页。

④ 罗家祥：《朋党之争与北宋政治》，第17—73页。

⑤ 邓广铭：《苏颂》，《邓广铭全集》第8卷，河北教育出版社2005年版，第49—50页。

⑥ 曾肇：《曾文昭公集》卷3《赠苏司空墓志铭》，宋集珍本丛刊本，线装书局2004年版，第26册，第719页。

⑦ 王瑞来：《苏颂论》，《浙江学刊》1988年第4期。

赋诗饮酒，相与争先为林下翁。后陈秀公闻之，乃与榜中之旧，合为九老。"① 既言朝廷要路皆新近少年，又称张宗益与自己和张颙为"三老"，常饮酒赋诗，以林下翁自居，可见他们是区别于要路美官之新近少年的，从中可以透露，张宗益在熙宁时期对变法不甚热心。此墓志作于宋哲宗元祐二年（1087），其中点出张颙对熙丰变法的态度："王荆公方等庸，纷更法令。时郡国大旱，京师特甚，公往见之，语及主上精诚祷请之意。荆公曰：'此殆天意也。'公徐语曰：'今天下困于苗、役、市易，民口嗷嗷，又屡起大狱。亢旱之灾，当由变法所致。若亟复祖宗旧章，雨立至矣，何专归之邮耶！'公归，谓子弟曰：'吾适见丞相，道吾中心平昔所欲言者，丞相有不悦色。'"② 张颙所言复祖宗旧法，乃心中平日所欲言者，其反对变法的态度一目了然③，从中亦可推知张宗益亦为反对熙丰变法者。

张宗益撰写孔道辅《后碑》的具体时间，史无详载。然其撰文结衔"工部郎中"，以之为据可大体判断。前述文彦博在治平二年（1065）为张宗益撰写举状时称其为"湖北转运判官、都官员外郎"④，知治平二年张宗益本官为都官员外郎。韩琦与张宗益之间的和诗，其中《次韵和张宗益工部初到相台书事》云："园池开拓费经筹，雅意奚专自宴休。好事庶逢贤守继，康时聊便里民游。一闻公暇闲无敌，顿激归心浩不收。早晚再容怀绶乐，赤松高趣遂希留。"⑤ 据标题显示，知此为张宗益初到相州后与韩琦之诗文往来。李之亮等认为此乃"熙宁三年，（韩琦）判大名府时作"⑥，笔者亦赞同，且知张宗益本官已为"工部郎中"；张宗益到

---

① 张颙墓志出土于湖南省常德市，《考古》1981 年第 3 期曾有介绍，但墓志无录文，仅有部分拓片，今所据为《全宋文》录文。张问：《宋故中散大夫致仕上轻车都尉南阳县开国伯食邑八百户赐紫金鱼袋张公墓志铭并序》，刘琳、曾枣庄编：《全宋文》卷 1029，第 48 册，第 11 页。

② 张问：《宋故中散大夫致仕上轻车都尉南阳县开国伯食邑八百户赐紫金鱼袋张公墓志铭并序》，刘琳、曾枣庄编：《全宋文》卷 1029，第 48 册，第 10 页。

③ 熊新传：《湖南常德北宋张颙墓》，《考古》1981 年第 3 期。

④ 文彦博撰，申利校注：《文彦博集校注》卷 39《举张宗益》，第 924—925 页。

⑤ 韩琦：《安阳集》卷 15《次韵和张宗益工部初到相台书事》，宋集珍本丛刊，第 6 册，第 466 页。

⑥ 韩琦撰，李之亮、徐正英笺注：《安阳集编年笺注》，巴蜀书社 2000 年版，第 533 页。

相州差遣为何？韩琦另有诗《盛暑思接荣归之游寄相守张工部》①，直接点出张宗益为"相守"。而韩琦第三次判相州初，与张宗益有和诗《次韵答提点醴泉张宗益工部喜还乡郡》，其中有"三治故乡前世少，一思遗履上恩多"②之语，故知张宗益在熙宁六年（1073）③差遣虽有变化，但本官仍为"工部郎中"。此外，前述已知元丰三年（1080）九月文彦博在《五老会诗》中提及张宗益工部，而黄康弼在《续会稽掇英集》中称此时张宗益已是"尚书工部郎中致仕张宗益"④，则元丰三年（1080）文彦博作诗时张宗益已经以"工部郎中"致仕。故可判断张宗益熙宁三年左右本官已为"工部郎中"，之后并以本官致仕。若如此，张宗益撰孔道辅后碑既可能在致仕前，亦可能是其致仕后，但应不超过元丰五年（1082）⑤。故孔氏后碑的撰写时间定在治平二年（1065）之后，依职官迁转大体推断应作于神宗在位期间，但最迟不晚于元丰五年（1082）。

笔者认为，正是因为孔道辅墓志铭和"后碑"的撰写政治环境和撰者政治集团的差异，导致两种传记资料对材料的取舍上有较大差别，而个人习惯及资料来源起到的作用相对较小。

第三节　墓志碑铭撰写中的影响因素

一　个人习惯、资料来源与碑志文撰写

因个人的写作习惯和资料来源差异，不同作者对同一个人传记的写作定有不同。前述孔道辅墓志铭和"后碑"的内容也可体现出这一点。首先，就世系详略不同而言，王安石撰写了孔道辅以上三代，这样的做

---

① 韩琦：《安阳集》卷15《盛暑思接荣归之游寄相守张工部》，宋集珍本丛刊，第6册，第466页。
② 韩琦：《安阳集》卷18《次韵答提点醴泉张宗益工部喜还乡郡》，宋集珍本丛刊，第6册，第473页。
③ 张尧均：《韩琦三次"还乡"判相州及其与当时的政治权力关系》，《中州学刊》2000年第2期。
④ 黄康弼：《续会稽掇英集》卷3，《续修四库全书》本，第1682册，第479页。
⑤ 元丰改制后，改本官"工部郎中"为寄禄官"朝奉大夫"。参阅龚延明编著《宋代官制辞典》，中华书局1997年版，第256页。

法符合一般墓志碑铭的特点①。而张宗益认为孔氏家族的相关材料已备载，无需重复，故不用赘举，这在碑志撰写中也时有体现。如：李同撰刘孟坚墓志曰："（刘氏）厥后宗枝蕃衍，世德隆盛。固以书于国史，而纪于家谍［牒］，此不复述。"② 王令撰徐天锡墓志称："秘书君（按指徐天锡之父徐元榆③）之葬，南丰曾巩铭其墓，序其家世甚详。"④ 范纯仁撰王尚恭墓志时云："至公皇考尚书公，始家河南，没，遂葬焉。有欧阳文忠公铭其墓，河南尹公师鲁为之碣，纪其世绪官讳甚详，此不复书。"⑤ 杨畏撰朱勔墓志时道："自侯祖而上，见于中大公之志，此不书。"⑥ 秦观撰任伋墓表时亦称："其世次官邑，御史顿君既为幽堂之志，此不复书，著其泸州之事与志之阙不书者。"⑦ 韩粹彦行状与墓志铭的记载与孔道辅墓志铭及后碑详略相当一致：赵鼎臣认为韩粹彦"世系爵里，具于国史、家牒与王圹中之铭"⑧，故省略不书；而蔡絛撰其墓志记载则较为详细："曾大夫讳构，故太子中允，赠太师；娶李氏，追封魏国太夫人。大父讳国华，故谏议大夫赠太师、中书令兼尚书令；娶罗氏，追封魏国太夫人，胡氏追封益国太夫人，再世皆封魏国公。父讳琦，故司徒兼侍中，赠尚

---

① 赵超：《古代墓志通论》，紫禁城出版社2003年版，第214—218页。
② 李同：《宋故将仕郎试秘书省校书郎前守兴元府司录参军刘府君墓志铭并序》，吴敏霞、刘兆鹤编：《户县碑刻》，第307页。
③ 曾巩撰，陈杏珍、晁继周点校：《曾巩集》卷44《殿中丞监扬州税徐君墓志铭》，第596—597页。
④ 王令撰，沈文倬点校：《王令集》卷20《故秘书丞徐君墓志铭》，上海古籍出版社2011年版，第343页。
⑤ 范纯仁：《范忠宣公文集》卷14《朝议大夫王公墓志铭》，宋集珍本丛刊本，第15册，第473页；另见北京图书馆金石组编《北京图书馆藏中国历代石刻拓本汇编》，第39册，第159页；赵秋莉：《宋代王尚恭墓志浅说》，《中原文物》1993年第3期。
⑥ 杨畏：《宋故右班殿直朱侯墓志铭》，河南省文物研究所、河南洛阳地区文管处编：《千唐志斋藏志》下册，第1293页。
⑦ 秦观撰，徐培均笺注：《淮海集笺注》卷33《泸州使君任公墓表》，第1105页。
⑧ 赵鼎臣：《竹隐畸士集》卷17《故龙图阁学士宣奉大夫中山府路安抚使兼马步军都总管兼知定州军府事提举本府学事兼管内劝农使开封县开国子食邑六百户赠特进资政殿学士韩公行状》，文渊阁《四库全书》本，第1124册，第242页。

书令，是为韩忠献王。娶崔氏，追封魏国太夫人。"① 上述不同当和撰者的书写习惯有一定关系。

其次，在后嗣情况的撰写中，张宗益记载子、女、婿及孙等内容，相当完备。王安石仅记孔道辅二子，三女、七孙一概不载，这和他的写作习惯有关的。钱公辅请王安石撰写其母墓志铭，初稿写好后钱氏并不满意，写信要求增加自己曾"得甲科、为通判""通判之署有池台竹林之胜"以及"诸孙"等内容。钱公辅的要求遭到了王安石的拒绝，复信曰：

得甲科为通判，通判之署，有池台竹林之胜，此何足以为太夫人之荣，而必欲书之乎？贵为天子，富有天下，苟不能行道，适足以为父母之羞。况一甲科通判，苟粗知为辞赋，虽市井小人皆可以得之，何足道哉！何足道哉……至于诸孙，亦不足列。孰有五子而无七孙者乎？七孙业之有可道，固不宜略。若皆儿童，贤不肖未可知，列之于义何当也？诸不具道，计足下当与有识者讲之。②

可见王安石撰写墓志铭时是坚持有所书、有所不书的，后嗣是否出现于墓志中需要以贤能为标准，而非无所取舍，照单全收。

最后，就资料来源而言，两者可能不尽相同。孔道辅去世之后是否有人撰写行状，现不可悉知。前述已知王安石和孔道辅并无交集，其所据资料来源于何？在论及孔道辅知谏院时或透露些许信息。王安石称孔道辅上书请太后归政天子，论奏枢密使曹利用及尚御药罗崇勋，李焘道出其史源："《本传》云：'道辅除左正言，受命日，论奏枢密使曹利用、上御药罗崇勋窃弄威柄，宜早斥去，以清朝廷。立对移刻，太后可其言，乃退。'"③ 故王安石撰写墓志铭时应参考了宋朝实录或国史中孔道辅的相

---

① 蔡儵：《宋故龙图阁学士宣奉大夫中山府路安抚使马步军都总管兼知定武军府事提举本府学事及管内劝农使开封县开国子食邑六百户赠特进资政殿学士谥忠惠韩公墓志铭》，河南省文物局编著：《安阳韩琦家族墓地》，第 101 页。
② 王安石撰，王水照主编：《王安石全集·临川先生文集》卷 74《答钱公辅学士书》，第 1327 页。
③ 李焘：《续资治通鉴长编》卷 108，天圣七年十二月辛亥，第 2529 页。

关传记。而张宗益所撰"孔氏后碑",对孔道辅个人仕宦功绩方面的撰写非常详细,且自称孔道辅生平因"诸子尚幼,故生平风迹不能尽记,惟宗益知之实详",但此处却因为资料未详而失载诸多孔道辅为谏官时的重要事迹,以至于知孔道辅事迹实详的张宗益也难免发出了"章奏随灭"之类资料不足征的感慨。倘若张宗益能够见到孔道辅上疏要求刘太后归政宋仁宗的类似资料,是没有理由不写入孔氏后碑的。故可以认为两者撰写孔道辅个人传记,所据资料并不完全相同。

除因资料来源和个人书写习惯导致的不同外,笔者认为,就孔道辅墓志铭和后碑的撰写而论,政治环境和政治集团的影响要更为深远。

二 政治环境与墓志碑铭的撰写

前述已知,孔道辅墓志铭作于嘉祐七年(1062),当时宋仁宗仍然在位。对孔氏生平的论述属于"当代史"的撰写范畴,故不得不回避较为敏感的内容。如对宋仁宗废后事件的书写,二者有较大差异。宋仁宗明道二年(1033)废黜郭皇后,不久去世。景祐三年(1036)正月壬辰宋仁宗下诏"追册故金庭教主、冲静元师郭氏为皇后"①,已经为郭皇后正名,而且嘉祐四年还曾要求礼院讨论"郭皇后祔庙"②事宜,苏颂对宋仁宗的诏书进行了细致的分析:

> 敕书云:"向因忿郁,偶失谦恭。"此则无可废之事。又云:"朕念其自历长秋,仅周一纪,逮事先后,祗奉寝园。"此则有不当废之悔。又云:"可追复皇后,其祔庙、谥册并停。"此则有合祔庙及谥册之义。请祔郭皇后于后庙,以成追复之义,备荐享之礼。③

通过以上苏颂详细的分析,可以认为宋仁宗对于废黜郭皇后早已生出后悔之意,故废后事件于宋仁宗而言,属于在位期间行事上的"污点",肯

---

① 李焘:《续资治通鉴长编》卷118,景祐三年正月壬辰,第2774页。
② 李焘:《续资治通鉴长编》卷190,嘉祐四年七月庚申,第4581—4582页。
③ 邹浩:《道乡先生邹忠公文集》卷39《故观文殿大学士苏公行状》,宋集珍本丛刊,第31册,第301页;《宋史》卷340《苏颂传》,第10860页。

定不值得大肆宣扬。所以，王安石在撰写孔氏墓志铭时，对这位伏阁请谏领导者本该大书特书的功绩却仅以寥寥数语记述。张宗益之文作于神宗年间，可以不必太过忌讳。他用较大篇幅书写了孔道辅在废后事件中的言语、行为及范仲淹对其的评价，为后世保留了孔道辅在此事件中作为领导者的宝贵资料。

  对宝元年间冯士元狱事的书写中，亦可看出政治环境对历史书写的影响。王安石含糊地把宰相张士逊不甚光彩的举措①，用"执政谓公为大臣地道"概括，这和宋仁宗对张士逊的宠信有很大关系。张士逊，字顺之，"乾德甲子（按指乾德二年，964）九月二十一日生，皇祐元年正月己酉晡后薨，年八十六岁"，② 任职地方治民有政绩，《宋史》论赞称他"练习民事，风迹可纪"③。宋仁宗出阁，真宗选"士逊为友"，实际上是仁宗之帝师，故颇得仁宗宠信。故吕夷简曾称"士逊事上（按指宋仁宗）寿春府最旧"④。其仕宦期间，与"赵普、吕蒙正、吕夷简"一样，曾"三入"为宰相⑤。张士逊致仕后，宋仁宗"间遣中使劳问，御书飞白'千岁'字赐之"⑥，当他皇祐元年（1049）去世时，仁宗"闻而震悼。诘旦，车驾临奠，哀恸数四"，并言曰："昨日有言庚戌是朕本命，未可致奠。朕以其师臣旧德，首于藩邸辅导，遂定志而往。"甚至在其葬日，"皇帝出哭于外次，百官奉慰，哀荣之极，人臣少比"。⑦ 故终宋仁宗一朝，张士逊宠幸无比。嘉祐七年（1062）王安石奉敕撰孔道辅墓志铭时，不可能把其不甚光彩的一面直书其中。张宗益撰孔氏后碑在神宗年间，张士逊去世已

---

① 李焘：《续资治通鉴长编》卷125，宝元二年十一月丁酉，第2940页。
② 胡宿：《文恭集》卷40《太傅致仕邓国公张公行状》，丛书集成初编本，第1889册，474页。
③ 《宋史》卷311《张士逊传》，第10220页。
④ 李焘：《续资治通鉴长编》卷106，天圣六年三月辛亥，第2468页。
⑤ 陈师道撰，李伟国点校：《后山谈丛》卷6《三入为相者》，中华书局2007年版，第76页。
⑥ 《宋史》卷311《张士逊传》，第10218页。
⑦ 胡宿：《文恭集》卷40《太傅致仕邓国公张公行状》，丛书集成初编本，第1889册，第474页。

久，其有子张友直与张友正二人，张友直以荫补得官，"明道初，特赐进士出身"，嘉祐二年（1057）去世①，仕宦并不显达；张友正更是"杜门不治家事，居小阁学书，积三十年不辍"，虽然宋神宗"评其草书，为本朝第一"②，但对于维持家族兴盛及发展而言，并无丝毫帮助。张士逊在宋仁宗朝虽然与吕夷简一样三入为宰相，然"吕氏更执国政，三世四人"③，反观张士逊，后继乏人的现实无疑导致其家族的迅速衰落，张宗益在宋神宗朝撰写墓志碑铭时已经不存在需要刻意避讳的问题，可以较为自由地发挥。

三 政治集团与墓志碑铭的书写

前述推论已知，张宗益在宋神宗熙丰变法时期的政治理念以保守为主，与王安石截然两派。而且，他所撰孔道辅后碑在王安石撰孔氏墓志铭之后，所属政治集团的不同会不会影响到墓志碑铭的撰写呢？笔者认为答案是肯定的。

除了前述与政治环境有关的内容外，二者所撰碑志文仍有不少差异，尤其是在书写孔道辅"天庆观击蛇案"也表现出相当大的不同，此事在北宋时期已经相当流行，能够彰显出孔道辅个人的优秀品质。王安石在其墓志铭中着重强调了孔道辅的人生态度，以及天庆观击蛇事件在其社会地位提升中所起到的作用。在王安石笔下，我们的确看到了圣人后裔"角色"下的孔道辅，在鬼神面前不畏惧的精神，有着不语怪力乱神的"基因"。而且，王安石还强调，之所以把天庆观击蛇事件书于墓志当中，并非他自己的私人行为，主要原因是时人多以此称公，完全是民意所致。

---

① 胡宿：《文恭集》卷38《宋故朝散大夫尚书工部郎中充天章阁待制兼集贤殿修撰知越州兼管内堤堰桥道劝农使提点银场公事充两浙东路屯驻泊兵马钤辖温台明越衢婺处州等诸州军并都同巡检兵甲贼盗公事护国军清河县开国男食邑三百户赐紫金鱼袋赠工部侍郎张公墓志铭》，丛书集成初编，第1889册，第451—454页。

② 《宋史》卷311《张士逊传附张友正传》，第10219页。

③ 《宋史》卷311《论赞》，第10220页。

在王安石之前，已经有石介①、田况②对此事有所论及，故应该属于孔道辅生平值得书写的一笔。张宗益所撰后碑是传世文献中对孔道辅功绩书写最为详尽之文，但此事仅一句"手断妖蛇，不足为公道"，戛然而止，给人意犹未尽之感。为何张宗益对"孔道辅击蛇案"做这样的处理？

笔者认为，这是张宗益撰孔道辅后碑时有意详王安石所略，略王安石所详，主要是用以否定王安石所撰孔道辅墓志铭的行为。也只有这样的理解，才能合理解释张宗益在撰孔道辅后碑中的大发感慨："常恨世无直笔，天下铭撰皆为势力所屈，不惟欺人耳目，抑亦自欺肺肝。"③王安石撰写孔氏墓志铭既为仁宗指派的行为，一直沉浮于宦海的张宗益不可能毫不知情，他无端对墓志铭撰写"为势力所屈"的抨击，实际上是特指王氏所撰墓志铭而言的。而且，他还为自己撰写的孔氏后碑加以定位："今所论次，直欲质诸高厚，表于方来，矫势力以传信。"④这里，张宗益已经非常明确地表达出自己撰文的目的：矫正为势力所屈的墓志铭，用于传信后世。易言之，就是要对孔道辅虚妄不实的墓志铭进行纠谬。其笔锋若非直指王安石，所指又当为何？

正因为张宗益作孔道辅后碑不但是为了使孔氏的生平功绩传信后世，而且还是用以否定王安石撰其墓志铭的手段。也只有理解了这一点，才会明白何以在寥寥数百言中，出现了材料取舍方面"详人所略、略人所详"的偌大差异，甚至连世系之详略亦不愿有丝毫相同之处。若上述结论成立的话，这何尝不是张宗益否定王安石变法，以文字发泄不满的一个证据？这也可以附带解释，为什么张宗益撰写的这篇文章，在北宋时期并没有得到广泛传播，在宋代并无任何官私文献著录或节选，或是孔氏族人惧以文字得罪，刊石后直接深埋泉壤，直到明代被发掘才得以收录到《阙里志》中。

---

① 石介撰，陈植锷点校：《徂徕石先生文集》卷6《击蛇笏铭》，中华书局1984年版，第72页。
② 田况撰，张其凡点校：《儒林公议》卷下，中华书局2017年版，第73—74页。
③ 张宗益：《宋守御史中丞赠太尉孔公后碑》，陈镐修撰：《阙里志》卷24，第1777页。
④ 同上。

小　结

通过上述对王安石撰孔道辅墓志与张宗益撰孔道辅后碑的综合分析，可以得出以下结论：首先，王安石被后人誉为"唐宋八大家"之一，文笔之妙人所共知，而他的人品、学养和政治实践也均值得称道，[1] 前述已知其对墓志碑铭的撰写有自己的原则，并非一味迎合丧家的要求。但在大的政治环境下，对墓志碑铭的创作仍不得不做较多回避和模糊化处理。孔道辅后碑撰写时距其去世已久，较少涉及与其发生联系的当事人，书写过程中忌讳并不甚多，大体可称得上直书其事。虽则如此，后碑中依然存在为尊者讳的行为。其表现有二：第一，在孔道辅出使契丹时，契丹主宴使者，"优人以文宣王为戏，道辅艴然径出"，这实际属于孔道辅的失仪之举。张宗益在后碑中有意忽略，应该是为完善孔道辅品格而故意的"失忆"行为。第二，明道二年（1033）废后事件中，与孔道辅直接对峙的宰相吕夷简，名讳仍然未出现在张宗益撰写的孔氏后碑当中，这可能是吕氏后人在当时仍有较大的政治影响力[2]，故不得不稍避锋芒；亦可能是当时吕夷简后人在熙丰时期并不赞成变法，与反变法派核心司马光、文彦博关系较为密切，与张宗益亦有私交有关。

其次，张宗益在宋神宗朝撰写孔道辅后碑，因为其本人对熙丰变法持反对态度，故他在撰写碑志时加入了自己的私人感情，详王安石之所略，略王安石之所详，以表示二者绝不相类，导致同一墓主的不同墓志和后碑中出现如此多的差异。在张宗益撰写孔道辅后碑的结尾处，他还大发议论，批评当世撰铭者为势力所屈服，属于自欺欺人之举，其矛头毫无疑问是对准王安石的，就此层面而论，此篇文字可以说是反对变法者以文字发泄不满、利用文字反对变法的一个例证。而孔氏族人惧罪秘

---

[1] 罗家祥：《司马光、王安石德才异同论》，《晋阳学刊》1985年第3期，今据罗家祥《宋代政治与文化论稿》，第182—197页。

[2] 姚红：《宋代东莱吕氏家族及其文献考论》，中国社会科学出版社2010年版，第75—114页。

不示人，故在宋代并未广泛流传。

　　另外，王安石和张宗益对孔道辅弹劾王德用之事保持一致的沉默，可以让我们对墓志碑铭的隐恶扬善说有进一步的了解。有关于此，《续资治通鉴长编》卷一百二十三宝元二年五月己酉载："宣徽南院使、定国节度使、知枢密院事王德用，状貌雄毅，面黑，而颈以下白皙，人皆异之。其居第在泰宁坊，直宫城北隅。开封府推官苏绅尝疏'德用宅枕朝岗，貌类艺祖'，帝匿其疏不下。御史中丞孔道辅继言之，语与绅同，且谓德用得士心，不宜久典机密。"①《孙公谈圃》则曰："王德用号黑王相。年十九，从父讨西贼，威名大震。西人儿啼，即呼黑大王来以惧之。德用在朝，屡引年。仁宗惜其去，两为减年。一日，除枢密使。孔道辅上言'德用状类艺祖，宅枕乾冈'。即出知随州。"② 而且，孔道辅论王德用事，王安石至迟在嘉祐二年（1057）五月已经知晓。他在为王德用撰写行状中曰："始，人或以公威名闻天下，而状貌奇伟，疑非人臣之相。御史中丞孔道辅因以为人言如此，公不宜典机密，在上左右。"③ 一般而论，台谏官员不避权势，论奏枢密使并导致贬外，应该可以作为孔道辅的功绩大书特书，而孔道辅墓志铭与后碑中均不载，似乎不仅仅是资料阙失的问题，还涉及当时社会对台谏官员论奏话语体系的评价问题。这里孔道辅的论奏，显属于捕风捉影、无中生有之举，北宋台谏官员在大部分时期虽可"风闻奏事"④ 而不追究其责任，但就此记载不入传记，似乎说明这种用"一些无关宏旨的小事，或靠捕风捉影'风闻言事'，随意论奏大臣，给官僚机构的运作带来了人为的纷扰和障碍"⑤ 的做法，在社会上并不值得提倡。

---

　　① 李焘：《续资治通鉴长编》卷123，宝元二年五月己酉，第2907页；《宋史》卷278《王超传附王德用传》，第9467页。

　　② 孙升：《孙公谈圃》卷上，百川学海本，第8a—8b页。

　　③ 王安石撰，王水照主编：《王安石全集·临川先生文集》卷90《鲁国公赠太尉中书令王公行状》，第1563页。

　　④ 贾玉英：《宋代监察制度研究》，第111—112页；虞云国：《宋代台谏制度研究》，上海书店出版社2010年版，第56—58页。

　　⑤ 罗家祥：《试论北宋仁、英两朝的台谏》，《西南师范大学学报》1989年第1期，今据罗家祥《宋代政治与文化论稿》，第258页。

墓志碑铭的撰写，自然会大力称颂墓主的个人功绩，难免落下"谀墓"或"隐恶扬善"的口实，为现代研究者所诟病。善固然需扬，恶当然要隐，但"隐"与"扬"在不同时段及不同人群中的标准并不一致，撰写者"历史书写"过程中如何"记忆"与"失忆"？这与个人习惯、政治背景及政治集团等均有千丝万缕的联系，官员的墓志碑铭书写尤其如此。

第 六 章

墓志碑铭撰写个案研究之二

——以欧阳修撰范仲淹神道碑为中心

吕夷简与范仲淹是宋仁宗朝两大知名人物,二人在仕宦过程中曾有过激烈冲突,导致当事人去世后有结仇和解仇的说法,围绕这一议题,后世一直聚讼不已,以迄于今。刘子健认为吕范解仇不过是表面现象,二人始终未真正合作;[①] 王德毅、方健、夏汉宁、刘德清、王水照等则称"吕范解仇说"更加合乎情理;[②] 王瑞来新近撰文从历史制作与历史阐释层面出发,认为范纯仁所强调的未解仇和欧阳修主张的解仇,都属于"不同认知层面的事实",这是由于不同立场造成的认知不同,[③] 给人颇多启发。然而,吕范解仇问题之所以出现长达近千年的纷争,和欧阳修撰写《资政殿学士户部侍郎文正范公神道碑铭》有直接的关系[④]。欧阳修撰写"吕范解仇"有自己较为全面而长远的考虑,并非率意为之,弄清欧阳修撰文的理念、经过及原因,对理解其为何撰写"吕范解仇"有至关

[①] 刘子健:《欧阳修的治学与从政》,新文丰出版公司1984年版,第142—153页。
[②] 王德毅:《吕夷简与范仲淹》,王德毅:《宋史研究集》,鼎文书局1972年版,第119—184页;方健:《范仲淹评传》,南京大学出版社2001版,第80—86页;夏汉宁:《朱熹、周必大关于欧阳修〈范公神道碑〉的论争》,《江西社会科学》2004年第3期;刘德清:《范仲淹神道碑公案考述》,《西南交通大学学报》2005年第6期;王水照:《欧阳修所作范〈碑〉尹〈志〉被拒之因发覆》,《江西社会科学》2007年第9期。
[③] 王瑞来:《范吕解仇公案再探讨》,《历史研究》2013年第1期。
[④] 欧阳修撰,李逸安点校:《欧阳修全集》卷21《资政殿学士户部侍郎文正范公神道碑铭》,第332—336页。

重要的作用。前辈学者在研究欧阳修碑志文时较少涉及①，或在此方面虽有注意但惜于着墨，或立足欧阳修古今"完人"的基础上加以解释②，似有值得再思考的余地，故尝试撰文以就教于学界先达诸君。

第一节 "吕范结仇"原因再辨析

既云"解仇"，必有结仇。上述学者对吕范结仇事实层面的认定尚未达成一致，就现阶段研究而言，主要有以下几种观点：第一，王水照、方健承认吕范结仇的事实，但并没有具体论证二人结仇时间；第二，王德毅与王瑞来强调范仲淹一生仕途，遭受过三次贬谪左迁，都和吕夷简有直接或间接的关系；第三，刘子健、夏汉宁、刘德清、祁琛云认为吕范结仇缘于景祐三年（1036）政争。其中刘德清称吕夷简和范仲淹在明道二年（1033）废后事件时已经反目，但交往并未断绝；其他学者则对范仲淹前两次被贬与吕夷简是否相关并无过多论证。笔者认为，吕范结仇与范仲淹天圣年间上书论事及明道二年（1033）废后事件中伏阁上书并无太多联系，而景祐三年（1036）政争才是导致二人结仇的最根本原因，故首先尝试对二者结仇过程作一史实层面的厘清。

一 吕范结仇与范仲淹第一次遭贬无关

天圣八年（1030）范仲淹仕宦经历中第一次被贬，直接原因是上书论宋仁宗不当冬至率百官为刘太后会庆殿上寿，以及请刘太后归政宋仁宗两事。有关于此，《续资治通鉴长编》载，天圣七年（1029）十一月癸亥，"冬至，上率百官上皇太后寿于会庆殿，乃御天安殿受朝。秘阁校理范仲淹奏疏言：'天子有事亲之道，无为臣之礼；有南面之位，无北面之

---

① 如黄中梵《欧阳修碑志文简论》，《广西师院学报》1992年第2期；祝尚书《传史迁之风神，能出神而入化——论欧阳修碑志文的文学成就》，四川大学古籍整理研究所、四川大学宋代文化研究中心编：《宋代文化研究》第8辑，巴蜀书社1999年版，第78—94页；洪本健《论欧阳修碑志文的创作》，《井冈山师范学院学报》2004年第2期；李贵银《披文以相质的典范——谈欧阳修为友人所作的碑志文》，《文史知识》2011年第6期。

② 王水照：《欧阳修所作范〈碑〉尹〈志〉被拒之因发覆》，《江西社会科学》2007年第9期；王瑞来：《范吕解仇公案再探讨》，《历史研究》2013年第1期。

仪。若奉亲于内，行家人礼可也，今顾与百官同列，亏君体，损主威，不可为后世法。'疏入，不报……又奏疏请太后还政，亦不报，遂乞补外。寻出为河中府通判"①，把范仲淹遭贬原因叙述得相当详细。

对于范仲淹仕宦生涯第一次被贬斥在与吕范交恶中的影响，王德毅认为"当时任宰相的正是吕夷简，发生这样重大的乖礼之事，而竟不能救正"，故范仲淹上书晏殊所云"小臣昧死力言，大臣未能力救。苟诚为今日之事，未量后代之患，岂小臣狂言，大臣之未思也"，当然也批评到吕夷简。其后范仲淹屡攻吕夷简，此其导火线。②王瑞来沿袭上述观点并对"大臣"一词有进一步的解释："宋人云'大臣'，多指执政大臣，因而范仲淹的话等于是直指吕夷简。而范仲淹补外，自然也是独相吕夷简经手。因此，由于政见不同，范吕二人接触之初便已产生龃龉，为后来更为激烈的冲突埋下伏笔。"③都强调范仲淹所云大臣当为批评吕夷简的言论。

上述论证需要进一步推敲：欲明晰此次范仲淹被贬斥与吕夷简的关系，其核心问题是厘清"大臣"一词所指及范仲淹上书晏殊的意图。④若范氏所用"大臣"一词确是宰执大臣的代称，则此上书当确实为范仲淹暗讽吕夷简。但此处"大臣"乃特指晏殊而非吕夷简。理由有以下两点。

首先，范仲淹开篇即还原了与晏殊的论争：

天圣八年月日，具官范某，谨斋沐再拜，上书于资政侍郎阁下：某近者伏蒙召问："曾上封章言朝廷礼仪事，果有之乎？"某尝辱不次之举，矧公家之事，何敢欺默？因避席而对曰："有之。"遽奉严

---

① 李焘：《续资治通鉴长编》卷108，天圣七年十一月癸亥，第2526—2527页。
② 王德毅：《吕夷简与范仲淹》，王德毅：《宋史研究集》，第158页。
③ 王瑞来：《范吕解仇公案再探讨》，《历史研究》2013年第1期。另外，王瑞来在对"大臣"一词解释之后又进一步补充称："此时，朝廷中宰相只有吕夷简一人。对于在仁宗上寿、太后还政等事上宰相的不作为，范仲淹深致不满。"把范仲淹上书晏殊论仁宗上寿事的书信误读为范仲淹上书"仁宗上寿"及论"太后还政"二事，与实际情况不符。
④ 范仲淹与晏殊结识与天圣五年（1027），晏殊曾举荐范仲淹为秘阁校理，二人仕宦过程中保持有良好的关系。参阅刘德清《范仲淹与晏殊》，四川大学古籍整理研究所、四川大学宋代文化研究中心编：《宋代文化研究》第16辑，四川大学出版社2009年版，第309—327页。

教云："尔岂忧国之人哉？众或议尔以非忠非直，但好奇邀名而已。苟率易不已，无乃为举者之累乎？"某方一二奉对，公曰："勿为强辞。"某不敢犯大臣之威，再拜而退。①

根据范仲淹上晏殊书信可知，晏殊召问范仲淹是否有言朝廷礼仪事，范仲淹据实以对，结果导致晏殊的激烈批评。在晏殊训斥过范仲淹后，范仲淹表示不敢冒犯"大臣"威严，再拜而退。此处大臣，显然是范仲淹对晏殊的尊称，与吕夷简无关。

其次，范仲淹还这样讲道："小臣昧死力言，大臣未能力救。苟诚为今日之事，未量后代之患，岂小臣狂言、大臣之未思也？某天拙之效，不以富贵屈其身，不以贫贱移其心。倘进用于时，必有甚于今者，庶几报公之清举。如求少言少过自全之士，则滔滔乎天下皆是，何必某之举也？"② 学者们往往引述前半句，来说明此为范仲淹不满宰相吕夷简之举。③ 然自"某天拙之效"后范仲淹申明自己之所以敢于直言极谏，乃是不辜负晏殊举荐的行为，并强调若晏殊所求为少言少过之人，则不必举荐自己。通观而言，毋宁说是范氏对晏殊的抱怨，此处"大臣"所指仍为晏殊。

范仲淹上书晏殊的原因，是天圣七年（1029）冬至宋仁宗"率百官上皇太后寿于会庆殿，乃御天安殿受朝"，对宋仁宗此举，秘阁校理范仲淹表示了明确反对。④ 此次上书言事遭到了晏殊的批评，范仲淹于天圣八年（1030）撰写了《上资政晏侍郎书》一文，为自己上书言刘太后上寿礼仪事辩驳，属于范仲淹为自己的辩护之作。故李焘云范仲淹"又作书

---

① 范仲淹撰，范能濬编集，薛正兴点校：《范仲淹全集·范文正公文集》卷10《上资政晏侍郎书》，第201页。
② 同上书，第205页。
③ 陈荣照称范仲淹要求刘太后还政被贬，任宰相的吕夷简没有加以纠正，所以范仲淹上书云"小臣"，"隐然讽刺吕夷简，这事件也是日后吕范政争的导火线"，与王德毅先生观点类似。既没有考虑范仲淹此次上书是议论天圣七年（1027）仁宗为刘太后上寿事，也未考虑到大臣所指为晏殊。见陈荣照《范仲淹研究》，三联书店香港分店1987年版，第74页。
④ 李焘：《续资治通鉴长编》卷108，天圣七年十一月癸亥，第2526—2527页。

遗殊，申理前奏，不少屈，殊终愧谢焉"①。此事前因后果史籍中皆有明确记载，显而易见和吕夷简并无直接关系。

而且，刘静贞的研究认为，天圣七年（1029）北宋中央政治权力的分配已经有了新变化，刘太后经过长期的布置与经营，并借外戚与宦官的帮助已掌握大政，在朝中建立起她的政治势力。② 天圣六年（1026）已经有刘随上书要求刘太后归政宋仁宗而被迫补外，明显是遭到太后的排斥。所以范仲淹"奏疏皇太后还政"后被贬斥，实际上是刘太后起主导作用的。这在当事人的记载中多有体现：石介在《庆历圣德颂》中云："惟汝仲淹，汝诚予察。太后乘势，汤沸火热。汝时小臣，危言棠棠。"③ 富弼在范仲淹墓志铭中记载："时章献皇太后临政，己巳岁冬至，上欲率百僚为寿，诏下，草仪注，搢绅失色相视，虽切切口语，而畏惮无一敢论者。上又专欲躬孝德以励天下，而未遑余恤，公独抗疏曰：'人主北面是首，顾居下，矧为后族强逼之阶，不可以为法。或宫中用是为家人礼，权而卒于正，斯亦庶乎，其可也。'疏奏，遂罢上寿仪。然后颇不怿，寻出为河中府通判。"④ 欧阳修在范仲淹神道碑中称其"以言事忤章献太后旨，通判河中府"⑤；王安石在范仲淹祭文中曰："明肃之盛，身危志殖。"⑥ 皆是说明当时起主导作用的为刘太后。故天圣年间范仲淹因上书要求刘太后还政宋仁宗被贬，是触犯了刘太后的忌讳，与吕夷简并无直接关系。

除此之外，检范仲淹与吕夷简之间的书信往来，始于第一次被贬斥之后的天圣八年（1030）五月为河中府通判时，范仲淹在书信中称："救文之弊，自相公之造也，当有吉甫辈颂吾君之德，吾相之功，登于金石，

---

① 李焘：《续资治通鉴长编》卷108，天圣七年十一月癸亥，第2527页。
② 刘静贞：《皇帝和他们的权力：北宋前期》，第172—173页。
③ 石介撰，陈植锷点校：《徂徕石先生文集》卷1《庆历圣德颂》，第8页。
④ 富弼：《范文正公仲淹墓志铭》，杜大珪撰，洪业等编纂：《琬琰集删存》卷2，第187页。
⑤ 欧阳修撰，李逸安点校：《欧阳修全集》卷21《资政殿学士户部侍郎文正范公神道碑铭》，第333页。
⑥ 王安石撰，王水照主编：《王安石全集·临川先生文集》卷85《祭范颍州文》，第1493页。

用于天地者矣。四海幸甚！千载幸甚！干犯台严，无任僭越战汗之至。"①可以看出范仲淹第一次被贬河中府通判后，吕夷简在其心目中的形象是比较高大的，其对宰相吕夷简仍有较高的期望，似乎并无丝毫芥蒂之处，当不存在二人已经交恶的可能。

二　明道二年（1033）废后事件中的吕范冲突

明道二年（1033）十二月乙卯，宋仁宗下诏称："皇后郭氏，省所奏为无子愿入道者，事具悉。皇后生忠义之门，禀柔和之德。凤表石符之庆，早升兰殿之尊。四教具宣，六宫是式。而乃秉心专静，抗志希微。慕丹台绛阙之游，厌金尸瑶阶之贵。陈请累至，敦谕再三。言必践而是期，意益坚而难夺。勉循高尚，以适素怀，宜特封净妃，玉京冲妙仙师，赐紫，法名清悟。"② 要求废黜刘太后为其选择的皇后郭氏。不过，当时台谏官员对于废后皆不赞同，由御史中丞孔道辅率领，集体伏阁上书表示抗议，促成了宋代唯一一次台谏官员全体伏阁请谏事件。

关于这次事件，史籍有较为详细的描述，《涑水记闻》卷五记载云：

> 十二月乙卯，称皇后请入道，赐号"净妃"，居别宫。有谏议大夫、权御史中丞孔道辅怪阁门不受章奏，遣吏诇之，始知其事奏请未降诏书。丙辰，与范仲淹帅诸台谏诣阁门请对，阁门不为奏。道辅等欲自宣祐门入趣内东门，宣祐监宦者阖扉拒之。道辅拊门铜环大呼曰："皇后被废，奈何不听我曹入谏？"宦者奏之，须臾，有旨："令台谏欲有所言，宜诣中书附奏。"

孔道辅、范仲淹等台谏官员在政事堂与宰相吕夷简交涉未果的情况下，吕夷简云："兹事明日诸君更自登对力陈之。"孔道辅等退，吕夷简即

---

① 范仲淹撰，范能濬编集，薛正兴点校：《范仲淹全集·范文正公文集》卷10《上时相议制举书》，第210页。
② 佚名编，司义祖整理：《宋大诏令集》卷20《皇后郭氏封净妃玉京冲妙仙师诏》，第95页。

"为熟状",贬黜了孔道辅与范仲淹二人。① 这即是范仲淹第二次被贬的经过。

在论及明道二年废黜郭皇后事件时,王德毅称:"是年十月,吕夷简再入相,十二月,发生废郭后之事,夷简实主之,仲淹极力反对,二人的冲突乃进入白热化。"陈荣照认为:"范仲淹极力反对(废后),意见又与吕夷简相左,二人的冲突,便进入白热化了。"② 王瑞来也强调吕夷简在废后期间所起的主要作用:"废黜母仪天下的皇后,是件大事,皇帝一人难以作主,必须征得宰相执政的赞同。"上述学者似乎是在刻意加大宰执于废后事件决策中所起的作用,以便增加吕范之间的矛盾冲突。

通过相关研究可知,虽然吕夷简因被贬事与郭皇后存在嫌隙,③ 但是皇后郭氏被废的最主要原因是"帝后感情的衰退"和"刘太后专权的结束",而臣僚力量的介入只是属于"加权要素"④,所以"起决定作用的仍然是作为一国之君的宋仁宗,吕夷简等只是起到了一些推波助澜的作用"⑤。否则,我们可以这样设问,若宰相吕夷简不同意废后,是否宋仁宗就无法废除皇后郭氏?作为"反章献太后之政"的有机组成部分,答案当然是否定的。当时记载诸如"中外皆以为非陛下意,盖执政大臣假天威以出道辅、仲淹而绝来者之说"⑥ "闻人道降妃之意,出自臣下"⑦ "废后者,非仁祖之本心也;而夷简实赞之。谏官伏阁,乃仁祖美意也,而夷简力沮之"⑧ 等大臣进谏言语,不过是帝制时期透过臣下的一贯说辞,不足取信。所以,废后事件的决策过程中,起主导作用的毫无疑问是宋仁宗而非吕夷简。

然这此伏阁请谏中,范仲淹和吕夷简有正面的争执,富弼在范仲淹墓志铭中云:"上遣中贵人挥之令诣中书省,宰相窘,取汉唐废后事为

---

① 司马光撰,邓广铭、张希清点校:《涑水记闻》卷5《废郭后》,第85页。
② 陈荣照:《范仲淹研究》,第75页。
③ 李焘:《续资治通鉴长编》卷115,明道二年四月己未,第2612—2613页。
④ 杨果、刘广丰:《宋仁宗郭皇后被废案探议》,《史学集刊》2008年第1期。
⑤ 王志双:《吕夷简与宋仁宗前期的政治研究》,第36页。
⑥ 李焘:《续资治通鉴长编》卷113,明道二年十二月丙辰,第2649页。
⑦ 同上书,第2650页。
⑧ 吕中撰,张其凡、白晓霞整理:《宋大事记讲义》卷9《仁宗皇帝·台谏》,第190页。

解。公曰：'陛下天姿如尧舜，公宜因而辅成之。奈何欲以前世弊法累盛德耶。'中丞孔道辅名骨鲠，亦扶公论议甚切直。"①《东都事略》记载云："宰相吕夷简曰：'废后自有典故。'仲淹曰：'相公不过引汉光武劝上耳，此乃光武失德，何足法？自余废后，皆前世昏君所为，主上躬尧舜之资，而相公奈何更劝之效昏君所为，岂不为圣明之累乎？'"②这是范仲淹仕宦过程中第一次与吕夷简直接交锋。然此次伏阁上书是范仲淹"儒者报国，以言为先"③，"作官，公罪不可无，私罪不可有"理念的践行④，既非因个人私利导致的纠纷，亦非二人之间的直接对抗和冲突，属于因政见不同而进行的直接对话，不构成其与吕夷简结仇的核心要素。不过，这虽不至于导致二人结仇，但范仲淹或会对吕夷简个人品质有更深刻的了解，彼此之间或会有所嫌隙，为二人结仇埋下伏笔。

另外，对于王瑞来所称"后来这群台谏中的多数都在范仲淹的旗帜下集结起来，成为庆历新政时的重要力量"一语，因涉及庆历新政中"范仲淹集团"⑤及庆历党争⑥等重要问题，需要加以辨析。废黜郭皇后过程中伏阁请谏台谏官员10人，史载甚详。明道二年（1033）十二月乙卯：

> 仲淹即与权御史中丞孔道辅率知谏院孙祖德、侍御史蒋堂郭劝杨偕马绛、殿中侍御史段少连、左正言宋郊、右正言刘涣诣垂拱殿

---

① 富弼：《范文正公仲淹墓志铭》，杜大珪撰，洪业等编纂：《琬琰集删存》卷2，第187页。
② 王称：《东都事略》卷59上《范仲淹传》，第871页。
③ 范仲淹撰，范能濬编集，薛正兴点校：《范仲淹全集·范文正公文集》卷17《让观察使第一表》，第355页。
④ 晁说之撰，黄纯艳整理：《晁氏客语》，《全宋笔记》第1编第10册，大象出版社2003年版，第105页。
⑤ 漆侠先生认为，庆历新政中范仲淹等是以集团面貌出现的。详见漆侠《范仲淹集团与庆历新政——读欧阳修〈朋党论〉书后》，《历史研究》1992年第3期。
⑥ 有关庆历党争的研究，可参阅罗家祥《试论两宋党争》，《华中师院学报》1984年第5期；罗家祥《北宋"君子有党论"述评》，《华中师范大学学报》1989年第5期；王瑞来《试论导致庆历新政失败的一个因素——读范仲淹致叶清臣信》，《学术月刊》1990年第9期。

门，伏奏皇后不当废。①

除范仲淹外，孔道辅去世于宝元二年（1039）②，段少连康定元年（1040）卒于广州，③宋郊后改名宋庠，庆历元年（1041）曾论奏"范仲淹可斩"④，导致二者庆历新政期间关系一直较为紧张。杨偕在庆历新政期间为翰林侍读学士、左司郎中，被范仲淹集团的核心人物累章弹劾："谏官王素、欧阳修、蔡襄累章劾奏：'偕职为从官，不思为国讨贼，而助元昊不臣之请，罪当诛。陛下未忍加戮，请出之，不宜留处京师。'帝以其章示偕，偕不自安。"后出知越州。⑤则可知上述四人与庆历新政期间范仲淹集团或无联系，或关系紧张。孙祖德于庆历元年（1041）"知河中府"，⑥其后"历陈许蔡潞郓亳州、应天府，以疾得颍州，除吏部侍郎致仕，卒"⑦；蒋堂庆历三年（1043）知杭州，并"于旧治之东南建巽亭，以对江山之胜"⑧，宝元二年（1039）因"不察虏情""知延州、工部郎中、天章阁待制郭劝落职，知齐州"⑨，康定元年（1040）三月"再降工部郎中郭劝为兵部员外郎、尚食使"⑩，后丁母忧去位⑪；马绛庆历八年（1048）年去世，在此之前曾先后"知梓州，还授

---

① 李焘：《续资治通鉴长编》卷113，明道二年十二月乙卯，第2648页。
② 王安石撰，王水照主编：《王安石全集·临川先生文集》卷91《给事中赠工部侍郎孔公墓志铭》，第1582页。
③ 李焘：《续资治通鉴长编》卷128，康定元年八月己酉，第3035页。范仲淹在段少连墓表中称其"宝元二年八月初四日，终于广州之黄堂"。以此论之，段少连当去世于宝元二年（1039），然范仲淹还云："康定初，西戎叛兵交塞下，近塞藩牧实难其任，朝廷以君为龙图阁学士，知泾州。"则段少连康定初仍在人间，康定元年为公元1040年，故段少连不可能去世于宝元二年，范仲淹记载误。范仲淹撰，范能濬编集，薛正兴点校：《范仲淹全集·范文正公文集》卷15《龙图阁直学士工部郎中段君墓表》，第331页。
④ 司马光撰，邓广铭、张希清点校：《涑水记闻》卷8《吕夷简不念旧恶》，第162页；李焘：《续资治通鉴长编》卷131，庆历元年夏四月癸未，第3114页。
⑤ 李焘：《续资治通鉴长编》卷142，庆历三年八月壬戌，第3424—3425页。
⑥ 李焘：《续资治通鉴长编》卷132，庆历元年六月壬午，第3138页。
⑦《宋史》卷299《孙祖德传》，第9928页。
⑧ 周淙：《乾道临安志》卷2《亭》，宋元方志丛刊，中华书局1990年版，第3232下页。
⑨ 李焘：《续资治通鉴长编》卷123，宝元二年春正月甲寅，第2894页。
⑩ 李焘：《续资治通鉴长编》卷126，康定元年三月庚申，第2982页。
⑪《宋史》卷297《郭劝传》，第9893页。

知越州，改太常少卿"。庆历七年（1047），朝廷"始命北都置留司御史台"①，而马绛"归阙，将请老"，朝议于是授以北京留司御史台，"俾得归乡里"，次年终于任上；②刘涣庆历年间事迹难以详考，故此五人亦未过多参与庆历新政。

由此可知，明道二年（1033）伏阁请谏的十名台谏官员，多未参与范仲淹主持的庆历新政，并非王瑞来所言他们是庆历新政的主要力量，从中也可体察范仲淹集团的兴起与明道二年伏阁上书的台谏官员关系不大。

三 吕范结仇与景祐三年（1036）政争

仁宗景祐三年（1036），时为知开封府事的范仲淹上《百官图》，矛头直接对准宰相吕夷简，认为其任人唯私，升迁不公，遭到吕夷简反驳后又上"帝王好尚""选贤任能""近名""推委"四论以"讥指时政"，宰相吕夷简"大怒，以仲淹语辨于帝前，且诉仲淹越职言事，荐引朋党，离间君臣。仲淹亦交章对诉，辞愈切，由是降黜"③，此次政争是吕夷简与范仲淹的直面冲突，是造成吕范结仇的最直接原因，前贤所论已多，不赘述。仅补充当时人、当事人的相关记载，以窥探当时士大夫对景祐年间吕范交恶的认识。

范仲淹被贬后，集贤校理余靖首先上书宋仁宗曰："仲淹所言事，在陛下母子夫妇之间，犹以其合典礼，故加优奖。今坐剌讥大臣，重加谴谪。"④余靖所谓的范仲淹论宋仁宗"母子夫妇"之事，是指前述范仲淹第一次被贬的天圣七年前后上书言为刘太后上寿、请太后归政事，以及

---

① 张方平：《乐全先生文集》卷40《朝请大夫行侍御史知桂州军州事上柱国赠礼部尚书扶风马公墓志铭并序》，宋集珍本丛刊，第6册，第245—246页。

② 张方平：《乐全先生文集》卷40《朝奉郎守太常少卿权北京留守御史台公事上柱国扶风县开国男食邑三百户赐紫金鱼袋马公墓志铭并序》，第245—246页。

③ 李焘：《续资治通鉴长编》卷118，景祐三年五月丙戌，第2783—2784页。

④ 李焘：《续资治通鉴长编》卷118，景祐三年五月辛卯，第2785页。

明道二年（1033）阻止杨太后垂帘听政①和前揭伏閤论不当废郭皇后事。"今坐刺讥大臣"则一针见血地指出此次遭贬斥是与吕夷简的矛盾冲突的结果。欧阳修斥责谏官高若讷的书信中称范仲淹"今特以言事触宰相得罪"②；苏舜钦听闻此事即发表了自己的看法："横身罹祸难，当路积仇雠。"③ 富弼在给范仲淹所做的祭文中云："尹职非志，志安朝廷。连忤柄臣，又窜南征。"④ 都直接或间接地道出范仲淹与吕夷简的冲突。范仲淹在《遗表》中总结一生时，提到仕宦期间曾"大忤贵权，几成废放"⑤，实际上也是由景祐三年（1036）吕范政争而发的。故漆侠认为这次事件是范仲淹"同吕夷简集团的矛盾公开化、尖锐化"的标志"以这场风波为契机，政治上的不公正待遇和无情打击，使范仲淹等结成一个政治集团，而其色彩也越来越鲜明"⑥，可谓一语中的。

此处，需要对王瑞来所谓"公罪""私罪"的说法稍加辨证。他认为："贬逐左迁，一般都是对犯有过失者的惩罚。然而，范仲淹则不这样认为，他把错误和罪过分为两种，一种是公罪，即因公事而出现的错误；一种是私罪，即因私事而发生的罪过……所以因公获罪并不是犯罪。"笔者认为似乎并非如此：首先，宋代的公罪、私罪，并不是范仲淹主观认为和分类的。朱瑞熙、龚延明等对公罪、私罪有较为清晰的界定：公罪，"罪名之一。宋承唐制，法律规定，因公务致有过失而犯罪，其中无私曲

---

① 欧阳修撰范仲淹神道碑云："初，太后有遗命，立杨太妃代为太后。公谏曰：'太后，母号也，自古无代立者。'由是罢其册命。"《续资治通鉴长编》亦载："仲淹初闻遗诰以太妃为皇太后，参决军国事，亟上疏言：'太后，母号也，未闻因保育而代立者。今一太后崩，又立一太后，天下且疑陛下不可一日无母后之助矣！'时已删去参决等语，然太后之号讫不改，止罢其册命而已。"见欧阳修撰，李逸安点校：《欧阳修全集》卷21《资政殿学士户部侍郎文正范公神道碑铭》，第333页；李焘：《续资治通鉴长编》卷112，明道二年四月，第2614—2615页。

② 欧阳修撰，李逸安点校：《欧阳修全集》卷68《与高司谏书》，第989页。

③ 苏舜钦撰，沈文倬点校：《苏舜钦集》卷6《闻京尹范希文谪鄱阳尹十二师鲁以党人贬郢中欧阳九永叔移书责谏官不论救而谪夷陵令因成此诗以寄且慰其远迈也》，第68页。

④ 富弼：《祭范文正公文》，范仲淹撰，范能濬编集，薛正兴点校：《范仲淹全集·范文正公褒贤集》卷1，第957页。

⑤ 范仲淹撰、范能濬编集，薛正兴点校：《范仲淹全集·范文正公文集》卷18《遗表》，第377页。

⑥ 漆侠：《范仲淹集团与庆历新政——读欧阳修〈朋党论〉书后》，《历史研究》1992年第3期。

之情，称'公罪'。犯公罪所受处罚比私罪轻"；私罪是法律规定"非因公务，别因私情而犯罪，称'私罪'。虽因公务而意涉阿曲，亦判为私罪"①。可知对公罪与私罪的认定属于国家制度层面的行为。其次，由上述定义亦可明了，公罪和私罪的区别是在罪名的认定和处罚上有所区别，并非"错误"和"犯罪"根本性的差别，故公罪绝不仅仅是"错误"，更非"不是犯罪"。最后，范仲淹之所以有"公罪不可无，私罪不可有"的言论，是因为他深信，"向君主提出劝谏与抗议，以致君尧舜，乃是臣子应尽的义务与权利"，"充分表达了他不为身名计的忧国忧民之情"②，而非王瑞来先生所谓的"不作为便没有过错，这是要不得的。所以因公罪获罪并不是犯罪"。作为当时官僚一员的范仲淹，既然能有"公罪不可无"的话语，则其必然对"公罪""私罪"的概念及区别了然于胸。

综合上述，吕范交恶的根本原因是景祐三年（1036）的冲突，与天圣八年（1030）上书言事和明道二年（1033）废后伏阁均无直接联系，王德毅与王瑞来所谓"范仲淹仕途的前半期，与吕夷简的政争相伴随"的说法并不准确。景祐三年（1036）吕夷简以"朋党"之名将范仲淹逐出中央，的确导致二人政治上的结仇。那么，二者是否"相逢一笑泯恩仇"呢？"吕范解仇"说又是如何出现的呢？笔者将循着这样的线索加以讨论。

第二节 "范仲淹神道碑"的撰写过程及争执

宋仁宗皇祐四年（1052）五月，范仲淹在徐州（今江苏徐州）去世，其子范纯仁请资政殿大学士、知蔡州富弼和正在颍州（今安徽阜阳）丁母忧的欧阳修分别为其父撰写墓志铭与神道碑。富弼是年十二月前写成刻石，欧阳修却延到至和元年（1054）才撰成初稿。为何拖延如此之久？

---

① 邓广铭、程应镠主编：《中国历史大辞典·宋史卷》，上海辞书出版社1984年版，第65页，第210页；龚延明编著：《宋代官制辞典》，第722页。

② 刘静贞：《范仲淹的政治理念与实践——藉仁宗废后事件为论》，《宋史研究集》第24辑，第53—76页。

欧阳修给出了自己的解释,他在给孙沔的信中称"哀苦中无心绪作文字"①,给范仲淹女婿蔡交复信时云:"但以礼制为重,亦不迟年岁,中贵万全,无他议也。"② 与姚辟的书信中,则称自己"劣性刚褊,平生吃人一句言语不得,居丧犯礼,名教所重,况更有纤毫。譬如闲事,亦常不欲人拟议,况此乎!"③ 反复提及自己服丧期间,不便为文。然实际情况似乎不完全如此,欧阳修写信给韩琦时云:"范公人之云亡,天下叹息。昨其家以铭见责,虽在哀苦,义所难辞,然极难为文也。"④ 就隐约道出"哀苦"并非最主要原因,极难为文则是问题的核心。

更多材料显示,所谓的服丧并不是全部原因,而政治因素或是欧阳修考虑的主要内容。他给孙沔的书信中就道出这种情况:"昨日范公宅得书,以埋铭见托。哀苦中无心绪作文字,然范公之德之才,岂易称述?至于辨谗谤,判忠邪,上不损朝廷事体,下不避怨仇侧目,如此下笔,抑又艰哉!"⑤ 由此知欧阳修认为要称颂范仲淹品德与才学,分辨谗言谤议、辨别忠邪相当不易:既要不损害朝廷威严,又要不回避仇家怨恨。叶梦得所记与之类似,然其直接点出欧阳修所谓的"仇家"当为吕夷简的门生故吏:"欧文忠作《范文正神道碑》,累年未成。范丞相兄弟数趣之,文忠以书报曰:'此文极难作,敌兵尚强,须字字与之对垒。'盖是时吕许公客尚众也。"⑥ 上述史料均显示出政治原因对欧阳修撰写神道碑有较大的影响。故叶梦得认为:"文忠不能少损益之,解后世之疑,岂碑作于仁宗之末,犹有讳而不可尽言者,是以难之耶?"⑦ 这是很有道理的。

既要照顾到不损害朝廷威严,又要不忌惮仇家怨恨,更不能推辞不作,如何完成范仲淹神道碑的撰写以及突出什么内容,着实给欧阳修造

---

① 欧阳修撰,李逸安点校:《欧阳修全集》卷145《与孙威敏公二通》二,第2362页。
② 欧阳修撰,李逸安点校:《欧阳修全集》卷150《与蔡交一通》,第2485页。
③ 欧阳修撰,李逸安点校:《欧阳修全集》卷150《与姚编礼二通》一,第2482页。
④ 欧阳修撰,李逸安点校:《欧阳修全集》卷144《与韩忠献王稚圭四十五通》一四,第2337页。
⑤ 欧阳修撰,李逸安点校:《欧阳修全集》卷145《与孙威敏公二通》二,第2362页。
⑥ 叶梦得撰,徐时仪整理:《避暑录话》卷上,《全宋笔记》第2编第10册,大象出版社2006年版,第260页。
⑦ 同上书,第261页。

成不小的压力,从他与友人的书信中,我们得到了这样的答案。欧阳修给姚辟的信中展示了自己的撰写标准:"此文一出,任他奸邪谤议近我不得也。要得挺然自立,彻头须步步作把道理事,任人道过当,方得恰好。"① 欧阳修虽口口声声说以"不避怨仇侧目""准备仇家争理"为原则,但"奸邪谤议近我不得"之语道出自己的心声,防止文章撰好后被范仲淹的"仇家"攻击,这或许才是他最需要考虑的内容。2012 年公布的发现于日本天理大学附属天理图书馆之欧阳修 96 篇散佚书简中,有一则神宗熙宁三年(1070)欧阳修写给张续的书信,亦可加深我们对其撰写范仲淹神道碑心态的理解:

修向作范文正文字,而悠悠之言,谓不当与吕申公同褒贬。二公之贤,修何敢有所褒贬?亦如此而已。后闻范氏子弟欲有所增损,深可疑骇②。

王瑞来以此为据,认为"晚年的欧阳修认为范吕皆贤,便体现出一种泯弥恩仇的超越境界"③。其实这是欧阳修撰范仲淹神道碑心态的延续,即对吕范二人自己均不能亦不敢有所褒贬,看似客观中立,实则是不置可否的态度。在此基础上对范仲淹一生功绩进行盖棺论定,进而实现其"奸邪谤议近我不得"的现实考虑。这并不符合撰写墓志碑铭对墓主生平事迹"隐恶扬善"的一般原则,故撰成之后遭范纯仁和富弼诟病。

范纯仁认为其父从未和吕夷简解仇,而欧阳修坚持自己的观点。叶梦得《避暑录话》中载:"碑载(范仲淹)初为西帅时与许公释憾事,曰:'二公欢然,相约平贼。'丞相得之,曰:'无是,吾翁未尝与吕公平也。'请文忠易之。文忠怫然曰:'此吾所目击,公等少年,何从知之?'丞相即自刊去二十余字,乃入石。既以碑献文忠,文忠却之曰:'非吾文

---

① 欧阳修撰,李逸安点校:《欧阳修全集》卷 150《与姚编礼辟二通》一,第 2482 页。
② [日] 东英寿:《新见九十六篇欧阳修散佚书简辑存稿》,《中华文史论丛》2012 年第 1 期。
③ 王瑞来:《范吕解仇公案再探讨》,《历史研究》2013 年第 1 期。

也。'"① 张邦基记载大略相同："希文子纯仁大以为不然，刻石时，辄削去此一节，云：'我父至死，未尝解仇。'公亦叹曰：'我亦得罪于吕丞相者。惟其言公，所以信于后世也。吾尝闻范公自言，平生无怨恶于一人，兼其与吕公解仇书，见在范集中。岂有父自言无怨恶于一人，而其子不使解仇于地下！父子之性，相远如此。'"② 争论双方均不妥协，范氏子弟删文刊石，欧阳修耿耿于怀，不承认删改后的文字为自己所撰。欧阳修在与杜䜣的书信中云："范公家神刻，为其子擅自增损，不免更作文字发明，欲后世以家集为信。"③ 邵博记载了欧阳修给苏洵的书信中直斥范纯仁删文的行为："《范公碑》为其子弟擅于石本改动文字，令人恨之。"④ 邵博所谓"令人恨之"的书信，新发现的欧阳修96封书简中亦有收录，现移录如下：

　　与苏编礼　　治平□年
　　修启。昨日论《范公神道碑》，今录呈。后为其家子弟擅于石本减却数处，至今恨之，当以此本为正也。修再拜明允贤良。⑤

由此可知，直到宋英宗治平年间，欧阳修言及范纯仁删改范仲淹神道碑中吕范解仇一节，仍是余怒未消。

　　富弼认为碑志文字应该有劝善惩恶之功能，这是欧阳修做范仲淹神道碑中所缺乏的。《邵氏闻见后录》记载了富弼给欧阳修的书信，其中涉及了他对欧阳修撰吕范解仇一事的质疑：

　　大都作文字，其间有干着说善恶，可以为劝戒者，必当明白其

---

　① 叶梦得撰，徐时仪整理：《避暑录话》卷上，第260页。
　② 张邦基撰，孔凡礼点校：《墨庄漫录》卷8《欧阳文忠公四事》，中华书局2002年版，第226—227页。
　③ 欧阳修撰，李逸安点校：《欧阳修全集》卷70《与杜䜣论祁公墓志书》，第1020页。
　④ 邵博撰，刘德权、李剑雄点校：《邵氏闻见后录》卷21，中华书局1983年版，第163—164页。
　⑤ [日]东英寿：《新见九十六篇欧阳修散佚书简辑存稿》，《中华文史论丛》2012年第1期。

词，善恶焕然，使为恶者稍知戒，为善者稍知劝，是亦文章之用也……弼常病今之人，作文字无所发明，但依违模棱而已。人之为善固不易，有遭谗毁者，有被窜斥者，有穷困寒饿者，甚则诛死族灭。而执笔者但求自便，不与之表显，诚罪人也……君子为小人所胜所抑者，不过禄位耳。惟有三四寸竹管子，向口角头褒善贬恶，使善人贵，恶人贱，善人生，恶人死，须是由我始得，不可更有所畏怯而噤默，受不快活也。向作希文墓志，盖用此法，但恨有其意而无其词，亦自谓希文之善稍彰，奸人之恶稍暴矣。今永叔亦云："胸臆有欲道者，诚当无所避，皎然写之，泄忠义之愤，不亦快哉！"则似以弼之说为是也。然弼之说，盖公是公非，非于恶人有所加诸也。如希文墓志中，所诋奸人皆指事据实，尽是天下人闻知者，即非创意为之，彼家数子皆有权位，必大起谤议，断不恤也。①

富弼所提出的核心观点是，文字需有劝善惩恶的功能，若执笔者因各种忌惮而使文字"依违模棱""无所发明"，则不啻为罪人，实际上一针见血地指出欧阳修写作过程中的最大问题——无褒贬的态度。而且，富弼以自己所作范仲淹墓志铭为例加以重申，强调自己在撰写过程中据实而书，并不避讳在政坛有相当大影响力的吕夷简家族。

对于富弼的质疑，欧阳修坚持自己的观点，他在给徐无党书信中予以了回应：

谕及富公言《范文正公神道碑》事，当时在颍，已共详定，如此为允。述吕公事，于范公见德量包宇宙，忠义先国家。于吕公事各纪实，则万世取信。非如两仇相讼，各过其实，使后世不信，以为偏辞也。大抵某之碑，无情之语平；富之志，嫉恶之心胜。后世得此二文虽不同，以此推之，亦不足怪也。某官序非差，但略尔。其后已自解云"居官之次第不书"，则后人不于此求官次也。幸为一

---

① 邵博撰，刘德权、李剑雄点校：《邵氏闻见后录》卷21，第163—164页。

一白富公，如必要换，则请他别命人作尔①。

欧阳修强调自己撰写吕范解仇，能体现出范仲淹德量包宇宙的气度和忠义先国家的品格；言吕夷简事属于据实而书，而非两仇相讼各过其实的偏词，可以万世取信。他认为自己撰写的范仲淹神道碑乃无私人因素加入的公平之语，而富弼所撰范仲淹墓志铭中有嫉恶争胜之心，并不客观，并强硬指出，若上述内容必须改动，可请别人另撰，自己拒绝修改。

欧阳修在范仲淹神道碑撰成前的皇祐五年（1053），即已得到蔡交所寄的富弼所撰范仲淹的墓志铭，且对范氏墓志铭的文字反复称赞。在与蔡交信中即云，"文正平生忠义道德之光见于志、谥，为信万世，亦足慰也"②；给姚辟的书信亦称，"希文得美谥，虽无墓志亦可，况是富公作，必不泯昧"③；和韩琦书信交流时则云，"富公墓刻直笔不隐，所纪已详"④。显然，欧阳修是反复研读了富弼所撰墓志铭且有较高评价。然而，欧阳修撰成范仲淹神道碑后遭到富弼的强烈不满，由此也引发了欧阳修对富弼所撰范仲淹墓志铭的重新评价。至此，似显出欧阳修对富氏文字最初的评价有些口是心非，结合他本人所作文字看，"嫉恶之心胜"才是真正的看法；或是他当时对如何定调范仲淹神道碑思想还未成熟，是基于对范氏朴素感情而予以的肯定。若想深入了解二人写作的差异，必须通过对文本作细致比较方可进一步说明。

第三节　范仲淹墓志铭与神道碑对比分析

对比范仲淹的墓志铭与神道碑，富弼言之甚详，欧阳修较为简略，仅"著其系天下国家之大者"⑤。除此之外，对于范仲淹仕宦经历的文字

---

① 欧阳修撰，李逸安点校：《欧阳修全集》卷150《与渑池徐宰无党六通》四，第2474页。
② 欧阳修撰，李逸安点校：《欧阳修全集》卷150《与蔡交一通》，第2484页。
③ 欧阳修撰，李逸安点校：《欧阳修全集》卷150《与姚编礼二通》一，第2482页。
④ 欧阳修撰，李逸安点校：《欧阳修全集》卷144《与韩忠献王稚圭四十五通》十六，第2474页。
⑤ 欧阳修撰，李逸安点校：《欧阳修全集》卷21《资政殿学士户部侍郎文正范公神道碑铭》，第336页。

差异主要有以下方面:

第一,明道二年(1033)废后事件的书写。欧阳修在范仲淹神道碑中一笔带过:"会郭皇后废,率谏官、御史伏阁[阁]争,不能得,贬知睦州。"① 富弼所撰范仲淹墓志铭则记载颇详:

> 朝适议废郭后,公上书曰:"后者,君称。以天子之配至尊故称后。后所以长养阴教而母万国也。故系如此之重,未宜以过失轻废立,且人孰无过,陛下当面谕,后失放之别馆,拣妃嫔老而仁者朝夕劝导,俟其悔而复其官,则上有常尊,而下无轻议矣。"书奏,不纳。明日又率其属及群御史伏阁[阁]门论列,如前日语。上遣中贵人挥之令诣中书省,宰相睿,取汉唐废后事为解。公曰:"陛下天姿如尧舜,公宜因而辅成之。奈何欲以前世弊法累盛德耶。"中丞孔道辅名骨鲠,亦扶公论议甚切直。又明日晨,率道辅将留百辟班挹宰相庭辩,抵漏舍,会降知睦州,台吏促上道②。

郭皇后被废不久去世,或是仁宗对其仍有感情,故景祐三年(1036)正月壬辰"追册故金庭教主、冲静元师郭氏为皇后"③,为郭皇后正名。嘉祐四年(1059)还曾要求礼院讨论"郭皇后祔庙"④,苏颂在孙抃行状中记载了此事:"追悯故后郭氏以微过废,卒久无祠所,诏于景灵宫建神御殿,岁时追享。"⑤ 苏颂还曾对仁宗所下诏书进行过分析:

> 敕书云:"向因忿郁,偶失谦恭。"此则无可废之事。又云:"朕

---

① 欧阳修撰,李逸安点校:《欧阳修全集》卷21《资政殿学士户部侍郎文正范公神道碑铭》,第333页。
② 富弼:《范文正公仲淹墓志铭》,杜大珪撰,洪业等编纂:《琬琰集删存》卷2,第187页。
③ 佚名编,司仪祖点校:《宋大诏令集》卷20《追册郭皇后制》,第96—97页;李焘:《续资治通鉴长编》卷118,景祐三年正月壬辰,第2774页。
④ 李焘:《续资治通鉴长编》卷190,嘉祐四年七月庚申,第4581—4582页。
⑤ 苏颂撰,王同策点校:《苏魏公文集》卷63《朝请大夫太子少傅致仕赠太子太保孙公行状》,第967页。

念其自历长秋，仅周一纪，逮事先后，祗奉寝园。"此则有不当废之悔①。

可以看出仁宗对废黜郭皇后事心存愧疚，不值得大肆宣扬，所以欧阳修撰范仲淹神道碑时以寥寥数语带过，这应当就是欧阳修在撰写范仲淹神道碑时考虑"上不损朝廷事体"的做法。但富弼并未刻意回避此事，称得上是直笔不隐。

第二，吕夷简在富、欧二人的撰写中形象不同。欧阳修在论范仲淹知开封府时曰："居数月，以公知开封府。"② 富弼的记载则道出了范仲淹任知开封府的原委："宰相知不可诱，乃命知开封府，欲挠以剧烦而不暇他议，亦幸其有失，即罢去。"③ 把吕夷简阻止范仲淹言事和陷害范氏的用心记述得相当清晰。在论景祐三年（1036）吕范结仇时，欧阳修称范仲淹取"古今治乱安危为上开说，又为《百官图》以献""由是吕丞相怒"④，从文字表面看，似乎吕范结仇曲在范仲淹，吕夷简对范仲淹的打压是范氏步步紧逼后的反击；富弼所记与范仲淹知开封府事相连，吕范结仇乃吕夷简对范仲淹的利诱未成而遭到阻止和陷害在先，后才有范仲淹上书，导致"宰相益不悦，嗾其党短公于上前，公亦连诋宰相不道"⑤，从而外贬知饶州。在欧阳修笔下，吕夷简出现多正面形象，即便吕夷简与范仲淹交恶也是范氏逼迫使然；富弼则指明吕夷简在吕范结仇中的主导作用。

另外，欧阳修在范仲淹神道碑中还尤其强调："明年，吕公亦罢。"⑥ 把吕夷简的外贬放置于范仲淹神道碑中，或是想给读者造成一种吕夷简

---

① 邹浩：《道乡先生邹忠公文集》卷39《故观文殿大学士苏公行状》，宋集珍本丛刊，线装书局2004年影印本，第31册，第301页。
② 欧阳修：《欧阳修全集》卷21《资政殿学士户部侍郎文正范公神道碑铭》，第333页。
③ 富弼：《范文正公仲淹墓志铭》，杜大珪撰，洪业等编纂：《琬琰集删存》卷2，第187页。
④ 欧阳修：《欧阳修全集》卷21《资政殿学士户部侍郎文正范公神道碑铭》，第333页。
⑤ 富弼：《范文正公仲淹墓志铭》，杜大珪撰，洪业等编纂：《琬琰集删存》卷2，第188页。
⑥ 欧阳修：《欧阳修全集》卷21《资政殿学士户部侍郎文正范公神道碑铭》，第334页。

外贬与范仲淹论争有关的假象，但实际情况并非如此。吕夷简景祐四年（1037）四月外贬，乃是与王曾之间的矛盾导致：

> （景祐）四年四月二十二日，右仆射、兼门下侍郎、同中书门下平章事、昭文馆大学士吕夷简罢为镇海［安］① 军节度使、同中书门下平章事、判许州，右仆射、兼门下侍郎、同中书门下平章事、集贤殿大学士王曾罢为右［左］② 仆射、充资政殿大学士、判郓州，吏部侍郎、参知政事宋绶罢为左丞、充资政（殿）③ 学士，礼部侍郎、参知政事蔡齐罢为户部侍郎、知颖［颍］州。时曾与吕夷简议论既不合，而政事多依违不决，因各上章求退。绶多同夷简，而齐间有所异，用是皆罢免④。

此事诸多史籍皆有记录，《宋史·吕夷简传》曰："王曾与夷简数争事，不平，曾斥夷简纳赂市恩。夷简乞置对，帝问曾，曾语屈，于是二人皆罢。夷简以镇安军节度使、同平章事判许州。"⑤《宋史·王曾传》载："及夷简位曾上，任事久，多所专决，曾不能堪，论议间有异同，遂求罢。仁宗疑以问曾曰：'卿亦有所不足邪？'时外传知秦州王继明纳赂夷简，曾因及之。帝以问夷简，曾与夷简交论帝前。曾言亦有过者，遂与

---

① 张方平撰吕夷简神道碑、李焘《续资治通鉴长编》及《宋史·吕夷简传》皆作"镇安"，疑此处"镇海"误。见张方平《乐全先生文集》卷36《故推诚保德宣忠亮节崇仁协恭守正翊戴功臣开府仪同三司守大［太］尉致仕上柱国许国公食邑一万八千四百户食实封七千六百户赠太师中书令谥文靖吕公神道碑铭并序》，宋集珍本丛刊，第5册，第162页；李焘《续资治通鉴长编》卷120，景祐四年夏四月甲子，第2826页；《宋史》卷311《吕夷简传》，第10209页。

② 富弼撰王曾行状、宋祁撰王曾墓志铭及《宋史·王曾传》均记为"左仆射"，疑此处"右仆射"误。见富弼《王文正公曾行状》，杜大珪撰，洪业等编纂《琬琰集删存》卷2，第282页；宋祁《景文集》卷58《文正王公墓志铭》，丛书集成初编，第1881册，第776页；《宋史》卷310《王曾传》，第10185页。

③ 据《续资治通鉴长编》、《宋宰辅编年录校补》补。李焘：《续资治通鉴长编》卷120，景祐四年夏四月甲子，第2826页；徐自明撰，王瑞来补校：《宋宰辅编年录校补》卷4，第212页。

④ 徐松辑，刘琳等点校：《宋会要辑稿·职官》78之15—16，第5196页。

⑤ 《宋史》卷311《吕夷简传》，第10209页。

夷简俱罢。"①《宋史·蔡齐传》亦云："王曾与齐善,曾与夷简不相能,曾罢相,齐亦以户部侍郎归班。寻出知颍州。"② 由上可知,景祐四年(1037)四月吕夷简罢政与范仲淹毫无瓜葛,欧阳修撰于范仲淹神道碑中,颇嫌突兀,这似乎可以说明欧阳修为了达到对吕范二人皆无褒贬的效果,甚至有扭曲事实之嫌疑。

第三,吕范解仇说。对于吕范二人后来的关系,富弼所撰范仲淹墓志铭中没有涉及。欧阳修则云:"及吕公复相,公亦再起被用,于是二公欢然相约戮力平贼。天下之士皆以此多二公,然朋党之论遂起而不能止。"③ 此段文字当时即引起了范纯仁、富弼等的激烈争论,以至范纯仁不惮得罪欧阳修,于刻石时将其删去,而欧阳修则在多种场合强调删后的文字非自己所作,要求以自己文集中所录为准。

综上所述,富弼所撰写范仲淹墓志铭与欧阳修所撰神道碑,涉及政治层面时语气、内容有着不小的差异,在吕夷简与范仲淹关系的书写上表现得尤其突出。富弼称自己撰写范仲淹墓志铭"所诋奸人皆指事据实,尽是天下人闻知者,即非创意为之,彼家数子皆有权位,必大起谤议,断不恤也"④,矛头直指吕夷简,表达了自己直书不隐的原则。欧阳修在庆历新政失败之后,从政态度有了较大变化⑤,故撰范仲淹神道碑时考虑了诸多的限制因素,下笔时处处谨慎,不仅迁延数年方才完成,而且为了弥合吕范之间的矛盾,更是有意回避、模糊化处理吕夷简对范仲淹排挤陷害的事实。

第四节　欧阳修撰"吕范解仇"的原因

欧阳修在对吕夷简与范仲淹皆不褒贬的理念下撰写范仲淹神道碑,

---

① 《宋史》卷310《王曾传》,第10185页。
② 《宋史》卷286《蔡齐传》,第9637页。
③ 欧阳修撰,李逸安点校:《欧阳修全集》卷21《资政殿学士户部侍郎文正范公神道碑铭》,第335页。
④ 邵博撰,刘德权、李剑雄点校:《邵氏闻见后录》卷21,第163—164页。
⑤ 刘子健:《欧阳修的治学与从政》,第153页。

"吕范解仇"是其深思熟虑后慎重下笔的结果。刘子健、王水照等认为这是欧阳修"亲身经历过激烈党争之后的新思考结果","甚至标志着范仲淹一派人士'跳出自身反观自身'的集体反思",进而"倡导从政为公的政治操守,防止无节制的党同伐异"①。由前述欧阳修在撰写范仲淹神道碑时的心态考察可知,现实因素应是他要考虑的最主要问题,以下尝试从三方面分析欧阳修之所以撰写"吕范解仇"的原因。

(一)"吕夷简集团"② 在当时政坛有较大的影响

欧阳修在撰写范仲淹神道碑时曾和孙沔交流,称颂范公之德之才,要"上不损朝廷事体,下不避怨仇侧目",这不但承认了范仲淹有"怨仇",而且"怨仇"还应该有相当的实力。通观范仲淹仕宦生涯,所指当为吕夷简集团。

吕夷简在仁宗朝曾三入中书为宰相,前后居宰执 18 年,仁宗认为他有大臣体,亲政后倚信有加。而且,吕夷简还曾要求刘太后以礼安葬仁宗生母,以至其去世时仁宗"哭发声,谓左右曰:'乃心国家而任大事,如吕某者,可复得乎?病不就诀,殁不临酹,吾恨何既哉!'惑悼不已,制服苑中,哭之甚哀"③。故《宋史·吕夷简传》称他"当国柄最久,虽数为言者所诋,帝眷倚不衰",认为"其于天下事,屈伸舒卷,动有操术""为世名相",④ 故终吕夷简一生,仁宗对他一直恩宠不衰⑤。

除了吕夷简在当时政坛有较大的影响力外,吕夷简后人的实力也不容小觑。吕夷简共有七子:二人早夭,公餗庆历四年(1044)之前已去

---

① 刘子健:《欧阳修的治学与从政》,第 153 页;王水照:《欧阳修所作范〈碑〉尹〈志〉被拒之因发覆》,《江西社会科学》2007 年第 9 期。

② 参考王志双《北宋仁宗朝吕夷简集团的组成及其性质》,《邢台学院学报》2003 年第 3 期。

③ 张方平:《乐全先生文集》卷 36《故推诚保德宣忠亮节崇仁协恭守正翊戴功臣开府仪同三司守大[太]尉致仕上柱国许国公食邑一万八千四百户食实封七千六百户赠太师中书令谥文靖吕公神道碑铭并序》,宋集珍本丛刊,第 5 册,第 163 页。

④ 《宋史》卷 311《吕夷简传》,第 10210 页。

⑤ 有关吕夷简生平、心机、权术和政绩的研究,参阅王德毅《吕夷简与范仲淹》,第 122—137 页;陈峰《试论北宋名相吕夷简的政治"操守"》,《中州学刊》1998 年第 6 期。

世，其余为公绰、公弼、公著、公孺四人。① 庆历四年（1044）吕夷简去世时，吕公绰为兵部员外郎、史馆修撰，后"判太常寺、兼提举修祭器。召试政事府，擢知制诰。历审官院、流内铨、三班院，复判尚书刑部，以龙图阁直学士知永兴军。以枢密直学士知秦州，迭帅两路"，皇祐二年（1050）用明堂恩"迁刑部郎中召还，以龙图阁学士权知开封府，岁余，屡请罢，以翰林侍读学士、集贤殿修撰、知审刑院、判太常寺。顷之，改龙图阁直学士知徐州。寻复为侍读学士徙河阳"②。吕公弼以父荫遗恩"迁度支员外郎。服除，又为盐铁判官，为淮南转运使、赐紫金鱼袋。召为三司度支判官，迁兵部员外郎、纠察在京刑狱。拜直史馆，为河北转运使"，皇祐三年（1051）三月"改尚书工部郎中、天章阁待制、充都转运使。召还，权三司度支副司、权判吏部流内铨。加龙图阁直学士、高阳关路经略使副［安抚］使、知瀛州"，至和元年（1054）为"权知开封府"③。吕公著"登庆历二年进士第，累迁殿中丞"，"诏试馆职，不就。通判颍州"，"皇祐初，就判吏部南曹"④。可见吕夷简后人在当时政坛上势力极大⑤。

此外，吕夷简虽于庆历四年（1044）去世，但吕夷简集团在当时政治中仍然能够产生较大的影响力。王志双以"科举中缔结的关系、姻亲和同流"三种类型作为划分吕夷简集团的标准，认为在吕夷简去世后，仍然活跃在北宋政坛上的至少有梁适、任中师、章得象、丁度、高若讷、

---

① 张方平：《乐全先生文集》卷36《故推诚保德宣忠亮节崇仁协恭守正翊戴功臣开府仪同三司守大［太］尉致仕上柱国许国公食邑一万八千四百户食实封七千六百户赠太师中书令谥文靖吕公神道碑铭并序》，宋集珍本丛刊，第5册，第163页。

② 王珪：《华阳集》卷51《翰林侍读学士赠左谏议大夫吕公公绰墓志铭》，文渊阁《四库全书》，第1093册，第507页。

③ 王安礼：《王魏公集》卷7《宋故推诚保德崇仁翊戴功臣宣徽南院使光禄大夫检校太尉充太乙宫使东平郡开国公食邑六千户（食）实封一千四百户上柱国吕公行状》，文渊阁《四库全书》，台北商务印书馆1986年版，第1100册，第77—81页；范镇：《吕惠穆公公弼神道碑》，杜大珪撰，洪业等编纂：《琬琰集删存》卷一，第159—164页。

④ 《吕正献公公著传（实录）》，杜大珪撰，洪业等编纂：《琬琰集删存》卷3，第349页；《宋史》卷336《吕公著传》，第10772页。

⑤ 除吕夷简直系子孙外，东莱吕氏家族其他成员在当时政坛上也有不小的影响力。详见姚红《宋代东莱吕氏家族及其文献考论》，中国社会科学出版社2010年版，第74—114页。

蔡挺、王拱辰、张方平及钱明逸等。①而且，在仁宗朝后期，梁适、章得象曾任宰相，丁度、张方平曾任参知政事，任中师、蔡挺曾为枢密副使，王拱辰两为三司使，钱明逸两为翰林学士，均可以对政坛产生不小的影响。若欧阳修撰写范仲淹神道碑时，对吕夷简有较多的负面书写，可能会引起不小的纠纷，这是欧阳修创作时不得不考虑的因素。

（二）庆历新政后欧阳修与吕夷简后人私人关系良好

周必大对吕范解仇持否定态度的一个原因，即认为"欧公自悔前疏太过，欲自解于正献兄弟，不须凭也"②，其说颇有道理，而欧阳修"自悔"的时间当为庆历新政失败后。皇祐元年（1049）欧阳修知颍州时，"吕公著为通判，为人有贤行而深自晦默，时人未甚知。公后还朝，力荐之，由是渐见进用"③。《宋史·吕公著传》云："通判颍州，郡守欧阳修与为讲学之友。后修使契丹，契丹主问中国学行之士，首以公著对。"④知欧阳修与吕公著皇祐初年已有不错的私交。另外，洪本健结合新发现的欧阳修散佚96封书简统计，"10篇以上的受简者有梅尧臣（47）、韩琦（45）、吕公著（36）、刘敞（29）、薛仲孺（20）、王素（19）、蔡襄（16）、焦千之（16）、欧阳发（15）、吴奎（13）、王拱辰（12）和常秩（10），吕公著排在第三，可见欧吕交情非同一般"⑤。检新发现欧阳修散佚书简，至和二年（1055）有6封写给吕公著的书简，其中涉及问候身体安康、赠诗、求和诗、求文及问候吕公绰等，确实可见二人私交甚好。既与吕公著关系甚密，则撰写其父的负面内容时或会多加回护，以免引起友人的不快。

需要指出的是，学者多以欧阳修曾把撰写好的范仲淹神道碑初稿寄给韩琦以便其提出修改意见，进而认为"吕范解仇"并非欧阳修一己私意而为之，而是与友人商议完成的。然韩琦不提出异议与其和吕夷简家

---

① 王志双：《北宋仁宗朝吕夷简集团的组成及其性质》，《邢台学院学报》2003年第3期。
② 周必大：《庐陵周益国文忠公集》卷188《与汪季路司业》，宋集珍本丛刊，线装书局2004年版，第49册，第20下页。
③ 张邦基撰，孔凡礼点校：《墨庄漫录》卷8《欧阳文忠公四事》，第226—227页。
④ 《宋史》卷336《吕公著传》，第10772页。
⑤ 洪本健：《东英寿教授新见欧阳修散佚书简解读》，《武汉大学学报》2013年第3期。

族关系密切有关。韩琦子韩忠彦"娶两夫人,皆故太尉吕惠穆公公弼之女,嫡曰韩国夫人,继室曰冀国夫人"①,韩琦在吕氏墓志中曰:"文靖公(按指吕夷简)以王佐之才,辅相仁庙,二十年间,仁恩德泽,浃洽天下。"②对吕夷简在仁宗朝的政绩给予了极高的肯定。吕氏嫁韩忠彦虽在至和元年(1054),范仲淹神道碑撰写时韩、吕两家尚未成为姻亲关系,但试想若韩琦与吕氏家族关系紧张,又如何能在数年之后喜结连理呢?故韩琦虽见到欧阳修撰吕范解仇事,也不可能提出异议。

(三)"吕范解仇"说能够达到各方利益最大化

"吕范解仇"说虽然遭到了范纯仁和富弼的强烈反对,但把此内容写入范仲淹神道碑中,对范仲淹及其后人、吕夷简集团及撰者欧阳修本人而言皆有利,属于各方利益均能达到最大化的书写方式。

"吕范解仇"说撰写于范仲淹神道碑中,对已经去世的范仲淹而言名声毫无损害。按照结仇原因可大致分为三种情况:假设吕夷简与范仲淹交恶曲在吕夷简,范仲淹愿意为国事不计前嫌而屈己和解,应该受人敬仰,可谓大贤;若二者交恶曲在范仲淹,他能够主动解仇,仍属于知错能改,善莫大焉;倘若双方各有对错,范仲淹主动解仇,亦可获得大度的美名。无论如何,把"吕范解仇"一事写入范仲淹神道碑,范仲淹均能获得较高赞誉,属于对范仲淹褒扬的写法。

而且,如此撰写也无损吕夷简的声誉,不会激怒吕氏家族及吕夷简集团,避免在政治上树敌和引起较大争端。就欧阳修自身而言,这样对当事人吕夷简及范仲淹无所褒贬的写法,是其同时示好吕、范二家的手段,从而"任他奸邪谤议"近身不得,无损自己的利益,称得上是一举多得之措施。正是在多方利益综合考量之下,欧阳修在范仲淹神道碑中书写了"吕范解仇",如此看来,吕范二人在世时是否解仇并不重要,但后来的现实政治集团利益需要"吕范解仇"。

---

① 毕仲游:《西台集》卷15《丞相仪国韩公行状》,丛书集成初编,商务印书馆1935年版,第1945册,第239页。

② 韩琦:《安阳集》卷48《故东平县郡吕氏墓志铭》,宋集珍本丛刊,第6册,第605页。

第六章　墓志碑铭撰写个案研究之二　／　195

第五节　"吕范解仇说"论据辨析

自欧阳修把"吕范解仇"说撰入范仲淹神道碑后，肯定二者和解的学者寻找各种证据加以证明，其中最主要论据有二：一是范仲淹曾写信向吕夷简表示解仇；二是吕夷简举荐范仲淹以示和解。[①] 然上述论据均需要有更为细致的分析。

其一，范仲淹曾给吕夷简写信表示解仇。检《范文正公文集》中现存范仲淹致吕夷简的三封书信，上书时间分别为康定元年（1040）、庆历元年（1041）和庆历二年（1042）。当时宋夏战争方炽，由于战事需要，宰相吕夷简有逐渐掌握二府的趋势，范仲淹身为边地将帅，其所搜集的军事情报、草拟的作战方略，无一不需要通过二府[②]，故范仲淹上书或如朱熹总结周必大之语："后来范公虽为之用，然其集中归重之语亦甚平平，盖特州郡之常礼，而实则终身未尝解仇也。"[③] 并不能过多说明问题。

对于吕祖谦编：《宋文鉴》所收范仲淹撰《上吕相公书》，肯定"吕范解仇"的学者均认为这是范氏子弟编纂范仲淹文集过程中刻意刊落不收，自南宋朱熹起延续至今皆持此说。方健则在《范仲淹评传》中认为此书乃吕氏子弟伪造[④]。此书北宋时从未被提及，南宋时却出现在吕夷简后人吕祖谦编撰的《宋文鉴》中，确实可疑。而且，范氏子弟既然不承认有吕范解仇，为何不把范仲淹上吕夷简的其他书信和《祭吕相公文》悉数删除，以免留下话柄，而是仅删去其中一封？若是

[①] 王德毅：《吕夷简与范仲淹》，第165—184页；方健：《范仲淹评传》，第80—86页；夏汉宁：《朱熹、周必大关于欧阳修〈范公神道碑〉的论争》，《江西社会科学》2004年第3期；刘德清：《范仲淹神道碑公案考述》，《西南交通大学学报》2005年第6期；王水照：《欧阳修所作范〈碑〉尹〈志〉被拒之因发覆》，《江西社会科学》2007年第9期；王瑞来：《范吕解仇公案再探讨》，《历史研究》2013年第1期。

[②] 田志光：《试论宋仁宗朝宰相兼枢密使之职权》，《史学集刊》2011年第5期。

[③] 朱熹撰，刘永翔、朱幼文点校：《朱子全书·朱熹集》卷34《答周益公书》第二，上海古籍出版社、安徽教育出版社2010年版，第1686页。

[④] 方健：《范仲淹评传》，第85页。

觉得《上吕相公书》写作姿态太低，另外几篇文章何尝不是如此？如范仲淹上吕夷简第三封信即曰："为国家先重其身，而安其心，赖相公坐筹于内，某辈竭力于外，内外协一，奉安宗庙社稷，以报君亲，以庇生灵，岂小节之谓乎！"① 故方健称"这封信的内容与上揭被范氏子弟视为伪造的信除了语气的差异外，并无实质上的不同"②，诚为中肯，需要认真考虑。

其二，吕夷简举荐范仲淹以示和解。对于康定元年（1040）吕夷简举荐范仲淹等人的举措，研究者多忽略了吕夷简借此举为自身赚取名声及利益的事实。其大致可以表现在三个方面：第一，就推荐范仲淹的结果论，吕夷简赢得了较高声誉。《涑水记闻》中的记载很能说明问题："会吕公自大名复入相，言于仁宗曰：'范仲淹贤者，朝廷将用之，岂可但除旧职耶？'除龙图阁直学士、陕西经略安抚使。上以许公为长者，天下皆以许公为不念旧恶。"③ 第二，吕夷简"有深沉的心机，善于运用政治权术"④，几乎同时期他还推荐富弼出使契丹，名义上亦为外举不避仇的行为，但其有更为深层的原因，史载："弼既数论事侵之，及堂吏以伪署度僧牒诛，夷简益恨，因荐弼使契丹，变易国书，欲因事罪之。"⑤ 吕夷简为陷害富弼，甚至不惜变易与契丹出使的国书，乃是因私废公的行为。第三，西夏战事方起，"兵锋锐甚，中国久不知战，人心颇恐，士大夫多避西行"⑥，在这样的背景下，吕夷简推荐朝廷委派到最前线不是有治兵经验之人，而是夏竦、范仲淹、韩琦等与自己政见不合且毫无统兵经验的文臣，是举贤还是借机陷害，难以遽下结论。范仲淹在给吕夷简先后两次上书中均已隐晦表达了对用文臣统兵的质疑，第一则在讨论西夏战事时曰："前则刘平陷没，范资政去官，次则韩琦与某贰于元帅，不

---

① 范仲淹撰，范能濬编集，薛正兴校点：《范仲淹全集·范文正公文集》卷11《上吕相公书》又，第230页。
② 方健：《范仲淹评传》，第83页。
③ 司马光撰，邓广铭、张希清点校：《涑水记闻》卷8《吕夷简不念旧恶》，第162页。
④ 王德毅：《吕夷简与范仲淹》，第125页。
⑤ 李焘：《续资治通鉴长编》卷137，庆历二年闰九月庚辰，第3295—3296页。
⑥ 李清臣：《韩忠献公琦行状》，杜大珪撰，洪业编纂：《琬琰集删存》卷2，第287页。

能成绩，以罪失职。复以夏、陈分处二道，期于平定。近以师老罢去，而更张之。三委文帅，一无武功，得不为和门之笑且议耶？今归之四路，复皆用儒，彼谓相辅大臣朋奖文吏，他日四路之中一不任事，则岂止于笑，当尤而怒之。"① 另一则为辞邠州观察使时云："大敌在前，重典在后。当此之时，儒臣文吏何以措手足于其间哉？刘平之勇，犹不克济，此相公之所览也。是则系国家之安危，生民之性命，某岂可不自量力而辄当之？"② 与当事人隐晦其辞相比，陈师道则直接提及派遣韩琦与范仲淹为西帅、富弼出使契丹为阴谋："某公（按指吕夷简）恶韩、富、范三公，欲废之而不能。军兴，以韩、范为西帅，遣富使北，名用仇而实间之。"③ 明确道出吕夷简的居心叵测。而且，韩、范后来亦确实因经营西事被朝廷责罚，其主导即为"宰相"，欧阳修撰王尧臣墓志铭言及此细节："边兵新败于好水，任福等战死。今韩丞相坐主帅失律，夺招讨副使，知秦州；范文正公亦以移书元昊不先闻，夺招讨副使，知耀州。公（按指王尧臣）因言此两人天下之选也，其忠义智勇，名动夷狄，不宜以小故置之。且任福由违节度以致败，尤不可深责主将。由是忤宰相意。"④ 故后世如真德秀等所谓"康定庆历间，简求西帅，必取当世第一流。宰相吕夷简，至忘仇荐进，以重任之不可轻也"⑤，实为不审当时语境的主观臆测。

吕夷简推荐范仲淹可以说是一举多得的行为，既有举贤不避仇的美名，又有排斥政敌之实，且有陷害异己之嫌，其动机并不单纯，不宜以此简单化为是吕夷简示好范仲淹以求和解的证据。

---

① 范仲淹撰，范能濬编集，薛正兴校点：《范仲淹全集·范文正公文集》卷11《上吕相公书》又，第224页。
② 同上书，第226页。
③ 陈师道撰，李伟国点校：《后山谈丛》卷1《某公恶韩富范三公》，第26页。
④ 欧阳修撰，李逸安点校：《欧阳修全集》卷33《尚书户部侍郎参知政事右仆射文安王公墓志铭并序》，第483页。
⑤ 真德秀：《西山先生真文忠公文集》卷4《召除礼侍上殿奏札》二，国学基本丛书，商务印书馆1937年版，第66页。

小　结

　　吕夷简与范仲淹有没有解仇，是学界难以回答的问题。其中既涉及解仇的缘起及结果——吕夷简和范仲淹因何种目的向对方示好以求和解，对方对于另外一方的示好反应如何；又涉及解仇的程度，即公私领域均保持合作并对仇恨释然的高层次解仇和表面看似和解、内心皆有芥蒂的低层次解仇，这些都是相当复杂的问题。

　　前述可知，"吕范解仇"撰入范仲淹神道碑实有益于范仲淹的身后名誉，为何范纯仁极力反对，甚至于不惮得罪欧阳修而删文刊石？笔者以为欧阳修与范纯仁所谓的"吕范解仇"可以从公领域与私领域两方面加以区分，所指并非同一层面的内容。姑且搁置欧阳修抛出"吕范解仇"有自己的现实思考，即便确如其所言见到"吕范解仇"，也属于公领域的二人合作（较浅层次则是表面看似和谐）；而范纯仁否定的"吕范解仇"则是基于耳濡目染之私领域的范仲淹内心尚未释然，否则他也不至于冒着得罪政坛"权贵"的危险公开声明两家恩怨。① 而且，范纯仁的态度和范仲淹《遗表》强调得相当一致，范仲淹在总结一生时，提到仕宦期间曾"大忤权贵，几成废放"②，即是对景祐年间吕范冲突的高度概括，可以看出他对与吕夷简之间的冲突印象尤其深刻。王瑞来从历史认识的角度出发，认为不同立场、不同认知导致对历史事实有不同的解释，故欧阳修的解仇与范纯仁的未解仇都属于一定程度上的事实，即"被解读的事实"，给人耳目一新之感，然其并未全面考虑欧阳修写作此文的背景及理念。

---

　　① 王瑞来认为范纯仁之所以不承认"吕范解仇"，是由于因范仲淹被贬致使其早年生活波折，从而导致对吕夷简怀恨在心，以至于"在范吕两位当事人均已谢世之后，还耿耿于怀，不肯承认范吕解仇之事"。检诸史籍，欧阳修至和元年（1054）撰写"吕范解仇"的说法，当时范纯仁已28岁，其仕宦过程中一直以"忠恕"为人称道，似乎不会出现以私愤强加于父辈身上的情况出现。参阅李之仪《范忠宣公行状》，范纯仁《范忠宣公文集》卷18—20，宋集珍本丛刊，第507—524页；曾肇《曾文昭公集》卷3《范忠宣墓志铭》，宋集珍本丛刊，第26册，第710—716页；《宋史》卷314《范纯仁传》，第10281—10293页。

　　② 范仲淹：《范仲淹全集·范文正公文集》卷18《遗表》，第377页。

欧阳修撰写范仲淹神道碑是在他对范、吕二人无所褒贬的理念下完成的，拖延数年，经过深思熟虑后，在不影响吕夷简家族、范仲淹家族及自身利益的前提下撰写了"吕范解仇"说。为了"制造"吕范解仇的"事实"，欧阳修甚至不惜对相关事实加以模糊化处理，造成一种吕夷简与范仲淹"两平"的假象。而且，由于欧阳修之文在当时后世皆影响甚巨，撰入范仲淹神道碑中的"吕范解仇"不但被后世不断讨论渲染，而且被吸收入宋代实录中并最终进入《宋史·范仲淹传》，由私家撰述进入国史系统，使"吕范解仇"几成定论，这实际上是墓志碑铭撰者意识在墓主生平中的显现。而后世学者多把欧阳修之文作为史料加以引用，以期证明各种具体问题，而没有深度辨析，这提醒我们在研究中对此类问题要时刻警惕。

结 论

随着印刷技术的发展，北宋文人所撰墓志碑铭之类文字与前代相比能够得到较好保存，它们和新出土墓志一起，在一定程度上刺激和推动了学术研究的发展，在补阙正误，阐幽表微等方面起到了较为重要的作用。如牟润孙曾从折可存墓志的考证出发，证明了宋江曾投降宋廷并从征方腊；[①] 李伟国利用出土《宋故冯翊郡太君张氏墓志铭》，对学界已经为定论的范仲淹三位夫人中的曹氏夫人进行质疑，认为其当为张氏，[②] 很有见地；何冠環通过对杨畋墓志的考证，丰富了北宋杨家将后人的诸多细节；[③] 笔者亦曾利用2012年新出版《安阳韩琦家族墓地》中的墓志拓片，发现韩琦有一妻二妾三位夫人，[④] 这是王曾瑜、陶晋生等研究韩琦家族时因资料缺失而无法详细考证的[⑤]。

然而，碑志文毕竟不可能对墓主生平事迹进行面面俱到的涵盖，故其中呈现出来的内容多是撰者意欲强调的重点，就墓志碑铭撰写方式而言，北宋碑志文的撰写可以分为奉敕撰铭、丧家请求撰铭和撰者主动撰

---

① 牟润孙：《折可存墓志铭考证兼论宋江之结局》，牟润孙：《注史斋丛稿》，中华书局1987年版，第196—220页。

② 李伟国：《〈宋故冯翊郡太君张氏墓志铭〉考》，邓小南等主编：《宋史研究论文集》，云南大学出版社2009年版，第599—624页。

③ 何冠環：《杨家将研究的新史料：读杨畋〈杨畋妻陶氏墓志〉及王陶〈杨畋墓志铭〉》，《杨家将文化》2009年第3期。

④ 仝相卿：《墓志所见韩琦出身及婚姻关系述略——兼论北宋相州韩氏家族妾的封赠》，常建华主编：《中国社会历史评论》第15辑，天津古籍出版社2014年版，第166—174页。

⑤ 见王曾瑜《宋朝相州韩氏家族》，《新史学》第8卷第4期，1997年12月，今据王曾瑜《锱铢编》，第245—272页；陶晋生《北宋士族——家族·婚姻·生活》，第245—266页。

铭三种形式。奉敕撰铭与请求撰铭等官方或公开型的墓志碑铭中，主要记载墓主生平、政绩、持家教子等内容。而主动撰铭中丧家本身撰写的属于私密型墓志碑铭，碑志文实属为撰者提供了一条感情宣泄的渠道，故其不惮以任情甚至纵情的方式撰写；基于道义或为了宣传墓主事迹以教化民众的碑志文与公开型墓志一致，也全部指向国家叙事模式；自撰墓志有些能够展现墓主豁达的人生态度，有些则是因政治因素所迫，亦有些墓志则宣称效仿先贤，应加以区别对待。

不过，无论何人以何种方式撰写墓志碑铭，在其撰写过程中都免不了受到各种因素的干扰，导致最终形成的墓志碑铭"定稿"与墓主的生平之间存在一定的差距。概括而言，碑志文在形成过程中主要会受到以下方面的影响。

首先，碑志文撰写是在特定环境下对墓主盖棺定论的作品，其文字属于具有强烈时代特征的内容。例如，宋初易代之际的碑志文撰写，衡量前朝民众是否臣服的最直接的一个标志是看碑志文是否使用北宋国号和年号，可以想象，在北宋对五代十国的统一之初，当有较多民众遇到此类情形，属于墓志碑铭中政治因素的显现。另外，若遇到墓主与政治相关的内容时，则类似于撰写"当代史"，虽然诸多撰者在墓志碑铭中标榜自己所撰碑铭时秉持直书不隐的实录精神，但从北宋碑志文撰写实践中看，绝大多数墓志碑铭在撰写时仍是顺应当时政治潮流，许多本属于墓主仕宦生涯中最重要的事迹竟然在碑志文中或无只言片语，或隐约其词。真正有实录精神的直笔不隐式撰写，仅有富弼撰范仲淹墓志、司马光撰吕诲墓志、陈荐撰韩琦墓志等寥寥数篇，此类碑志撰写需要冒着极大的政治风险，在当时并非所有撰者皆有此勇气，对墓主与政治潮流相左的事迹选择性"失忆"，或为时人在专制主义中央集权体制之下趋利避害而不得不为之的选择。

其次，碑志文撰者的个人写作习惯会影响到研究者对墓志碑铭的理解。这当然不是墓志碑铭撰者有意为之，然却对研究者的理解带来了实实在在的影响，其中较为重要的是地理、职官等名称的借用现象。地理名称的借用主要指以"郡名"和"俗称"代替当时州县名称，不同撰者借用地名的方法并不相同，职官借代情况主要是以墓主曾担任的官职代替对该人的称呼。① 地理、职官名称的借用在墓志碑铭文字撰写期间并非个案，诸如此类极具时代意义的内容的借用，势必会对墓主生平事迹、家族发展、婚姻关系等的深入研究及研读，"人为"地增加难度，造成一定不利的影响。

最后，一般而言，丧家在墓志碑铭形成中的作用，除了向撰者提供墓主生前的生平事迹等行状资料及填讳外，几乎不可能参与其中，故学界对此问题鲜有涉及。不过，就同一墓主出土墓志碑铭与传世文献中保存的墓志碑铭对比，可以发现丧家会对撰者表述欠准确的地方加以修饰，记述有误处予以纠正。而且，从二者对比的差异之处，还能发现撰者与丧家对碑志文撰写所持的理念和心态并不一致，撰者欲自己的文字传之久远，故会尽量避免与事实出入颇大的事情，丧家则要求对墓主的高尚人格、优秀品质大加宣扬，对所谓的实录精神并不过分在意。在此情况下，就可能出现丧家对碑志文某些内容并不认可的情况，这时丧家一般会向撰者交涉以求修改，在交涉无果的情况下不惮增损相关文字，显示了丧家在碑志文撰写中的参与作用，这种参与虽不可能时时发生，但其无形中会给撰者心理造成一定的压力②，从而影响撰者对碑志文的撰写。

学界以往对墓志碑铭的关注主要有三个方面：一方面是从单篇墓志出发，对墓主的生平事迹加以分析，用以完善某种历史细节或因资料缺失导致认识上的断裂，抑或纠正原有史料的谬误等；另一方面是把墓志作为客观的文献（written documents/sources）加以引用，并以期证明各种具体问题；还有一方面则是通过出土碑志发现碑志书写撰刻等艺术方面的价值。然而，真正把墓志碑铭作为一种"文本"（text）考虑的文章鲜有涉及。③ 正如刘静贞所云："当我们想要好好利用墓志中从墓主本人到其各项社会活动所牵连的人、事资料时，或许该先问一下，作为一种书

---

① 类似情况可参阅王曾瑜先生的总结。见王曾瑜《辽宋西夏金的避讳、称谓和排行》，《安徽师范大学学报》2005 年第 5 期。
② 刘静贞：《北宋前期墓志书写活动初探》，《东吴历史学报》2003 年第 11 期。
③ 把墓志碑铭从理念上作"文献"与"文本"的区分，受到学界对"族谱"相关研究的启发。参阅饶伟新《导言：族谱与社会文化史研究》，饶伟新主编《族谱研究》第一辑，社会科学文献出版社 2013 年版，第 3—4 页。

写活动,墓志写作在当时社会究竟是如何展开的?"[1] 实质上,撰者的个人习惯、立场和理念等内部因素,以及政治环境、政治集团与丧家干涉等外部因素,都在很大限度上影响了墓志碑铭的书写,导致碑志文字所记载墓主的相关内容与其实际生平事迹并不完全吻合,甚至有不小的出入,并非"隐恶扬善"所能完全涵盖,明晰此问题,不仅有益于全面把握北宋墓志碑铭撰写的方式、内容和特色,对客观认识作为资料的墓志碑铭亦大有助益。

---

[1] 刘静贞:《北宋前期墓志书写活动初探》,《东吴历史学报》2004年第11期。

附 录 一

盖棺自论定：宋代自撰墓志铭探析

墓志碑铭文字是用于悼念逝者，叙述墓主生平，并对其品行功绩进行颂扬的载体。宋代此类文字，多是墓主去世之后，丧家辅以润笔，延请他人撰写①，其中展现了多元的人际网络②。然在墓志铭撰写中，有一个特殊的现象值得关注，即墓主为自己撰写墓志铭，对一生进行回顾并加以整体性评价，颇有自我盖棺论定的意味。有关此议题，学界专题研究者相当少见。吕海春对中国古代自撰墓志铭进行了长时段论述，认为宋代自撰墓志铭"无论是体式，还是内容，都趋于中规中矩，撰者又常用社会上流行的正统的标准评价自我，因而就行文气势而言，显得平淡内敛，缺乏波澜"，这与宋代文人士大夫思想普遍受到政府控制，以及长期儒家教化有关③，然论据相当单薄；许玲玲通过对所掌握的三篇宋代自撰墓志的简单分析，认为宋元时期是中国古代自撰墓志铭的"沉寂期"④，并不准确。总体而言，学界对宋代自撰墓志铭关注不多，且对宋代自撰墓志铭数量、总体特征和自撰墓志原因等的分析，均值得进一步深入

---

① 程章灿：《谁得了便宜——碑志文润笔及其他》，《中国典籍与文化》1996年第3期；王兆鹏：《宋代的"润笔"与宋代文学的商品化》，《学术月刊》2006年第9期。
② 邱佳慧：《从"请铭"与"撰铭"探究宋代社会的伦常关系》，《东华人文学报》2008年第12期。
③ 吕海春：《长眠者的自画像——中国古代自撰墓志铭的历史变迁及其文化意义》，《中国典籍与文化》1999年第3期。
④ 许玲玲：《自撰墓志铭研究》，硕士学位论文，苏州大学，2015年，第41—45页。

研究。

一 宋代自撰墓志铭概览

两宋时期，自撰墓志铭并不算多，其中颇具代表性的大致有如下数例。后周宰相窦贞固入宋后隐居不仕，"开宝二年病困，自为墓志"①。朱昂景德四年（1007）去世，《宋史》本传提及他"晚岁自为墓志"②。陈尧佐庆历四年（1044）去世，"将终前一日，自为墓志"③。程颐在《书先公自撰墓志后》云："先公太中，年七十，则自为墓志及书戒命于后，后十五年终寿。子孙奉命不敢违，惟就其阙处，加所迁官爵，晚生诸孙及享年之数，终葬时日而已。"④ 可知程颢之父程珦曾自撰墓志铭。尤袤编纂的《遂初堂书目》中，言及陈瓘曾自撰墓志铭："陈了斋自撰墓志并序。"⑤《宋史·赵鼎传》中称赵鼎"自书墓中石"⑥，当为自撰墓志铭，故薛季宣在《与喻郎中书》中曰："故丞相安邑先生忠献赵公……公之功业，泯没殆无传焉。近乡人陈傅良秀才，识其孙于新昌，访以遗书，得公自为墓志。"⑦ 陆游和楼钥分别撰有《跋朱新仲舍人自作墓志》《跋朱潜山自撰墓志》跋文，可知朱翌墓志铭为自己生前撰写。⑧ 陈著《挽孙常州寺簿哲二首》中云："手铭平日事，打破死生关。"其后注曰："自作墓

---

① 《宋史》卷262《窦贞固传》，第9059页。
② 《宋史》卷439《朱昂传》，第13008页。
③ 王辟之撰、吕友仁点校：《渑水燕谈录》卷2，第14页。
④ 程颢、程颐撰，王孝鱼点校：《二程集·河南程氏文集》卷12《书先公自撰墓志后》，第646页。
⑤ 尤袤：《遂初堂书目·本朝杂传》，丛书集成初编，商务印书馆1935年版，第32册，第11页。
⑥ 《宋史》卷360《赵鼎传》，第11294页。
⑦ 薛季宣撰，张良权点校：《薛季宣集》卷23《与喻郎中樗一》，上海社会科学院出版社2003年版，第300页。
⑧ 陆游撰，马亚中等校注：《渭南文集校注》卷28《跋朱新仲舍人自作墓志》，浙江古籍出版社2015年版，第239—240页；楼钥撰，顾大朋点校：《楼钥集》卷70《跋朱潜山自撰墓志》，浙江古籍出版社2013年版，第1204页。

志而死。"[①] 说明孙哲墓志也是自己撰写。等等。

另外，或吸收家谱，或宋代墓志在后世出土等情况，使明清方志及墓志合集中也有宋代自撰墓志铭的内容。万历《漳州府志》摘录《苏氏家谱》云："（苏）溥字渊夫，一字节夫。登嘉定十三年进士……及卒，自撰《墓志》。"[②] 知苏溥去世之前曾自撰墓志。同治《霍邱县志》称："明正德间，民有掘得潭自撰墓志铭碑者。"[③] 使我们了解到韩潭自撰墓志出土于明代[④]。宣统《建德县志》有北宋李植自撰墓志的情况："李植，字公立。登熙宁三年进士第……有自撰墓志铭，石尚存。"[⑤] 从此可知，李植墓志志石在编纂宣统《建德县志》时尚存于世。同治《饶州府志》中收录了北宋中期陈封自撰墓志，编撰者在其后附曰："咸丰辛酉，郡局办团过安仁邓家埠，闻于土人五年乙卯有出土宋碑，觅之不获，旋闻为陈氏墓石。前任县丞曾拓数纸，土人虑别启争端，槌石埋之，故不可得。前丞省垣候补，尝过访，坐谈，丞出新装拓本见示，缕悉其详，因丐得试墨初稿一纸，携入羊城，装池成帙，将采补入志。"[⑥] 不仅全文收录了陈封自撰墓志，并且详细记载了墓志出土后的情形，以及撰入府志的波折。2013年在杭州出土的南宋洪起畏墓志称："今年□□□无几，豫笔此授（授）□□及□俾俟其殁，刻而纳诸圹。"[⑦] 可知洪氏墓志为自撰。

[①] 陈著：《本堂集》卷90《挽孙常州寺簿哲二首》，文渊阁《四库全书》，台北商务印书馆1986年版，第1185册，第490页。

[②] （万历）《漳州府志》卷30《海澄县》，厦门大学出版社2010年版，第1219页。

[③] （同治）《霍邱县志》卷1《舆地志七》，《中国地方志集成·安徽府县志辑20》，江苏古籍出版社1998年版，第34页。

[④] （同治）《霍邱县志》卷15《艺文三》，江苏古籍出版社1998年版，第497页。

[⑤] （宣统）《建德县志》卷15《宦绩》，《中国地方志集成·安徽府县志辑63》，江苏古籍出版社1998年版，第396页。

[⑥] （同治）《饶州府志》卷30《艺文志五》，成文出版社1975年版，第3163—3164页。

[⑦] 杭州市文物考古研究所、临安文物馆编著：《临安洪起畏夫妇合葬墓》，文物出版社2015年版，第33页。

以上简要叙述了文献中所见宋代自撰墓志铭的情形①，现按照墓主卒葬时间先后顺序，列表如下：

宋代自撰墓志铭统计表

序号	墓主	卒年	资料来源	备注
1	窦贞固	开宝二年	《宋史》卷262《窦贞固传》	亡佚
2	朱昂	景德四年	《宋史》卷439《朱昂传》②	亡佚
3	陈充	大中祥符后	《宋史》卷441《陈充传》	亡佚
4	刘筠	天圣九年	《续资治通鉴长编》卷106③	亡佚
5	陈尧佐	庆历四年	《渑水燕谈录》卷2；《宋朝事实类苑》卷8；《宋史》卷284《陈尧佐传》	存世
6	陈封	皇祐二年	同治《饶州府志》卷30	存世
7	宋祁	嘉祐六年	《宋景文笔记》卷下④	存世
8	袁陟	嘉祐年间	《苕溪渔隐丛话·前集》卷37⑤	亡佚
9	王雱	熙宁九年	《玉壶清话》卷5⑥	存世
10	程珦	元祐五年	《二程集》卷12	存世
11	蒲远犹	元祐六年	光绪《黄州府志》卷39⑦	存世

---

① 部分文献关于自撰墓志的记载亦有矛盾之处。如：嘉靖《徽州府志》卷21记载："宋方秋崖墓，在县北。秋崖自作墓志，号茧窝。"（北京图书馆古籍出版编辑组编：《北京图书馆藏古籍珍本丛刊》，书目文献出版社2000年版，第29册，第426页）提及南宋晚期著名江湖派诗人方岳生前自撰墓志的情况。然而，元代方回则这样讲道："吾宗伯秋崖先生岳，字巨山，吾乡祁门人。绍定五年壬辰别院省试第一人，殿试甲科，连忤丞相史嵩之、丁大全。及于知南康军日，挞湖南纲卒之据闸阻舟者，忤贾似道，仕至吏部尚书郎。景定三年壬戌三月十八日卒，年六十四。林竹溪希逸为墓志。其诗不'江西'，不晚唐，自为一家。"（方回选评，李庆甲集评点校：《瀛奎律髓》卷27《着题类·效茶山咏杨梅》，上海古籍出版社1986年版，第1210页）据方回之语可知，其同宗伯父方岳墓志为林希逸所撰，并非自撰。不过，林希逸生平撰述多有亡佚（祝尚书：《宋人别集序录》卷26《竹溪鬳斋十一稿续集》，中华书局2000年版，第1315页），现存林氏著作无方岳墓志，且存疑待考。

② 《宋史》卷441《陈充传》，第13040页。

③ 李焘：《续资治通鉴长编》卷106，天圣六年八月戊寅，第2480页。

④ 宋祁：《宋景文笔记》卷下《左志右铭》，《全宋笔记》第1编第5册，大象出版社2003年版，第71页。

⑤ 胡仔：《苕溪渔隐丛话·前集》卷37《袁世弼》，人民文学出版社1962年版，第247页。

⑥ 文莹撰，郑世刚点校：《玉壶清话》卷5，中华书局1984年版，第55页。

⑦ （光绪）《黄州府志》卷39，成文出版社1976年版，第1392—1393页。

续表

序号	墓主	卒年	资料来源	备注
12	韩 潭	政和三年	同治《霍邱县志》卷 15	存世
13	魏 宜	政和八年	《北京图书馆藏中国历代石刻拓本汇编》42 册①	存世
14	陈 瑾	宣和六年	《遂初堂书目》	亡佚
15	彭 愈	徽宗朝②	道光《宜春县志》卷 31③	存世
16	李 植	北宋晚期	康熙《建德县志》卷 8	亡佚
17	蔡 定	建炎元年	嘉泰《会稽志》卷 6	亡佚
18	赵 鼎	绍兴十七年④	《家训笔录》⑤	存世
19	马永卿	绍兴十九（二十）年⑥	道光《续增高邮州志》⑦	存世
20	朱 翌	乾道三年⑧	《渭南文集校注》卷 28；《楼钥集》卷 70	亡佚
21	何安宅	绍熙五年	《周文忠公文集》⑨	亡佚

① 北京图书馆金石组编：《北京图书馆藏中国历代石刻拓本汇编》，第 42 册，第 85 页。
② 彭愈生卒年不详，其墓志中有"推行居养院、安济坊、漏泽园就绪"之语，据学者研究，宋代政府推行居养院、安济坊、漏泽园等社会福利制度是徽宗朝全面开始的（金中枢：《宋代几种社会福利制度——居养院、安济坊、漏泽园》，《宋史研究集》第 18 辑，台北"国立"编译馆 1988 年版，第 145—198 页）。另，其墓志中又未提及中兴之后事，故推测彭氏当卒于徽宗朝，并未经历靖康之乱。
③ （道光）《宜春县志》卷 31《连山子自志》，江西省图书馆藏，第 63a 页。
④ 柳立言：《从赵鼎〈家训笔录〉看南宋浙东的一个士大夫家族》，柳立言《宋代的家庭和法律》，上海古籍出版社 2008 年版，第 153—201 页。
⑤ 赵鼎：《家训笔录》卷 1《自志》，《全宋笔记》第 3 编第 6 册，大象出版社 2008 年版，第 77—78 页。
⑥ 韩旭考证马永卿出生于元丰八年（1085）或元祐元年，无法判断其卒年。据马氏自撰墓志中云"吾年六十五，世缘已尽"，铭文中称"年六十五，知今知古"，可知其 65 岁去世，即绍兴十九年（1149）或绍兴二十年。参阅韩旭《马永卿〈懒真子录〉研究》，硕士学位论文，北京大学，2012 年，第 3—4 页。
⑦ （道光）《续增高邮州志·艺文志》，成文出版社 1974 年版，第 6 册，第 548—549 页。
⑧ 罗濬记载朱翌卒年及享年云："年七十，乾道三年卒。"罗濬：《（宝庆）四明志》卷 8《叙人上》，宋元方志丛刊，中华书局 1990 年版，第 5091 页。
⑨ 周必大：《庐陵周益国文忠公集》卷 46《跋何居仁自作墓志》，宋集珍本丛刊，线装书局 2004 年版，第 48 册，第 490 页。

续表

序号	墓主	卒年	资料来源	备注
22	罗必元	咸淳以后①	同治《进贤县志》卷23②	存世
23	莫子文	咸淳三年	《石湖志》卷4③	存世
24	孙福翁	咸淳八年	《黄氏日钞》卷97④	存世
25	章祖义	南宋末期⑤	道光《昌化县志》卷10⑥	存世
26	胡侃	不详	《罗鄂州小集》卷6⑦	亡佚
27	孙哲	不详	《本堂集》卷90	亡佚
28	李龏	不详	《江湖后集》卷20⑧	亡佚
29	苏溥	不详	万历《漳州府志》	亡佚
30	黄适安	不详	《鸡肋集》⑨	亡佚
31	王义山	至元二十四年	《稼村类稿》卷29⑩	存世
32	洪起畏	至元三十一年	《临安洪起畏夫妇合葬墓》⑪	存世
33	周密	大德二年	《珊瑚木难》卷5⑫	存世

---

① 《宋史·罗必元传》载:"度宗即位,(罗必元)以直宝章阁兼宗学博士致仕。卒,年九十一。"可知罗氏去世于咸淳之后。《宋史》卷415《罗必元传》,第12460页。

② (同治)《进贤县志》卷23《罗必元自撰墓志铭》,国家图书馆藏,第3a—5b页。

③ 莫震撰,莫旦增补:《石湖志》卷4《乡贤》,《续修四库全书》,上海古籍出版社1995—2002年版,第729册,第85—87页。

④ 黄震撰,何忠礼等点校:《黄震全集·黄氏日钞》卷97《孙承节墓志铭》,浙江大学出版社2013年版,第2506—2507页。

⑤ 章祖义出生于宋理宗"绍定己丑"(1229)。又云自己"颇尝试剧邑,且玷朝绅,历仕两朝",当仕宦于宋理宗、度宗朝,故墓志撰写时间姑定为南宋末期。

⑥ (道光)《昌化县志》卷19《(章祖义)自撰墓志铭》,成文出版社1983年版,第1086—1088页。

⑦ 罗愿:《罗鄂州小集》卷6《胡司业伸传》,宋集珍本丛刊,线装书局2004年版,第61册,第744页。

⑧ 陈起:《江湖后集》卷20《李龏》,文渊阁《四库全书》,台北商务印书馆1986年版,第1357册,第955页。

⑨ 何希之:《鸡肋集·书黄适安自作墓志后》,宋集珍本丛刊,线装书局2004年版,第86册,第619页。

⑩ 王义山:《稼村类稿》卷29《稼村自墓志铭》,文渊阁《四库全书》,台北商务印书馆1986年版,第1193册,第207—209页。

⑪ 杭州市文物考古研究所、临安文物馆编著:《临安洪起畏夫妇合葬墓》,第31—52页。

⑫ 朱存理:《珊瑚木难》卷5《弁阳老人自铭》,浙江人民美术出版社2012年版,第368—370页。

从统计表可以看出，已知宋代自撰墓志铭计有 33 人，因各种因素不存者 15 方，存者 18 方。上述统计也可显示，自撰墓志北宋时期 16 方，南宋时期 17 方，分布相当均匀。就撰写时间而言，宋代自撰墓志铭自北宋初开宝二年（969）开始，以迄南宋末年，虽非此时期墓志撰写的主流，但仍可称得上不绝如缕。就身份而言，自撰墓志者既有曾身居高位的窦贞固、陈尧佐、宋祁、赵鼎，也有仕宦颠簸、困顿下僚的程珦、彭愈，还有一生不仕的陈封、韩潭等，分属于不同阶层。就内容而言，有的寥寥数语，有的数百字，更有一千余字甚至近两千字者，长短不一。

二　宋代自撰墓志铭文体特征

墓志铭是中国古代一种重要文体，其出现于魏晋之际，至公元 6 世纪前后文体逐渐稳固。[①] 就宋代墓志铭而言，其首题、志文、铭文等都有较为稳定的文体格式，而自撰墓志铭能够展示出何种历史面貌，需要我们逐一分析。

（一）首题

首题亦称额题，即墓志铭中首行介绍墓主称谓的文字。唐宋官宦碑志首题一般为所终官爵，[②] 平民墓志多以"某某府君""某某处士"等尊称，先入仕后归隐者墓志首题书其终官，可以称之为是广义上的"题终趋尊"[③]。具体到自撰墓志铭首题，能够显示出不同的风格和特点。

首先，有些自撰墓志仍遵循宋代撰写墓志铭的一般原则，以终官或尊称入首题。如马永卿自撰墓志首题称为"马达州自撰墓铭"，是因为其仕宦期间，"自亳州永城主簿至守达州"，[④] 可看出马永卿知达州当为其终官。陈封一生未仕，其自撰墓志即云"有宋故陈君墓志"，[⑤] 属于尊称入首题的情况。

[①] 孟国栋：《墓志的起源与墓志文体的成立》，《浙江大学学报》2013 年第 5 期。
[②] 叶国良：《东汉官宦家墓碑额题职例及其相关问题》，叶国良：《石学蠡探》，大安出版社 1989 年版，第 4—37 页。
[③] 杨向奎：《唐代墓志义例研究》，岳麓书社 2013 年版，第 17 页。
[④] （道光）《续增高邮州志·艺文志》，第 548 页。
[⑤] （同治）《饶州府志》卷 30《艺文志五》，第 3163 页。

其次，有些自撰墓志则相对随意，有以字、号入首题的情况。韩潭自撰墓志，首题为"韩仲孚墓志铭"，并且在开篇即云："韩其姓，潭其名，仲孚其字也。"① 可知韩潭自撰墓志为以字入首题。彭愈自撰墓志首题记为"连山子自志"，② 志文和铭文中并未交代缘由，然凡涉及自称之处皆以连山子代替，当是彭愈以连山子为号，属于以号入首题。王义山字元高，号稼村，其自撰墓志铭曰"稼村自墓志铭"，③ 也属于以号入首题。周密字公谨，号草窗，又号四水潜夫，弁阳老人等，其自撰墓志首题称"弁阳老人自铭"，④ 亦是以号入首题的例子。

最后，部分自撰墓志直接以"自志"为首题，或者直接省略首题，极其简单。赵鼎在自撰墓志前，就以"自志"为题。魏宜、洪起畏自撰墓志，并无首题，开篇即序文部分，直入正题。

(二) 序文

宋代撰写墓志，序文一般"其大要十有三事焉，曰讳、曰字、曰姓氏、曰乡邑、曰族出、曰行治、曰履历、曰卒日、曰寿年、曰妻、曰子、曰葬日、曰葬地，其序如此……其他虽序次或有先后，要不越此十余事而已"⑤，这属于墓志铭撰写中的普遍现象。具体到宋代自撰墓志而言亦有所差别。有些自撰墓志仅寥寥数语，形式上不拘一格，如陈尧佐临终前自志墓志即云："有宋颍川先生尧佐，字希元，道号知余子。年八十不为夭，官一品不为贱，使相纳禄不为辱。三者粗备，归息于先秦国大夫、仲兄丞相棲神之域，吾何恨哉。"⑥ 简单提及自己的年岁、仕宦和归葬地。宋祁去世之前自撰墓志铭曰："左志：祁之为名，宋之为氏。学也则儒，亦显其仕。行年六十有四，孤草完履。三封之南，葬从孔子。右铭：生非吾生，死非吾死。吾亦非吾，要明吾理。"⑦ 极其简单地涉及了姓氏、

---

① (同治)《霍邱县志》卷15《艺文三》，第497页。
② (道光)《宜春县志》卷31《连山子自志》，第63a页。
③ 王义山：《稼村类稿》卷29《稼村自墓志铭》，第207页。
④ 朱存理：《珊瑚木难》卷5《弁阳老人自铭》，第368页。
⑤ 王行：《墓铭举例》，文渊阁《四库全书》，台北商务印书馆1986年版，第1482册，第381页。
⑥ 王辟之：《渑水燕谈录》卷2，第14页。
⑦ 宋祁：《宋景文笔记》卷下《左志右铭》，第71页。

享年及葬地，故范镇撰宋祁神道碑称："又为《右志》《左铭》，记爵里姓名而已。"①

有些自撰墓志序文则中规中矩，较为细致地介绍了墓志正例中的十余事，与延请他人撰写的墓志并无二致。例如，程珦自撰墓志把自己的名讳、家世、仕宦、婚姻、后嗣等一一道来，除了全文为第一人称叙述外，其他方面与请别人撰写的墓志并无差异。莫子文自撰墓志介绍了自己的家世、生年、婚姻、子嗣等，并用一千余字的篇幅相当完备地叙述了自己的仕宦经历。韩潭、赵鼎、章祖义、罗必元、周密等自撰墓志中反映出来的情况亦是如此。这是在宋代典型的墓志铭逐渐公开化趋势下，由伤逝文学到传记文学转折的显现②。

（三）铭文

墓志铭的铭文指的是序文后面用来赞叹志主功业德业、哀悼斯人云亡的文字，除少数用散文外，大部分都用韵文。唐代墓志铭文有主体内容减少和抒情功能增强的趋势③。就宋代自撰墓志铭文而言，呈现出了多元化的趋势。第一，有些宋代自撰墓志铭以序文结束，其后再无铭文。蒲远犹自撰墓志，在叙述完自己一生及不许撰铭理由后，以撰志时间"元祐辛未九月十三日"结尾。④ 莫子文与之类似，墓志结尾处为撰志时间及自己结衔："咸淳三年丁卯五月初十日丙申，朝散大夫、前知广德军兼管内劝农营田事、赐绯鱼袋莫子文自撰。"⑤ 赵鼎在自撰墓志中详细罗列自己仕宦经历后，仅以"十一月得疾，丁卯八月十二日终于贬所，寿六十三。得全居士赵元镇自志"结尾，⑥ 更为简单。洪起畏自撰墓志结尾云："得年七十有九。葬于邑之福昌乡下湖畈，其自卜也。千岁之下，陵谷变迁；仁人君子，幸为掩之。"⑦ 与赵鼎自撰墓志一致。

第二，有些墓志结尾虽然没有铭文，但会附上跋语加以说明或补充。

---

① 范镇：《宋景文公神道碑》，杜大珪撰、洪业等编纂：《琬琰集删存》卷1，第75页。
② 刘成国：《北宋党争与碑志初探》，《文学评论》2008年第3期。
③ 杨向奎：《唐代墓志义例研究》，第149—165页。
④ （光绪）《黄州府志》卷39，第1393页。
⑤ 莫震撰，莫旦增补：《石湖志》卷4《乡贤》，第87页。
⑥ 赵鼎：《家训笔录》卷1《自志》，第78页。
⑦ 杭州市文物考古研究所、临安文物馆编著：《临安洪起畏夫妇合葬墓》，第33页。

如程珦自撰墓志后就有其子程颐跋语云："先公太中，年七十，则自为墓志及书戒命于后，后十五年终寿。子孙奉命不敢违，惟就其阙处，加所迁官爵，晚生诸孙及享年之数，终葬时日而已。醇德懿行，宜传后世者，皆莫敢志，著之家牒。孤颐泣血书。"① 程颐在其父自撰墓志后，补充了其父去世后对墓志的具体改动细节，以示不违背父亲意愿。魏介在魏宜自撰墓志后跋曰：

> 河南魏义夫安贫乐道，有常德君子也。仁于乡党，信于朋友，好学不厌，故无所不通，而又有自得者。知命之穷，不苟进取，居陋巷，菲饮食，恬然自乐，无求于人。既老且衰，又知死生之际，自叙行藏始终。将逝，神识不昧，言不及他，可谓达矣。介同姓，平昔与之友而尊事焉。观义夫所养，外物无足以累其心，岂有意当年来世之知耶？介于义夫可以忘言，然复书此者，盖知义夫之善不可蔽，聊伸朋友相与之义，以慰孝子无穷之思而已。义夫享年卒葬，续于自为文后。伊川退叟魏介题，门生河南富直柔书。②

魏介在魏宜自撰墓志后，增加了对魏宜一生人品、学养和性格等的评价，与魏宜所撰墓志互相补充，相得益彰。陈封自撰墓志虽没有以跋语等形式标出，但在其"遗嘱式"的自撰墓志后，其侄陈特仍记载了陈封家世、婚姻关系、著述等信息，可称得上是为自撰墓志所做的补充。

第三，有些自撰墓志与请他人撰写的墓志常例一致，序文末尾附以铭文。罗必元自撰墓志铭文曰："北谷北谷，赋命也独。于道有闻，于福不足。半生仕宦，非意所欲。一念岁寒，山林松竹。死吾未知，葬吾已卜。自志自铭，乐天遗躅。"③ 马永卿自撰墓志铭文云："年六十五，知今知古。终天之别，实言告汝。"④ 是以韵文呈现。而韩潭自撰墓志铭文载：

---

① 程颢、程颐撰，王孝鱼点校：《二程集·河南程氏文集》卷12《书先公自撰墓志后》，第646页。
② 北京图书馆金石组编：《北京图书馆藏中国历代石刻拓本汇编》，第42册，第85页。
③ （同治）《进贤县志》卷23《罗必元自撰墓志铭》，第5b页。
④ （道光）《续增高邮州志·艺文志》，第549页。

"其生也，而养其子孙。其终也，而归有丘坟。一官兮虽被乎圣泽，寸禄兮不沾乎君恩。淮水之上兮，隐隐乎冈峦之缭绕；蓼城之隅兮，郁郁乎松柏之氤氲。其安于斯，何憾之云！"① 王义山自撰墓志铭文曰："东坡死于常，葬于汝之阳。颍滨嘱其子，归而祔于眉山之傍。呜呼！何必去父母之邦。"② 以散文形式呈现，其内容借用苏轼兄弟葬于汝州（今河南汝州）的事例表达自己对选择葬地的观念，皆突出抒情色彩，与唐代墓志铭文发展趋势一致。

三　宋代自撰墓志铭原因试析

墓志碑铭的撰写，一般情况是墓主去世之后，由家人提供墓主生前资料，请他人撰写。是何种情况促使墓主去世前以自己为对象，直面自己的生命，审视并评价自己的一生，是一个值得深入思考的话题。通过对自撰墓志铭的考察，大体可归纳为以下原因。

第一，墓主借自撰墓志表达一种超脱生死的豁达境界。据《宋史》记载，陈充年轻时候家境优渥，"以声酒自娱，不乐从宦"，放浪不羁。其仕宦于太宗、真宗两朝，以博学见称，颇得真宗赏识，然其"性旷达，善谈谑，澹于荣利，自号中庸子"③，对功名利禄并不过分追求，可见他一生开朗洒脱，自撰墓志或其视死如归的反映。又如，前引陈尧佐临终自撰墓志云："有宋颍川先生尧佐，字希元，道号知余子。年八十不为夭，官一品不为贱，使相纳禄不为辱。三者粗备，归息于先秦国大夫、仲兄丞相棲神之域，吾何恨哉。"宋初名士陈抟赞其"贵且寿"④，称得上是人生赢家，临终自撰墓志，虽寥寥数语却重点突出地展示了个人取得的成就，自得、自信与超脱之情溢于言表。

再如，蒲远犹年幼好学，遍访名师，庆历六年（1046）进士及第，步入宦海。然墓志对自己宦海沉浮着墨不多，而是较多记载了生活中的艰辛："移集州司理参军、梓州司理参军，皆以亲忧不赴。服除，了无仕

---

① （同治）《霍邱县志》卷15《艺文三》，第497页。
② 王义山：《稼村类稿》卷29《稼村自撰墓志铭》，第209页。
③ 《宋史》卷441《陈充传》，第13040页。
④ 《宋史》卷284《陈尧佐传》，第9584页。

宦意。闲居，益读书学文，婆娑乡里者数年。亲友激劝，乃调河南尉，用荐章移临晋令，以蜀人例移闽清令。到官踰年，病脚气寻医，归至舒州长风沙而舟坏，全家几葬鱼腹。是岁熙宁庚戌也。"父母的相继去世，让蒲远犹深切理解到子欲养而亲不待的切肤之痛，接连的打击使他在仕宦路上萌生退意。虽在亲友敦促下再入宦途，然此期间其健康状况每况愈下，在宋代官员迁转法的指挥下疲于奔命，甚至出现了差点导致全家性命不保的严重事故。生活的波折让蒲远犹萌生了随遇而安、放弃回归故里的念头，定居蕲州（今湖北蕲春县），纳妾生子，悠然自得，以至于其在墓志中感叹曰："予生太平时，无可铭之具，衣帛食稻，大耋而不衰，但乾坤中一幸民耳。"① 蒲氏夫子自道之语，当是其直面坎坷生活后的释然。

第二，理想与现实巨大反差之下，墓主借助自撰墓志，发泄胸中的郁郁之情。韩潭墓志中，虽自称"为性坦率，不善办事"，但用较大篇幅回忆了自己刻苦求学的经历和高远的志向："潭幼而颖悟，喜读书，日诵千言。既长益坚，然膏继晷，浩然有凌云之志。六经诸子，历代史牒，无不研究，往往手自编录。至于阴阳卜筮、人伦医术、天文地理，虽非所长，皆涉猎。既长，官学养亲，游梁宋，过陈蔡，自颍渡淮，游寿春之霍丘，爱其淮水之盛，遂卜居焉。"而且，韩潭还强调自己沉湎诗文和较高的文学修养："唯耽于吟咏，率尔而成。"可谓自信满满。不过，其求仕经历颇为坎坷："一生困于场屋，蹉跎已老。政和二年春，特恩授荣州文学，继授将仕郎，调延州延县主簿，未赴。明年孟夏，感疾卒于正寝，享年六十有四。"可谓心比天高，命比纸薄，一生苦苦求仕而不得，晚年以特恩授官，未赴任即去世。以至其在铭文中写下了"一官兮虽被乎圣泽，寸禄兮不沾乎君恩"的满腹牢骚之语。② 韩潭正是借助自撰墓志铭，形象地表达了在远大志向和蹉跎现实纠葛下的不满。

莫子文的求仕之途还算顺利，35岁授官，宦海沉浮40年，与韩潭一生求仕不得相比，无疑是幸运的。然莫子文仕宦期间受到数次打击：第

---

① （光绪）《黄州府志》卷39，第1392—1393页。
② （同治）《霍邱县志》卷15《艺文三》，第497页。

一次是淳祐七年（1247）知嘉兴县，"奉使王畴迎合当路意，峻行括田之令"，莫子文认为"此事欺君害民，断不敢从，文移到县，一切不行。畴即妻斐于田使，以子文抗拒朝命，降授宣义郎"。第二次在宝祐二年（1254），"因鞫陈宝假官狱，朝家追夺者七十九人，以此得罪于富人，为殿中侍御史刘元龙论罢"。第三次在宝祐四年（1256），"为侍御使丁大全论罢"，在事业上升期一再遭贬，又可谓是相当不幸。故他在墓志结尾处尤其强调："自谓修短定数，劳生息死，固无所憾，不满国恩未报，知己未酬，赍志以殁，命也。"① 可以体味到莫子文壮志未酬的郁郁心境。

孙福翁自撰墓志借黄震之手流传于世："余乡有承节郎、监镇江府丹徒镇孙君，亦自撰墓志而殁……乃属余更为之。余再三谢不可……不获，则亦惟取其所自志者而列之。"孙福翁自撰墓志中，对其一生有高度的概括："年十余岁，通九流，应科举不偶，退而编三皇五帝而下迄于五代，名曰《野史》。纂无极、太极以来至于时政，名曰《墨兵》。录天地事物之变，及乎品汇流形，名曰《繁露》。凡百二十卷，他作亦百二十卷。壮而抱剑游四方，上督视史公筹边十策，调以归州巴东尉，笑而去之。归而读佛氏所谓大藏经，又悉加之纂注。梦游香醉山，因自号香醉山人，大悟生死法。"观察孙福翁一生，自谓学识渊博却无缘学而优则仕，在边事四起的情况下仗剑而行，仍不受重视，报国无门后返回故里，研习佛经，"逃于佛而终"，以至于黄震最后感慨道："自号不羁，是真不羁者耶？"② 可谓自视甚高却颇为坎坷。

与前三者仕途坎坷相比，王雱仕宦历程应该说是相当顺利，而且，王雱"性敏甚，未冠，已著书数万言"③，漆侠先生称之为一个"早慧、才华四溢的思想家"④，相当贴切。就是这样一个才华四溢的思想家，一生不过33岁。文莹记载了王雱自撰墓志流传于世的过程：

---

① 莫震撰，莫旦增补：《石湖志》卷4《乡贤》，第85—87页。
② 黄震撰，何忠礼等点校：《黄震全集·黄氏日钞》卷97《孙承节墓志铭》，第2506—2507页。
③ 《宋史》卷327《王雱传》，第10551页。
④ 漆侠：《王雱：一个早慧的才华四溢的思想家》，《中国史研究》2000年第4期。

元泽病中，友人魏道辅泰谒于寝。对榻一巨屏大书曰：宋故王先生墓志。先生名雱字元泽，登第于治平四年，释褐授星子尉，起身事熙宁天子，才六年，拜天章阁待制，以病废于家云。后尚有数十言，挂衣于屏角覆之，不能尽见。①

魏泰探望王雱时，看到了书于巨屏上的自撰墓志，意气风发跃然纸上，而"以病废于家"数字中与前面对比极其明显，其心中之不甘、落差之大，也表达得淋漓尽致。

　　第三，特殊的政治环境下求铭有所不便，自撰墓志暗含了墓主的自我释放。这类墓志现存两例，分别为程珦和赵鼎的自撰墓志。这两则墓志写作时间为北宋晚期到南宋前期，此时段政治风潮不断②，许多官员为了家族考虑，临终前不再求铭，或不撰写墓志，③较为特殊。程珦在自撰墓志中要求勿求碑志，称延请他人撰写的墓志溢美现象严重。然而，此理由不足以概括其自撰墓志的全部。程珦熙宁八年（1075）自撰墓志中透露其熙宁年间"厌于职事，丐就闲局"④的情况，究其原因，程颐在《先太公家传》中讲的较为明白：

　　熙宁中，议行新法，州县嚣然，皆以为不可，公未尝深论也。及法出，为守令者奉行惟恐后。成都一道，抗议指其有未便者，独公一人。时李元瑜为使者，挟朝廷势，凌蔑州郡，沮公以为妄议。公奏请不俟满罢去，不报。乃移疾，乞授代，不复视事。归朝，愿就闲局，得管勾西京嵩山崇福宫。岁满再任，迁司农少卿。南郊恩，

---

① 文莹撰，郑世刚点校：《玉壶清话》卷5，第55页。
② 罗家祥：《朋党之争与北宋政治》，华中师范大学出版社2002年版；方诚峰：《北宋晚期的政治体制与政治文化》，北京大学出版社2015年版；［日］寺地遵：《南宋初期政治史研究》，浙江大学出版社2016年版。
③ 刘成国：《北宋党争与碑志初探》，《文学评论》2008年第3期。
④ 程颢、程颐撰，王孝鱼点校：《二程集·河南程氏文集》卷12《书先公自撰墓志后》，第645页。

赐金紫。以年及七十，乞致仕。①

这是程珦自撰墓志中丝毫没有提及的。可见程珦被贬和要求致仕都与自己反对熙丰变法有关。程珦去世于元祐五年（1090），经历了北宋中晚期政治风波不断的他，之所以要求后嗣勿求墓志，或与当时政治形势及其被贬的经历有关，自撰墓志为其夫子自道的释放。

赵鼎的例子更为典型。赵鼎南宋初官至宰执，然随着宋高宗对赵鼎集团的猜忌，以及宋高宗、秦桧和赵鼎集团在宋金和议上的意见相左，导致赵鼎罢相并一再被贬，以至于到了"身死族灭"的危机境地。② 在此环境下，赵鼎去世时自撰墓志，确如薛季宣称其"独书迁官次第，问其事则不知"③，通篇叙述自己迁官顺序，并未涉及其他内容。然仔细揣摩，其中或有更深层次的意涵值得发掘。赵鼎在叙述建炎初年仕宦时云："五月，从驾还建康，对于普宁寺行宫。六月，除左司谏。七月，改殿中侍御史。八月，从驾平江。九月，除侍御史，从驾越州。"在记载宋高宗亲征时曰："十月，扈从亲征，驻平江。乙卯正月，扈从还临安。"从上述"从驾"和"扈从"过程中，可以看出赵鼎在南宋初期的重要地位。而其在贬斥期间，常称"引疾奉祠提举临安府洞霄宫""引疾除观文殿大学士""引疾除检校少傅"等，④ 这是宋人话语体系中典型的"政治病"，是因政治形势变化后个人被贬斥的另一种隐晦表达。赵鼎墓志中丝毫未言及政治纠纷内容，这显然是当时大的政治环境所造成的。

第四，通过自撰墓志铭，表达出易代之后"遗民"的心态。这主要体现在入元士人周密和王义山身上。周密字公谨，号草窗，别号四水潜夫、弁阳老人等。他以恩荫入仕，虽迁转至升朝官，然其仕宦期间曾"大忤时宰意，祸且不测"，并不顺利。随着南宋灭亡，周密隐居不仕，

---

① 程颢、程颐撰，王孝鱼点校：《二程集·河南程氏文集》卷12《先公太中家传》，第649页。
② 高纪春：《赵鼎集团的瓦解与洛学之禁》，《中国史研究》1997年第3期；柳立言：《宋代的家庭和法律》，第159—172页。
③ 薛季宣撰，张良权点校：《薛季宣集》卷23《与喻郎中书》，第300页。
④ 赵鼎：《家训笔录》卷1《自志》，第78页。

"为保存故国文化的血脉不至中断",他开始"从事艰辛的著述",① 可以称得上真正的前朝遗老。这种遗老情结,也隐晦地表达于他的自撰墓志当中:"异时故巢倾覆,拮据诛茅,至是又为杭人矣。"虽表面上在说明居住地的变化,实则强调故国覆亡后的颠沛流离。而他对自己生平总结道:"自惟平生大节不悖,先训不叛。官常俯仰,初终似无惭,怍庶乎可以见吾亲于地下矣。偷生后死,甲子且一周。"② 既是对自己不仕元朝的自我表白,又显示了其对故国的眷恋和对节义的坚守,遗民形象和心态跃然纸上。

王义山的例子则稍显特殊。王义山字稼村,景定三年进士。他在宋亡之后仕于元,于气节有亏,晚年这一改节背宋造成了自己心理极大的痛苦③,这在他自传墓志中反映得较为突出。王义山自撰墓志中,全篇使用宋朝年号,极其详尽地叙述了自己在宋朝的宦海沉浮,而记述所有入元之后事情均以干支纪年,且丝毫没有提及自己仕宦元朝的事情,仅仅以"读书"与"卜居"等模糊处理,可以看出其内心的挣扎。而且,王义山重点突出了其对读书求仕的悔意:"独不幸而读书,又不幸而窃科第,又不幸而立乎人之朝。向使不读书、不窃科第、不立乎人之朝,岂不陶陶然天地间一民。既读书,既窃科第矣,既立乎人之朝矣,而谓一民之不如。呜呼!必有不如者矣!"④ 表达了对晚年仕宦元朝的否定,或可从此层面认为,王义山正是借助自撰墓志表达出一种另类的"遗民"心态。

结　语

宋人自撰墓志铭虽非主流,但在两宋时期仍可谓不绝如缕。通过对18方存世墓志的考察,可以看出,宋代既不像许玲玲所言属于自撰墓志

---

① 刘静:《周密研究》,博士学位论文,四川大学,2005年,第1—30页。
② 朱存理:《珊瑚木难》卷5《弁阳老人自铭》,第368—370页。
③ 李佩伦:《论元代诗人王义山——兼论元代前期南方诗坛》,《内蒙古大学学报》1993年第2期。
④ 王义山:《稼村类稿》卷29《稼村自墓志铭》,第207—209页。

铭的沉寂期，又不像吕海春所谓的因正统的标准评价，导致宋代自撰墓志铭中规中矩、平淡内敛。其作为墓志碑铭撰写的非正常情况，有自己独特叙述方式、写作模式和表达诉求。相较于唐代10方自撰墓志铭多出于"政治和文化圈有相当地位和影响力的人物"[1] 相比，宋代自撰墓志铭数量更多，墓主阶层分布广泛，呈现出更多样化的面貌。

宋代延请他人撰写的墓志铭，撰者不可能记载墓主的方方面面，其字里行间对墓主人生仕历的记叙，其实也属于一种有选择的历史记忆。而且，墓志撰者大多是墓主生前自我选定的作者，或是其子弟选定的。他们认为这些撰者对于死者知之甚深，能够传达出死者需要褒扬于世的人生意象。但，也难免有托非其人者，有与墓主、丧家理念偏差的历史书写。宋人的自撰墓志，彻底摆脱他人撰写墓志表达不尽的顾虑，借助自己的文笔，将自我独特的一寸心思留存于世，人生意象和心思更加逼真，其间的幽微曲折，颇值得更多深入探索。

---

[1] 陆扬：《清流文化与唐帝国》，北京大学出版社2016年版，第65页。

附录二

虚实之间：墓志所见澶渊之盟中张皓事迹的"真实"与"塑造"

澶渊之盟是宋辽两国长期和平相处的开端，是宋辽关系的一个重大转折，在当时历史发展中具有重要的作用。有关于此的研究起步较早，学者们从盟约背景、性质、宋辽关系、盟约协定过程中重要政治人物活动及盟约影响等多方面研究，形成了较为丰硕的成果。① 澶渊之盟中有功绩的历史人物的研究，除了宋真宗、寇准、毕士安、曹利用、王继英、李继隆等地位较高者外，汪圣铎、孟宪玉钩沉索隐，依据沈括撰张牧墓志及《梦溪笔谈·补笔谈》中的记载，认为张皓、周文质及王应昌等"小人物"在盟约协定过程中的作用不可磨灭，② 诚为不刊之论，然是文对墓志碑铭资料的使用和考辨，似可做进一步的讨论。

笔者在阅读张牧墓志中的张皓事迹时，发现其与《宋大诏令集》《宋会要辑稿》及《续资治通鉴长编》等材料中的张皓并不完全一致，墓志材料溢美墓志的写作方式，使得张皓个人形象存在明显的"塑造"痕迹，进而导致对认识张皓在澶渊之盟中所起作用有较大的干扰和偏差。如何厘清张皓们掩映在"虚实之间"的历史真实，是史学工作者亟须追索和探讨的永恒话题。

---

① 参阅刘坤太、陈明星、董文静编《澶渊之盟研究论著目录》，张希清等主编：《澶渊之盟新论》，上海人民出版社2007年版，第452—467页。
② 汪圣铎、孟宪玉：《澶渊之盟中被忽视的功臣》，张希清等主编：《澶渊之盟新论》，第266—270页。

一 墓志有关澶渊之盟中张皓作用的"书写"

澶渊之盟中,张皓地位很低,仅为指使、散直,何种原因导致他在如此重大的历史事件中发挥作用,不同记载说法并不相同,其中最为详细的是沈括为张皓子张牧撰写墓志时的记载:

> 天子即师,既而客战数不利,虏势携,骤请讲平。乃使阁门祗候曹利用以王命诏之罢军。时王钦若守大名,以虏新得志,未有败形,疑其言无状,遮利用未遣。会围令[合]① 不得出。狄人请平者前后数曹,诏谁可以使报者,或言供奉府君忠毅可用。即召与语,人主□然为感。入辞,手稚子以见曰:"以此累陛下,臣不操质归,死不复入白沟矣。"既遣,上与其子金三百两,使赐其家。稚子则君也,于时生九年矣。②

《梦溪笔谈·补笔谈》卷三与之类似:

> 虏兵大下,遂至河,车驾亲征,驻跸澶渊。而继忠自虏中具奏戎主请和之意,达于行在。上使曹利用驰遗契丹书,与之讲平。利用至大名,时王冀公守大名,以虏方得志,疑其不情,留利用未遣。会围合不得出,朝廷不知利用所在,又募人继往,得殿前散直张皓,引见行在。皓携九岁子见曰:"臣不得虏情为报,誓死不还,愿陛下录其子。"上赐银三百两遣之。③

沈括在不同地方的两则记载,内容大体相当,当是他惧怕墓志虽然撰写

---

① 杨渭生先生认为此处"合"当为"令",似为句读舛误所导致,不确。《梦溪笔谈·补笔谈》、《续资治通鉴长编》卷五八记载此事均记为"合"。沈括撰,胡道静校正:《补笔谈》卷3,《梦溪笔谈校正》(下)上海古籍出版社1987年版,第1002页;李焘:《续资治通鉴长编》卷58,景德元年十一月甲戌附注,第1286页。
② 沈括原著,杨渭生新编:《沈括全集上·长兴集》卷13《张中允墓志铭》,第92页。句读与标点本稍异。
③ 沈括撰,胡道静校正:《补笔谈》卷3,《梦溪笔谈校正》(下),第1002页。

了张皓的事迹，但墓志文字刊石后深埋泉壤，流传不广而少有人知，所以他又重新编辑撰入《补梦溪笔谈》中予以重申。上述记载尤其强调两个方面的内容：第一，它们都清楚地指明了张皓是在宋廷派遣使者曹利用滞留天雄军之后，宋真宗重新选派的使者，其出使目的与曹利用出使一致，是到契丹行营商量和议事宜。第二，两者都强调张皓被宋真宗接见的时候携带了自己9岁的儿子张牧。

墓志和《补梦溪笔谈》还形象地讲到张皓如何见到契丹国主、国母的经历，以及他戏剧性地得到契丹偷袭宋军的情报并及时把情报传递给周文质的经过：

> 府君既出，为徼骑所掠，将见窘，乃呼告之以所以来之意。骑乃引与俱，得见主单于。单于不任军事，主断者乃其母萧，帐军轩辕中，呼府中入，道两家语正欢，赐饮食之，皆良厚，使以其意归报。未至澶州，会狄人谋袭我北寨，北寨盖重兵处也。府君转出兵间，闻其私，乃夜驰至军下，见督军周文质，告之以其谋。文质以告李继隆、秦翰，使谨备非常。是时，皇帝军河南，二人者将水北军。黎明，虏果引兵走北寨，不得入，迎射其大帅挞览，越于马下。其众奔乱。①

张皓作为使者派出后，在被契丹军士截获的情况下，非常幸运地见到了契丹国主与国母并得以完备讲述了宋廷的和谈诚意，得到契丹国主、国母的盛情款待。契丹国主、国母要求张皓向宋真宗反馈信息，他在回程途中听到了契丹大军准备袭击宋军北寨事宜并及时报告周文质，从而使宋军准备充分，射死契丹虎将萧挞览。

在此基础上，墓志还进一步称宋真宗再次委派张皓到契丹大营交涉："复使申前约，诏有司岁给单于金缯良币直数十万为结欢。府君为道诏书及所以遣曹太师利用意。狄萧复喜曰：'天王不欺我，可还将利用来，吾

---

① 沈括原著，杨渭生新编：《沈括全集上·长兴集》卷13《张中允墓志铭》，第92页。

与之卒计。'"① 宋真宗重申了以每年数十万金缯良币和谈的意愿，契丹国主、国母非常高兴，并敦促张皓去大名邀请曹利用来最终协定。张皓到大名请曹利用入见契丹国主、国母并不是一帆风顺："大名之围未解，以奇计得入，见曹太师，携与俱出，夜縋于壁外，且登巇峰而望，愕曰：'是蛰者，安可入耶？'府君曰：'彼众不吾备也。吾已再出其间，无畏为也。'遂与俱行，见单于母萧。"② 曹利用在张皓的引导和鼓励下，最终到达契丹行营，得见契丹国主、国母，使和谈得以最终成行。

由沈括所撰墓志与《补梦溪笔谈》的内容可以看出：其一，张皓是曹利用滞留大名后重新选派的使者，其出使契丹和曹利用出使并无二致；其二，在曹利用到达契丹行营之前，张皓曾三次与契丹国主、国母会面并商谈宋、辽和谈事宜；其三，曹利用之所以能到达契丹行营，张皓提供了相当大的指引和鼓励；其四，契丹偷袭宋军大营的信息由张皓传递给周文质，并致使契丹虎将萧挞览中箭身亡。若如此，张皓在澶渊之盟中居功甚伟，没有他在宋辽之间以使者身份居中斡旋和传递重大军事情报，和谈不可能如此迅速达成。

二 曹利用出使契丹未果与张皓的登场

虽然沈括在张牧墓志和《补梦溪笔谈》中，对张皓在澶渊之盟中的作用有较为清晰的描述，然并非所有人都信服其观点，南宋初期就已经遭到了李焘的质疑。李焘认为："沈括《笔谈》云国史载讲和事，本末不详，因著张皓往来及以寇谋告继隆等，实录盖有之，见景德二年正月甲戌。所称天雄围合，不知曹利用所在，募遣皓及召见皓子，则恐非也。皓乃石普贝州所遣者，既为寇得，始见上，上因使至天雄，督利用偕往。其子当在贝州，或在它所，安得随皓在卫南乎……括又为皓子牧志墓，载皓事尤详，且云考诸国史而信，盖饰说也。虽如括所载，皓实上所亲遣，则是时上已即师，契丹深入澶、魏矣。皓但当至寇所屯处，乃曰'臣不操质归，死不复入白沟'，益知所载皆失实。盖括乃皓孙女婿，直

---

① 沈括原著，杨渭生新编：《沈括全集上·长兴集》卷13《张中允墓志铭》，第92页。
② 同上。

附录二 虚实之间：墓志所见澶渊之盟中张皓事迹的"真实"与"塑造" / 225

取其妻父说，又增饰之，且以夸世耳，不可据也。"① 李焘认为之所以沈括对张皓在澶渊之盟中的作用夸大其词，是因为沈括为张皓的孙女婿，张牧的女婿，故墓志中颇有"扬善"的意思，难以取信。李焘的质疑是否可信，张皓在澶渊之盟中的真实作用和墓志究竟有多大区别，值得我们深入考察。在此之前，需要梳理曹利用出使契丹未果和张皓"偶然"登上历史舞台的过程。

景德元年（1004）闰九月，契丹结集十万大军，号称二十万，大举南下，继而"围瀛州，直犯贝、魏，中外震骇"。② 面对此形势，"参知政事王钦若以寇深入，密言于上，请幸金陵，签书枢密院事陈尧叟请幸成都"，③ 寇准与毕士安力排众议，"合议请真宗幸澶渊"④，宋真宗遂于十一月庚午（二十日）自京师出发⑤，前往澶州（今河南濮阳）。

此次契丹攻宋之初，宋真宗已经与王继忠有过交流，⑥《宋大诏令集》载景德元年闰九月乙亥（二十四日）诏⑦：

> 石普以卿实封入奏，备已详悉。所云望遣人通和事。朕君临大宝，子育群氓，尝思息战以安人，岂欲穷兵而黩武？边防之事，汝素备知，向因何承矩上言，乞差使往，其时亦允所奏。尔后别无所闻，相次边陲，复兴戈甲，今览封疏，深嘉恳诚，朕富有寰区，为人父母，倘各谐偃革，诚亦协素怀，手诏到日，卿可密达此意，共

---

① 李焘：《续资治通鉴长编》卷58，景德元年十一月甲戌附注，第1286页。
② 《宋史》卷281《寇准传》，第9530页。
③ 李焘：《续资治通鉴长编》卷57，景德元年闰九月乙亥，第1267页。
④ 《宋史》卷281《毕士安传》，第9520页。
⑤ 李焘：《续资治通鉴长编》卷58，景德元年十一月庚午，第1283页。干支纪日之换算参考陈垣：《二十史朔闰表》，中华书局1962年版，第122页。
⑥ 王继忠，《宋史》卷279有传，开封人，早年为宋真宗潜邸旧僚，宋辽望都之战陷契丹，澶渊之盟协定中一直作为宋辽之间的联系人，宋朝、契丹均给予较高礼遇。《宋史》卷279《王继忠传》，第9471—9472页；何天明：《澶渊议和与王继忠》，《内蒙古社会科学》（汉文版）2002年第3期。
⑦ 按景德元年九月无乙亥日，闰九月乙亥为二十四日，故此处九月当为闰九月。据陈垣《二十史朔闰表》，第122页。

议事宜。倘有审实之言，即附边臣闻奏。①

宋真宗向王继忠表达了自己息战以安民的意愿，并要求王继忠及时告知契丹方面和议信息，通过边臣上报即可。另外，从上述引文也可看出，此次宋真宗与王继忠之间的交流，是通过石普为中介进行的②。

同年十月，真宗未离京之前，"令枢密院择可使契丹者。王继英言殿直曹利用自陈，倘得奉君命，死无所避。上曰：'契丹先露恳诚，求结和好，使于兵间，固亦无他。然小臣闻命请行，斯可嘉也。'乃授利用阁门祗候，假崇仪副使，奉契丹主书以往"。其后李焘附注云："利用本传称真宗幸澶渊，利用奏事行在，王继英荐之。按初遣利用时，车驾未离京师也，传误，以再遣为初遣耳。"③ 经过枢密使王继英推荐，④ 宋真宗在十月已经选派殿直曹利用假崇仪副使出使契丹，而其具体时期，《皇宋十朝纲要》云："（景德元年十月）丙午，诏殿直曹利用赍书使契丹，许其和。"⑤ 丙午为二十六日，这与《宋会要辑稿》记载一致："（景德元年十月）二十六日，契丹遣人以前殿前都虞候王继忠奏，乞许通和。诏以殿直曹利用为阁门祗候、假崇仪副使往答其意。"⑥ 宋真宗随即赐诏王继忠，告知宋朝已经派使者前往和议：

今月二十六日，石普遣人赍到卿重封奏状。知已领得近降手诏，及言所议通和，固已端的，乞早遣一人到此商量。再阅奏陈，备已详悉……睹此来音，固叶素志，已议专差使命，致书大辽，止于旦夕之间，令自旦冀前去，卿可具言此意。请谕巡逻之人，候见所遣使车，立令防援引送，俾一价之使，无或稽留，冀两朝之情，得以

---

① 佚名编，司义祖整理：《宋大诏令集》卷232《赐王继忠诏景德元年（闰）九月乙亥》，第903页。
② 《宋大诏令集》载宋真宗与王继英之间的交流，多次提到通过石普进行，不具引。
③ 李焘：《续资治通鉴长编》卷58，景德元年冬十月先是，第1278—1279页。
④ 枢密使王继英在澶渊之盟中的作用，张邦炜先生有较为全面的研究。参阅张邦炜《澶渊之功数第三——北宋枢相王继英事迹述略》，张希清等主编：《澶渊之盟新论》，第248—265页。
⑤ 李埴撰，燕永成校正：《皇宋十朝纲要校正》卷3，中华书局2013年版，第116页。
⑥ 徐松辑，刘琳等点校：《宋会要辑稿》蕃夷1之28，第9728页。

附录二　虚实之间:墓志所见澶渊之盟中张皓事迹的"真实"与"塑造"　/　227

通达。①

宋廷派曹利用出使的时间为景德元年（1004）十月二十六日，也是真宗收到石普送来王继忠书信的同日，可见宋廷对此次议和的重视程度和反应速度。而且宋真宗尤其要求王继忠告诫巡逻的契丹军士，尽量不要稽留曹利用，以便宋辽之间能够及时实现政府层面的沟通。

然曹利用出使并非一帆风顺，他行至天雄军（治今河北省大名县）后，在此地滞留多日，《续资治通鉴长编》记载：

> 曹利用至天雄，孙全照疑契丹不诚，劝王钦若留之。契丹既数失利，复令王继忠具奏求和好，且言北朝顿兵，不敢劫掠，以待王人。继忠又与葛霸等书，令速达所奏。是夕，奏入，上因赐继忠手诏，言已遣利用，又以手诏促利用往，并付继忠使告契丹，遣人自抵天雄迎援之。继忠寻亦闻利用留天雄不行，复具奏，乞自澶州别遣使者至北朝，免致缓误。辛未，车驾次长垣县，得其奏，遂以前意答焉。②

宋真宗十一月庚午（二十日）离开京师时，已经知晓曹利用滞留天雄军。所以，他一方面手诏敦促曹利用出使契丹尽快成行，另一方面指示王继忠，可让契丹方面遣人自行到天雄军迎援曹利用，说明宋真宗为尽快让曹利用与契丹方面接触，做了两方面安排。

宋真宗与王继忠交流的诏书，《宋大诏令集》中亦有收录："葛霸等以卿奏状来，曹利用往，兼报卿令人援接前去，寻闻道路艰阻，尚在天雄。今有付利用手诏，同封付卿，便可闻于大辽，遣人赍送接援付彼。"③时间显示为景德元年十一月庚午（二十日），知此诏为宋真宗离京之际所发，曹利用已经被王钦若劝留天雄军数日，宋真宗还尤其强调，自己已

---

①　佚名编，司义祖整理:《宋大诏令集》卷232《赐王继忠诏景德元年十月》，第903页。
②　李焘:《续资治通鉴长编》卷58，景德元年十一月辛未，第1283页。
③　佚名编，司义祖整理:《宋大诏令集》卷232《赐王继忠诏景德元年十一月庚午》，第903页。

经有手诏命令曹利用出天雄赴契丹,并把手诏一式两份,另一份给王继忠。然此时天雄军被契丹大军压境,激战正酣,被派出救援德清军(今治河南清丰县)的天雄兵士又被契丹精兵伏击,"起断其后,天雄兵不能进退",后经孙全照极力挽救,"存着什三四"。① 军情危机,作为使者的曹利用当时并无可能和契丹进行接触。

在曹利用滞留天雄,宋真宗准备御驾亲临澶渊期间,张皓作为石普与宋真宗之间信息传递的使者登上了历史舞台。宋真宗十一月二十日发给王继忠手诏,王继忠收到后书信又很快发至,这次书信由石普派遣张皓传递给宋真宗。史载:"上前赐王继忠诏许遣使,继忠复具奏附石普以达。普自贝州遣指使、散直张皓持诣行阙。"② 这次信息传递的过程并不顺利,甚至可以说是一波三折,但正是在此波折期间,张皓的诸多行为影响了澶渊之盟的协定。

三　史籍所见澶渊之盟中张皓事迹

石普派遣张皓持王继忠复奏至宋真宗行营,而张皓此行并不顺利,《宋会要辑稿》记载了张皓被契丹巡逻兵士抓捕并送至契丹行营的过程:

> 散直张皓自贝州赍王继忠奏状至行在。皓道出契丹寨,为胡骑所(掳),引至虏主及母车帐之前,面谕者久之,且令赴天雄召曹利用。既而利用未至,张皓独还。其国主及母赐皓带,馆设加等,命继忠以状来奏,其言契丹不敢劫掠,以待王人。③

因契丹方面亦欲和好,故张皓虽被擒,却得到了契丹国主、国母的优待。在契丹国主、国母的要求下,张皓先赴天雄军召曹利用来进行交涉,在此行并未奏效的情况下,张皓独自返回契丹营帐。契丹方面为使和谈尽快成行,嘱托张皓携带王继忠奏状(张皓此行本为传递王继忠奏状至宋

---

① 李焘:《续资治通鉴长编》卷58,景德元年十一月壬申,第1284页。
② 李焘:《续资治通鉴长编》卷58,景德元年十一月甲戌,第1285页。
③ 徐松辑,刘琳等点校:《宋会要辑稿》蕃夷1之30,第9729—9730页。

真宗行在，此处王继忠再一次撰写奏状）向宋真宗传递信息。由上述可知，《宋会要辑稿》所载"二十四日，散直张皓自贝州赍王继忠奏状至行在"，当是张皓从契丹行营到宋真宗行在，并非从贝州直接到达的，而且其携带王继忠奏状两份，一份是由贝州携带而来，另一份是由契丹行营携带而来。

在由契丹行营携带来的王继忠奏状中，对张皓两次与契丹国主交流以及曹利用出使并未成行之事，契丹国主、国母做出相应指示，要求王继忠"具奏""且请自澶州别遣使速议和好事"。张皓呈上王继忠奏状，宋真宗立即作出回应："上复赐钦若诏，又令参知政事王旦与钦若手书，俾皓持赴天雄，督利用同北去，并以诏谕继忠。"① 要求张皓携带手诏及王旦写给王钦若的书信，督促曹利用与其同去契丹行营，并派人把相关信息传达给王继忠。其诏曰："继省来章，专候使命。昨自孙崇等回后，寻降手诏与天雄军，令速发利用往彼。今张皓到阙，再览卿奏，果称天雄军以未奉诏旨，尚且撺留。今再降诏，命令皓赍去勾取，候利用才到大辽，可令皓赴阙。"② 宋真宗诏书要求张皓在曹利用到契丹行营之后立即返回行在报告信息。

通过宋真宗、王继忠、张皓、王钦若、曹利用及契丹君主等各方的交流和沟通，终于使曹利用在十一月二十七日赴契丹成行，《续资治通鉴长编》景德元年十一月戊寅（二十八日）记载："曹利用自天雄赴契丹寨，见其国主、群臣与其宰相韩德让同处一车，群臣与其主重行别坐，礼容甚简。以木横车辀，上设食器，坐利用车下，馈之食。共议和好事，议未决，乃遣左飞龙使韩杞持国主书于利用俱还。"③《宋史》与《宋会要辑稿》均记载十一月戊寅（二十八日），"曹利用使契丹还"④。而《辽史》则记载，辽圣宗统和二十二年（宋景德元年，1004）十一月丁丑

---

① 李焘：《续资治通鉴长编》卷58，景德元年十一月甲戌，第1285—1286页。
② 佚名编，司义祖整理：《宋大诏令集》卷232《赐王继忠诏景德元年十一月庚午》，第903页。
③ 李焘：《续资治通鉴长编》卷58，景德元年十一月戊寅，第1287—1288页。
④ 《宋史》卷7《真宗二》，第126页；《宋会要辑稿》云："（十一月）二十八日，曹利用至自契丹，与其使左飞龙使韩祀［杞］同至。"见徐松辑，刘琳等点校：《宋会要辑稿》蕃夷1之31，第9730页。

(二十七日)，"宋遣崇仪副使曹利用请和，即遣飞龙使韩杞持书报聘"①。故曹利用行至契丹行营时间当为十一月二十七日，次日便与契丹使者韩杞同到澶州觐见宋真宗，上述记载不言张皓情况，当是遵从宋真宗诏令，在曹利用到达契丹行营之后立即返回汇报。自此而后，澶渊之盟协定进入了实质性的讨论、协商阶段，张皓也顺利完成了自己的使命。

需要指出的是，李焘虽然质疑沈括撰张皓事迹的诸多真实性，然而他还是认同了张皓曾向周文质传递契丹大军即将偷袭消息一事："甲戌，以高品周文质为殿头高品。澶州之役，文质主北寨之西偏，会张皓自契丹还，言彼谋以迟明来袭。文质即驰告李继隆、秦翰等为备。顷之，敌暴至，文质出兵扞御，其部下以连弩射杀挞览，敌遂遁去。及是，上召见便殿，亲加奖劳，优赐迁秩焉。"② 遍检史籍，仅沈括所撰张牧墓志和《补梦溪笔谈》中有所记载，北宋其他史籍绝无记载，这当是李焘依据沈括所撰张牧墓志而撰入《续资治通鉴长编》的。

不过，其他史籍与沈括撰张牧墓志铭及《补梦溪笔谈》中张皓事迹之间的区别相当明显：其一，张皓原本并非在曹利用滞留天雄军后宋真宗重新选派，而是沟通石普和宋真宗之间的信使，他在传递信息的过程中被契丹截获，因缘际会成为沟通宋、辽统治者的中介。但是，张皓从来也没有成为宋朝的使者，契丹方面，王继忠虽然一再要求宋真宗"别遣使速议和好事"，但曹利用作为宋朝使者的身份一直存在。宋、辽统治者反复要求曹利用到达契丹行营皆可说明问题，而且宋真宗在诏令中尤其强调"候利用才到大辽，可令皓赴阙"，还是要求张皓传递信息的。其二，张皓确曾三次到达契丹行营，然其并非宋朝的使者，故与契丹国主、国母之间的沟通，显然不会是宋辽双方和议事宜，他所能起到的就是沟通信息的作用。

结　语

通过上述文献的对比，张皓以两种不同的身份和面相出现在读者面

---

① 《辽史》卷14《圣宗五》，中华书局2016年版，第174页。
② 李焘：《续资治通鉴长编》，景德二年正月甲戌，第1313—1314页。

前：在墓志资料中，张皓以宋朝官方派遣使者的身份出现，属于全权代表宋王朝与契丹和议的使者，在曹利用到达契丹行营之前，他已经三次与契丹国主、国母会面并商谈宋、辽和谈事宜，且曹利用之所以能到达契丹行营，也是他提供了相当大的指引和鼓励，故能得出张皓在澶渊之盟中居功甚伟的结论。然而，在其他传世文献中，张皓是沟通石普和宋真宗之间地位低下的信使，他在传递信息的过程中被契丹截获，因缘际会成为暂时沟通宋、辽统治者的信息传递中介。但他从来也没有成为宋朝的使者，宋、辽统治者反复要求曹利用到达契丹行营皆可说明问题，故他与契丹国主、国母之间的沟通，显然不会是宋辽双方和议事宜。实质上，张皓的后一种身份或面相或才更趋近历史真相。

墓志资料因其自身的独特性，在深化对墓主生平事迹、婚姻关系及家族发展等研究中提供了其他资料难以比拟的细节，是研究者经常依赖的材料。然而，也正是它的独特性造成其中有不少被认为是"塑造"的成分，沈括在撰写张皓事迹时曾直言其资料来源得自张皓家人，其本意是在强调其资料获取的第一手性和真实性，但通过传世诸多史籍加以比较证明，墓志碑铭文字所展现出来的张皓"形象"与真实的张皓有相当大的不同，其在澶渊之盟中的主要功绩都存在人为的"塑造"痕迹，这是墓志资料本身"扬善"的直接反映。通过对张皓在澶渊之盟中贡献的辨析，无疑加深了我们对此问题更直观地认识。

就墓志碑铭资料的生产过程而言，一般是由丧家提供墓主生平事迹较为详细的行状资料，然后由碑志文撰者依据资料加以撰写，这一过程看似简单，其实包含了相当复杂的程序。首先，丧家所提供的材料会夸大祖先功绩，回避其不光彩的一面，亦及研究者在利用墓志资料时经常提到的"隐恶扬善"；其次，在墓志碑铭撰写过程中，碑志撰者往往有自己的考虑，力图使碑志文字既能达到丧家要求，又要遵循一定原则，避免落下谀墓的口实[1]；最后，有些碑志文的内容还要与当时政治环境及政治风向相结合，避免自己因撰写碑志文字而遭到政治迫害和打击[2]。在上

---

[1] 刘静贞：《北宋前期墓志书写活动初探》，《东吴历史学报》2004 年第 11 期。
[2] 刘成国：《北宋党争与碑志初探》，《文学评论》2008 年第 3 期。

述因素影响之下,最终成型的碑志文字所提供的历史场景或仅仅为部分的历史真实,有些材料被细心的研究者加以考辨,并指出其舛误之处;但仍有些材料已成为孤证而无法辨析,有时会成为研究者研究某些问题所依赖的直接证据,导致所研究对象的形象掩映于"真实"与"建构"之中,如何分辨张皓们遮蔽在虚实之间的历史真相,需要我们不懈地努力。

参考文献

(一) 史料

1. 班固撰，颜师古注：《汉书》，中华书局1962年版。
2. 包伟民、郑嘉励编：《武义南宋徐谓礼文书》，中华书局2012年版。
3. 包拯撰，杨国宜校注：《包拯集校注》，黄山书社1999年版。
4. 北京图书馆金石组编：《北京图书馆藏中国历代石刻拓本汇编》，中州古籍出版社1989年版。
5. 毕仲游：《西台集》，丛书集成初编本，商务印书馆1935年版。
6. 晁补之：《鸡肋集》，四部丛刊初编本，商务印书馆1922年版。
7. 陈柏泉编著：《江西出土墓志选编》，江西教育出版社1991年版。
8. 陈镐修撰：《阙里志》，山东友谊出版社1989年版。
9. 程国观纂修：《(道光)宜春县志》，江西省图书馆藏。
10. 陈师道：《后山居士文集》，上海古籍出版社1984年版。
11. 陈师道撰，李伟国点校：《后山谈丛》，中华书局2007年版。
12. 陈师道撰，任渊注：《后山诗注》，中华书局1995年版。
13. 陈舜俞：《都官集》，宋集珍本丛刊本，线装书局2004年版。
14. 陈振孙撰，徐小蛮、顾美华点校：《直斋书录解题》，商务印书馆1987年版。
15. 程颢、程颐撰，王孝鱼点校：《二程集》，中华书局1981年版。
16. 杜大珪：《名臣碑传琬琰集》，文海出版社1980年版。
17. 杜大珪撰，洪业等编纂：《琬琰集删存》，上海古籍出版社1990年版。

---

① 参考文献以撰者（主编者）姓名拼音顺序排列。

18. 范纯仁：《范忠宣公文集》，宋集珍本丛刊本，线装书局 2004 年版。
19. 范仲淹撰，范能濬编，薛正兴点校：《范仲淹全集》，凤凰出版社 2004 年版。
20. 方勺撰，许沛藻、杨立扬点校：《泊宅编》，中华书局 1983 年版。
21. 高文、高成刚编：《四川历代碑刻》，四川大学出版社 1990 年版。
22. 葛胜仲：《丹阳集》，文渊阁《四库全书》本，台北商务印书馆 1986 年版。
23. 国家图书馆善本金石组编：《宋代石刻文献全编》，北京图书馆出版社 2003 年版。
24. 顾栋高等撰，裴汝诚点校：《王安石年谱三种》，中华书局 1994 年版。
25. 郭茂育等主编：《宋代墓志辑释》，中州古籍出版社 2016 年版。
26. 韩琦：《安阳集》，宋集珍本丛刊本，线装书局 2004 年版。
27. 韩琦：《安阳集》，文渊阁《四库全书》本，台北商务印书馆 1986 年版。
28. 韩琦撰，李之亮、徐正英笺注：《安阳集编年笺注》，巴蜀书社 2000 年版。
29. 韩维：《南阳集》，文渊阁《四库全书》本，台北商务印书馆 1986 年版。
30. 河北省文物研究所、临城县文物保管所编：《北宋临城王氏家族墓志》，文物出版社 2009 年版。
31. 河南省文物局编著：《韩琦家族墓地》，文物出版社 2012 年版。
32. 河南省文物考古研究所编：《北宋皇陵》，中州古籍出版社 1997 年版。
33. 河南省文物研究所、河南省洛阳地区文管所编：《千唐志斋藏志》，文物出版社 1985 年版。
34. 胡宿：《文恭集》，丛书集成初编本，商务印书馆 1935 年版。
35. 黄康弼：《续会稽掇英集》，《续修四库全书》本，上海古籍出版社 1995 年版。
36. 黄裳：《演山集》，文渊阁《四库全书》本，台北商务印书馆 1986 年版。
37. 江少虞：《宋朝事实类苑》，上海古籍出版社 1981 年版。

38. 孔元措：《孔氏祖庭广记》，丛书集成初编本，商务印书馆 1936 年版。
39. 孔传撰，朱凯、姜汉椿整理：《东家杂记》，《全宋笔记》第三编，大象出版社 2008 年版。
40. 乐史撰，王文楚等点校：《太平寰宇记》，中华书局 2007 年版。
41. 李复：《潏水集》，影印文渊阁《四库全书》本，商务印书馆 1986 年版。
42. 李纲著，王瑞明点校：《李纲全集》，岳麓书社 2004 年版。
43. 李觏撰，王国轩点校：《李觏集》，中华书局 1981 年版。
44. 黎靖德编，王星贤点校：《朱子语类》，中华书局 1986 年版。
45. 李吉甫撰，贺次君点校：《元和郡县图志》，中华书局 1983 年版。
46. 李林甫撰，陈仲夫点校：《唐六典》，中华书局 1992 年版。
47. 李焘：《续资治通鉴长编》，中华书局 2004 年版。
48. 李之仪：《姑溪居士文集》，宋集珍本丛刊本，线装书局，2004 年版。
49. 刘攽：《彭城集》，丛书集成初编本，商务印书馆 1935 年版。
50. 柳开撰，李可风点校：《柳开集》，中华书局 2015 年版。
51. 刘克庄撰，辛更儒校注：《刘克庄集笺校》，中华书局 2011 年版。
52. 刘莲青、张仲友纂修：《（民国）巩县志》，文海出版社 1968 年版。
53. 刘琳、曾枣庄主编：《全宋文》，上海辞书出版社；安徽教育出版社 2006 年版。
54. 刘跂：《学易集》，丛书集成初编本，商务印书馆 1939 年版。
55. 刘昫：《旧唐书》，中华书局 1975 年版。
56. 刘挚撰，裴汝诚、陈晓平点校：《忠肃集》，中华书局 2002 年版。
57. 陆佃：《陶山集》，丛书集成初编本，商务印书馆 1935 年版。
58. 陆鼎敭、王寅清纂修：《（同治）霍邱县志》，《中国地方志集成·安徽府县志辑 20》，江苏古籍出版社 1998 年版。
59. 洛阳市第二文物工作队编：《富弼家族墓地》，中州古籍出版社 2009 年版。
60. 吕陶：《净德集》，丛书集成初编本，商务印书馆 1935 年版。
61. 吕中：《宋大事记讲义》，文渊阁《四库全书》本，台北商务印书馆 1986 年版。

62. 马端临撰，上海师范大学古籍研究所、华东师范大学古籍研究所点校：《文献通考》，中华书局2011年版。
63. 马曙明、林任豪主编，丁伋点校：《临海墓志集录》，宗教文化出版社2002年版。
64. 毛滂：《东堂集》，文渊阁《四库全书》本，台北商务印书馆1986年版。
65. 米芾：《宝晋山林集拾遗》，北京图书馆古籍珍本丛刊本，书目文献出版社2000年版。
66. 慕容彦逢：《摛文堂集》，文渊阁《四库全书》本，台北商务印书馆1986年版。
67. 欧阳修撰，李逸安点校：《欧阳修全集》，中华书局2001年版。
68. 欧阳修撰，洪本健校笺：《欧阳修诗文集校笺》，上海古籍出版社2009年版。
69. 綦崇礼：《北海集》，文渊阁《四库全书》本，台北商务印书馆1986年版。
70. 齐运通编：《洛阳新获七朝墓志》，中华书局2012年版。
71. 强至：《祠部集》，丛书集成初编本，商务印书馆1935年版。
72. 秦观撰，徐培均笺注：《淮海集笺注》，上海古籍出版社1994年版。
73. 衢州市博物馆编著：《衢州墓志碑刻集录》，浙江人民美术出版社2006年版。
74. 饶宗颐编著：《唐宋墓志：法国远东学院藏拓片图录》，香港中文大学出版社1981年版。
75. 阮元校刻：《十三经注疏》，上海古籍出版社1997年版。
76. 邵博撰，刘德权、李剑雄点校：《邵氏闻见后录》，中华书局1983年版。
77. 邵伯温撰，李剑雄、刘德权点校：《邵氏闻见录》，中华书局1983年版。
78. 沈遘：《沈氏三先生文集》，四部丛刊三编本，商务印书馆1936年版。
79. 沈括原著，杨渭生新编：《沈括全集》，浙江大学出版社2011年版。
80. 石介撰，陈植锷点校：《徂徕石先生文集》，中华书局1984年版。

81. 施宿：《嘉泰会稽志》，宋元方志丛刊本，中华书局 1990 年版。
82. 司马光：《温国文正司马公文集》，四部丛刊初编本，商务印书馆 1922 年版。
83. 司马光：《增广司马温公全集》，宋集珍本丛刊，线装书局 2004 年版。
84. 司马光撰，邓广铭、张希清点校：《涑水记闻》，中华书局 1989 年版。
85. 宋祁：《景文集》，丛书集成初编本，商务印书馆 1936 年版。
86. 宋祁撰，储玲玲整理：《宋景文笔记》，《全宋笔记》第 1 编，大象出版社 2003 年版。
87. 宋庠：《元宪集》，丛书集成初编本，商务印书馆 1935 年版。
88. 苏轼撰，孔凡礼点校：《苏轼文集》，中华书局 1986 年版。
89. 苏轼撰，王文诰辑注，孔凡礼点校：《苏轼诗集》，中华书局 1982 年版。
90. 苏颂撰，王同策等点校：《苏魏公集》，中华书局 1988 年版。
91. 苏舜钦撰，沈文倬校点：《苏舜钦集》，上海古籍出版社 2011 年版。
92. 苏洵撰，曾枣庄、金成礼笺注：《嘉祐集笺注》，上海古籍出版社 2009 年版。
93. 苏辙撰，曾枣庄、马德富点校：《栾城集》，上海古籍出版社 2009 年版。
94. 苏辙撰，俞宗宪点校：《龙川别志》，中华书局 1982 年版。
95. 孙升：《孙公谈圃》，百川学海本。
96. 陶宗仪：《说郛》，中国书店出版社 1986 年版。
97. 田况：《儒林公议》，丛书集成初编本，中华书局 1985 年版。
98. 脱脱等撰：《宋史》，中华书局 1985 年版。
99. 王安礼：《王魏公集》，宋集珍本丛刊本，线装书局 2004 年版。
100. 王安石撰，王水照主编：《王安石全集》，复旦大学出版社 2016 年版。
101. 王安石撰，李之亮笺注：《王荆公文集笺注》，巴蜀书社 2005 年版。
102. 王辟之撰，吕友仁点校：《渑水燕谈录》，中华书局 1981 年版。
103. 王称：《东都事略》，（台北）文海出版社 1979 年版。
104. 王存撰，王文楚、魏嵩山点校：《元丰九域志》，中华书局 1984

年版。

105. 王珪：《华阳集》，文渊阁《四库全书》本，台北商务印书馆 1986 年版。

106. 王令撰，沈文倬点校：《王令集》，上海古籍出版社 2011 年版。

107. 王象之：《舆地纪胜》，中华书局 1992 年版。

108. 王行：《墓铭举例》，文渊阁《四库全书》本，台北商务印书馆 1986 年版。

109. 王禹偁：《小畜集》，四部丛刊初编本，商务印书馆 1922 年版。

110. 汪藻：《浮溪集》，丛书集成初编本，商务印书馆 1935 年版。

111. 韦骧：《钱塘集》，影印文渊阁《四库全书》本，商务印书馆 1986 年版。

112. 委心子撰，金心点校：《新编分门古今类事》，中华书局 1987 年版。

113. 文同：《新刻石室先生丹渊集》，宋集珍本丛刊本，线装书局 2004 年版。

114. 文彦博：《文潞公集》，宋集珍本丛刊本，线装书局 2004 年版。

115. 文莹撰，郑世刚、杨立扬点校：《玉壶清话》，中华书局 1984 年版。

116. 吴广成：《西夏书事》，《续修四库全书》本，上海古籍出版社 1995 年版。

117. 武亿等纂：《安阳县金石录》，成文出版社 1968 年版。

118. 吴敏霞、刘兆鹤编：《户县碑刻》，三秦出版社 2005 年版。

119. 吴曾：《能改斋漫录》，上海古籍出版社 1979 年版。

120. 夏竦：《文庄集》，文渊阁《四库全书》本，台北商务印书馆 1986 年版。

121. 谢飞等：《北宋临城王氏家族墓志》，文物出版社 2009 年版。

122. 徐度撰，朱凯、姜汉椿整理：《却扫编》，上海师范大学古籍整理研究所编：《全宋笔记》第 3 编，大象出版社 2008 年版。

123. 许翰：《襄陵文集》，文渊阁《四库全书》本，台北商务印书馆 1986 年版。

124. 许景衡：《横塘集》，宋集珍本丛刊本，线装书局 2004 年版。

125. 徐松辑：《宋会要辑稿》，中华书局 1957 年版。

126. 徐铉撰，李振中校注：《徐铉集校注》，中华书局 2016 年版。
127. 徐自明撰，王瑞来校补：《宋宰辅编年录校补》，中华书局 1986 年版。
128. 杨时：《杨龟山先生集》，丛书集成初编本，商务印书馆 1936 年版。
129. 杨億：《武夷新集》，宋集珍本丛刊本，线装书局 2004 年版。
130. 杨億口述，黄鉴笔录，宋庠整理，李裕民辑校：《杨文公谈苑》，上海古籍出版社 1993 年版。
131. 叶昌炽撰，柯昌泗评，陈宫柔、张明善点校：《语石》，中华书局 1994 年版。
132. 佚名：《宋大诏令集》，中华书局 1962 年版。
133. 尹洙：《河南先生文集》，宋集珍本丛刊本，线装书局 2004 年版。
134. 英启撰：《（光绪）黄州府志》，文海出版社 1976 年版。
135. 尤袤：《遂初堂书目》，丛书集成初编本，商务印书馆 1935 年版。
136. 岳珂：《宝真斋法书赞》，丛书集成初编本，商务印书馆 1936 年版。
137. 曾巩撰，王瑞来校正：《隆平集校正》，中华书局 2012 年版。
138. 曾巩撰，陈杏珍、晁继周点校：《曾巩集》，中华书局 1984 年版。
139. 曾公亮：《武经总要》，载《中国兵书集成》委员会编：《中国兵书集成》，解放军出版社；辽沈书社 1988 年版。
140. 曾肇：《曾文昭公集》，宋集珍本丛刊本，线装书局 2004 年版。
141. 张邦基撰，孔凡礼点校：《墨庄漫录》，中华书局 2002 年版。
142. 张方平：《乐全先生文集》，宋集珍本丛刊本，线装书局 2004 年版。
143. 章国庆编：《宁波历代碑碣墓志汇编》，上海古籍出版社 2012 年版。
144. 张耒撰，李逸安、张通海、傅信点校：《张耒集》，中华书局 1990 年版。
145. 赵抃：《赵清献公文集》，宋集珍本丛刊本，线装书局 2004 年版。
146. 赵超：《汉魏南北朝墓志汇编》，天津古籍出版社 1992 年版。
147. 赵鼎臣：《竹隐畸士集》，文渊阁《四库全书》本，台北商务印书馆 1986 年版。
148. 赵君平编：《邙洛碑志三百种》，中华书局 2004 年版。
149. 赵汝愚编，北京大学中国中古史研究中心校点整理：《宋朝诸臣奏议》,上海古籍出版社 1999 年版。
150. 赵万里:《汉魏南北朝墓志集释》,科学出版社 1956 年版。
151. 赵翼:《陔余丛考》,中华书局 1963 年版。
152. 真德秀:《西山先生真文忠公文集》,国学基本丛书本,商务印书馆 1937 年版。
153. 郑嘉励、梁晓华:《丽水宋元墓志集录》,浙江古籍出版社 2013 年版。
154. 郑侠:《西塘集》,文渊阁《四库全书》本,台北商务印书馆 1986 年版。
155. 郑獬:《郧溪集》,宋集珍本丛刊本,线装书局 2004 年版。
156. 中国文物研究所、河南省文物研究所编:《新中国出土墓志·河南》,文物出版社 1994 年版。
157. 中国文物研究所、陕西省古籍整理办公室编:《新中国出土墓志·陕西》(一),文物出版社 2000 年版。
158. 周必大:《庐陵周益国文忠公文集》,宋集珍本丛刊本,线装书局 2004 年版。
159. 周淙:《乾道临安志》,宋元方志丛刊本,中华书局 1990 年版。
160. 周绍良、赵超:《唐代墓志汇编》,上海古籍出版社 1992 年版。
161. 周绍良、赵超:《唐代墓志汇编续集》,上海古籍出版社 2001 年版。
162. 周行己撰,周梦江笺校:《周行己集》,上海社会科学院出版社 2002 年版。
163. 朱记荣辑:《金石全例》,北京图书馆出版社 2008 年版。
164. 朱熹:《三朝名臣言行录》,四部丛刊初编本,商务印书馆 1922 年版。
165. 朱熹撰,刘永翔、朱幼文点校:《朱子全书》,上海古籍出版社,安徽教育出版社 2010 年版。
166. 邹浩:《道乡先生邹忠公文集》,宋集珍本丛刊本,线装书局 2004 年版。

(二) 专著

1. 包伟民主编:《宋代制度史研究百年(1900—2000)》,商务印书馆

2003年版。

2. 昌彼得、王德毅等编:《宋人传记资料索引》,台北鼎文书局1984年版。
3. 邓广铭:《邓广铭全集》,河北教育出版社2005年版。
4. 邓广铭:《北宋政治改革家王安石》,河北教育出版社2000年版。
5. 邓广铭:《邓广铭治史丛稿》,北京大学出版社2010年版。
6. 邓广铭、程应镠主编:《中国历史大辞典·宋史卷》,上海辞书出版社1984年版。
7. 邓广铭、张希清编:《宋人文集篇目分类索引》,中华书局2013年版。
8. 邓小南:《祖宗之法:北宋前期政治述略》,读书·生活·新知三联书店2006年版。
9. 邓小南:《朗润学史丛稿》,中华书局2010年版。
10. 邓小南等主编:《宋史研究论文集》,云南大学出版社2009年版。
11. 方健:《范仲淹评传》,南京大学出版社2001年版。
12. 龚延明编著:《宋代官制辞典》,中华书局1997年版。
13. 龚延明、祖慧编著:《宋登科记考》,江苏教育出版社2005年版。
14. 何冠环:《攀龙附凤:北宋潞州上党李氏外戚将门研究》,中华书局(香港)2013年版。
15. 何寄澎:《北宋的古文运动》,上海古籍出版社2011年版。
16. 何寄澎:《唐宋古文新探》,北京大学出版社2012年版。
17. 华林甫:《中国地名学史考论》,社会科学文献出版社2002年版。
18. 黄宽重:《宋代的家族与社会》,北京图书馆出版社2009年版。
19. 后晓荣:《秦代政区地理》,社会科学文献出版社2009年版。
20. 贾玉英:《宋代监察制度研究》,河南大学出版社1996年版。
21. 贾志扬:《宋代科举》,东大图书股份有限公司1995年版。
22. 贾志扬撰,赵冬梅译:《天潢贵胄——宋代宗室史》,江苏人民出版社2005年版。
23. [日]近藤一成:《宋代中國科舉社會の研究》,汲古书院2009年版。
24. 孔凡礼:《三苏年谱》,北京古籍出版社2004年版。
25. 李昌宪:《中国行政区划通史·宋西夏卷》,复旦大学出版社2007

年版。

26. 李国玲编:《宋人传记资料索引补编》,四川大学出版社 1994 年版。
27. 李华瑞:《宋夏关系史》,中国人民大学出版社 2010 年版。
28. 李华瑞主编:《"唐宋变革论"的由来与发展》,天津古籍出版社 2010 年版。
29. 梁太济:《唐宋历史文献研究丛稿》,上海古籍出版社 2004 年版。
30. 林登顺:《北朝墓志文研究》,(台北)丽文文化事业公司 2009 年版。
31. 刘静贞:《皇帝和他们的权力——北宋前期》,(台北)稻乡出版社 1996 年版。
32. 刘俊文主编:《日本学者研究中国史论著选译》,中华书局 1992 年版。
33. 柳立言:《宋代的家庭和法律》,上海古籍出版社 2008 年版。
34. 刘子健著,赵冬梅译:《中国转向内在——两宋之际的文化转向》,江苏人民出版社 2002 年版。
35. 刘子健:《欧阳修的治学与从政》,(台北)新文丰出版公司 1984 年版。
36. 卢建荣:《北魏唐宋死亡文化史》,(台北)麦田出版社 2006 年版。
37. 罗家祥:《朋党之争与北宋政治》,华中师范大学出版社 2003 年版。
38. 罗家祥:《宋代政治与文化论稿》,(香港)华夏文化艺术出版社 2008 年版。
39. 毛汉光编:《"中央"研究院历史语言研究所藏历代墓志铭拓片目录》,"中央"研究院历史语言研究所,1985 年。
40. 牟润孙:《注史斋丛稿》,中华书局 1987 年版。
41. 聂崇岐:《宋史丛考》,中华书局 1980 年版。
42. 漆侠:《王安石变法研究》,河北人民出版社 2002 年版。
43. 漆侠:《漆侠全集》,河北大学出版社 2009 年版。
44. 饶伟新主编:《族谱研究》,社会科学文献出版社 2013 年版。
45. 任爽:《南唐史》,东北师范大学出版社 1995 年版。
46. 荣丽华编集、王世民校订:《1949—1989 四十年出土墓志目录》,中华书局 1993 年版。
47. 沈松勤:《北宋文人与党争》,人民出版社 1998 年版。
48. 四川大学古籍整理研究所编:《宋代文化研究》,四川大学出版社

1993 年版。

49. 唐春生:《翰林学士与宋代士人文化》,中国社会科学出版社 2011 年版。

50. 陶晋生:《北宋士族——家庭·婚姻·生活》,"中央"研究院历史语言研究所专刊之一〇二,2001 年。

51. 徐规:《王禹偁事迹著作编年》,中国社会科学出版社 1982 年版。

52. 铁爱花:《宋代士人阶层女性研究》,人民出版社 2011 年版。

53. 王德毅:《宋史研究集》,(台北)鼎文书局 1972 年版。

54. 杨果:《中国翰林制度研究》,武汉大学出版社 1996 年版。

55. 杨果:《宋辽金史论稿》,商务印书馆 2010 年版。

56. 杨向奎:《唐代墓志义例研究》,岳麓书社 2013 年版。

57. 姚红:《宋代东莱吕氏家族及其文献考论》,中国社会科学出版社 2010 年版。

58. 叶国良:《石学续探》,(台北)大安出版社 1999 年版。

59. 虞云国:《宋代台谏制度研究》,上海书店出版社 2010 年版。

60. 张邦炜:《宋代婚姻家族史论》,人民出版社 2003 年版。

61. 张沛:《唐折冲府汇考》,三秦出版社 2003 年版。

62. 赵超:《古代墓志通论》,紫禁城出版社 2003 年版。

63. 周振鹤:《中国地方行政制度史》,上海人民出版社 2005 年版。

64. 曾瑞龙:《北宋种氏将门之形成》,中华书局 2010 年版。

65. 朱瑞熙、程郁:《宋史研究》,福建人民出版社 2006 年版。

66. 祝尚书:《宋代科举与文学》,中华书局 2008 年版。

67. Beverly J. Bossler, *Powerful Relations: Kinship, Status, and the State in Sung China (960 – 1279)*, Cambridge and London: Harvard University Press, 1998.

68. Dieter Kuhn ed., *Burial in Song China*, Heidelberg: Ed. Forum, 1994.

69. Paul J. Smith & Richard von Glahn ed., *The Song – Yuan – Ming Transition in Chinese History*, Cambridge and Massachusetts: The Harvard University Asia Center, 2003.

70. W. G. Beasley & E. G. Pulleyblank eds., *Historians of China and Japan*,

London：Oxford University Press，1961.

（三）期刊论文

1. ［美］柏文莉，"*Coucubines in Song and Yuan Funerary Inscriptions*"，《东吴历史学报》2004 年第 12 期。
2. 暴鸿昌：《清代金石学及其史学价值》，《中国社会科学》1992 年第 5 期。
3. 陈定荣：《李纲书丹的宋张由墓志铭》，《文物》1986 年第 1 期。
4. 陈峰：《试论北宋名相吕夷简的政治"操守"》，《中州学刊》1998 年第 6 期。
5. 陈尚君：《唐代的亡妻与亡妾墓志》，《中华文史论丛》2006 年第 2 期。
6. 陈章龙：《北宋郑绪墓志管窥》，载姜锡东、李华瑞主编：《宋史研究论丛》第 12 辑，河北大学出版社 2011 年版。
7. 陈植锷：《从党争这一侧面看范仲淹改革的失败》，《北京大学学报》1986 年第 4 期。
8. 崔文印：《宋代的金石学》，《史学史研究》1993 年第 2 期。
9. 程如峰：《合肥北宋任氏墓志》，《安徽史学》1984 年第 5 期。
10. 戴建国：《宋代加役流刑辨析》，《中国史研究》2003 年第 3 期。
11. 戴尊德：《司马光撰魏闲墓志之研究》，《文物》1990 年第 12 期。
12. 刁培俊：《"唐宋社会变革"假说的反思与区域视野下的"历史中国"》，《学术月刊》2013 年第 2 期。
13. 邓广铭：《宋代文化的高度发展与宋王朝的文化政策——〈北宋文化史述论稿〉序引》，《历史研究》1990 年第 2 期。
14. 邓广铭：《关于王安石的居里茔墓及其他诸问题》，《北京大学学报》1993 年第 2 期。
15. 邓广铭：《〈辨奸论〉真伪问题的重提与再判》，《国学研究》第 3 卷，北京大学出版社 1993 年版。
16. 邓小南：《走向"活"的制度史——以宋代官僚政治制度史研究为例的点滴思考》，《浙江学刊》2003 年第 3 期。
17. ［日］东英寿：《新见九十六篇欧阳修散佚书简辑存稿》，《中华文史论丛》2012 年第 1 期。

18. 冯文海：《山西忻县北宋墓清理简报》，《文物参考资料》1958 年第 5 期。
19. 傅永魁、郁堪增：《丧葬上的"两个世界"》，《文物》1976 年第 8 期。
20. 龚延明：《职官制度学养与出土文献整理》，《浙江大学学报》2011 年第 3 期。
21. 郭恩秀：《八〇年代以来宋代宗族史中文论著研究回顾》，《新史学》（台北）2005 年第 16 卷第 1 期。
22. 韩桂华：《墓志铭中所见宋代官员归葬问题》，《"宋代墓志史料的文本分析与实证运用"国际学术研讨会论文集》2003 年 10 月。
23. 何冠环：《宋太宗箭疾新考》，《中华文化研究所学报》（香港）第 20 卷，1989 年。
24. 何冠环：《〈全宋文〉所收碑铭之宋初内臣史料初考》，《"宋代墓志史料的文本分析与实证运用"国际学术研讨会论文集》2003 年 10 月。
25. 黄繁光：《宋代墓志铭中的报偿表述法——以士人仕宦际遇及妇女持家生涯为探讨中心》，《东吴历史学报》2004 年第 12 期。
26. 黄清发：《论唐人自撰墓志及其本质特征》，中国唐代文学学会等编：《唐代文学研究》，广西师范大学出版社 2006 年版。
27. 黄震：《略论唐人自撰墓志》，《长江学术》2006 年第 1 期。
28. 洪本健：《论欧阳修碑志文的创作》，《井冈山师范学院学报》2004 年第 2 期
29. 洪本健：《东英寿教授新见欧阳修散佚书简解读》，《武汉大学学报》2013 年第 3 期。
30. ［日］近藤一成：《王安石撰墓誌を讀む——地域、人脈、黨爭》，《中國史學》（日本）1997 年第 7 期。
31. 梁庚尧：《宋代福州士人与举业》，《东吴历史学报》2004 年第 11 期。
32. 梁太济：《从每卷结衔看〈资治通鉴〉各纪的撰进时间》，《内蒙古大学学报》1997 年第 5 期。
33. 林文勋：《从墓志铭看宋代社会中的"富民"》，《"宋代墓志史料的文本分析与实证运用"国际学术研讨会论文集》2003 年 10 月。

34. 李秀敏：《唐代自撰墓志铭略论》，《文艺评论》2013 年第 4 期。
35. 刘成国：《北宋党争与碑志初探》，《文学评论》2008 年第 3 期。
36. 刘德清：《范仲淹神道碑公案考述》，《西南交通大学学报》2005 年第 6 期。
37. 刘后滨：《唐宋三省在政务运行中角色与地位的演变》，《中国人民大学学报》2011 年 1 期。
38. 刘静贞：《女无外事？——墓志碑铭中所见之北宋士大夫社会秩序理念》，《妇女与两性学刊》（台北）1993 年第 4 期。
39. 刘静贞：《范仲淹的政治理念与实践——藉仁宗废后事件为论》，据《宋史研究集》第 24 辑，台北"国立"编译馆，1995 年。
40. 刘静贞：《欧阳修笔下的宋代女性——对象、文类与书写期待》，《台大历史学报》2003 年第 32 期。
41. 刘静贞：《北宋前期墓志书写活动初探》，《东吴历史学报》2004 年第 11 期。
42. 刘静贞：《正史与墓志资料所映现的五代女性意象》，载荣新江主编《唐研究》第 11 卷，北京大学出版社 2005 年版。
43. 刘静贞：《文物・テキスト・コンテキスト——五代北宋期における墓誌資料の性質とその捉え方》，《大阪市立大學東洋史論叢》別册特集号"文獻資料學の新たな可能性"，2006 年 5 月。
44. 柳立言：《何谓"唐宋变革"？》，《中华文史论丛》2006 年第 1 期。
45. 柳立言：《苏轼乳母任采莲墓志铭所反映的历史变化》，《中国史研究》2007 年第 1 期。
46. 刘馨珺：《从墓志铭谈宋代地方官的赴任》，《东吴历史学报》2004 年第 12 期。
47. 卢建荣：《从在室女墓志看唐宋性别意识的演变》，《台湾师范大学历史学报》1997 年第 25 期。
48. 卢向前：《新材料、新问题与新潮流——关于隋唐五代制度史研究的几点看法》，《史学月刊》2007 年第 7 期。
49. 陆扬：《从墓志的史料分析走向墓志的史学分析——以〈新出土魏晋南北朝墓志疏证〉为中心》，《中华文史论丛》2006 年第 4 期。

50. 罗家祥：《王安石、司马光德才异同论》，《晋阳学刊》1985年第3期。

51. 罗家祥：《欧阳修与狄青之死——宋代文臣与武将关系的个案考察》，《学术月刊》2008年第4期。

52. 罗家祥：《宋哲宗"元祐之政"剖析》，《华中师范大学学报》1986年第5期。

53. 罗家祥：《元祐新旧党争与北宋晚期政治》，《中国史研究》1989年第1期。

54. 罗家祥：《试论北宋仁、英两朝的台谏》，《西南师范大学学报》1989年第1期。

55. 罗家祥：《北宋元祐时期的洛、蜀、朔党争》，载中国历史文献研究会编《中国历史文献研究》第3辑，华中师范大学出版社1999年版。

56. 罗家祥：《北宋哲宗"绍述"简论》，载本书编委会编《漆侠先生纪念文集》，河北大学出版社2002年版。

57. 罗家祥、仝相卿：《北宋毕仲荀及其〈幕府燕闲录〉考论》，《国学学刊》2013年第1期。

58. 吕海春：《长眠者的自画像——中国古代自撰墓志铭的历史变迁及其文化意义》，《中国典籍与文化》1999年第3期。

59. 马雪、吉成名：《1991年以来宋代家族史研究述略》，《中国史研究动态》2007年第4期。

60. 马玉臣：《宋代富弼家族墓志史料价值刍议》，《史学史研究》2012年第1期。

61. 苗书梅：《墓志铭在研究宋代官制中的意义——以北宋元丰改制以前的监当官为例》，《东吴历史学报》2004年第11期。

62. 平田茂树：《从刘挚〈忠肃集〉墓志铭看元祐党人之关系》，《东吴历史学报》2004年第11期。

63. 漆侠：《宋太宗第一次伐辽——高梁河之战——宋辽战争研究之一》，《河北大学学报》1991年第3期。

64. 漆侠：《范仲淹集团与庆历新政——读欧阳修〈朋党论〉书后》，《历史研究》1992年第3期。

65. 钱永章：《浙江象山县清理北宋黄浦墓》，《考古》1986 年第 9 期。

66. 邱佳慧：《由墓志铭看二程对妇女的书写》，《东吴历史学报》2004 年第 12 期。

67. 任江：《略论唐宋玉册官制度——以碑志资料为中心》，《四川文物》2007 年第 6 期。

68. 沈松勤：《北宋台谏制度与党争》，《历史研究》1998 年第 4 期。

69. 史念海：《论地名的研究和有关规律的探索》，《中国历史地理论丛》1985 年第 1 期。

70. 粟品孝：《组织制度、兴衰沉浮与地域空间——近八十年宋代家族史研究走向》，《社会科学战线》2010 年第 3 期。

71. 仝相卿：《北宋孔道辅研究三题》，载罗家祥主编《华中国学》第 2 辑，华中科技大学出版社 2013 年版。

72. 仝相卿：《北宋孔道辅"天庆观击蛇案"的流传及演变》，姜锡东主编：《宋史研究论丛》第 14 辑，河北大学出版社 2013 年版。

73. 仝相卿：《北宋御驾亲征行军速度考》，《南都学坛》2014 年第 1 期。

74. 仝相卿：《墓志所见韩琦出身及婚姻关系述略——兼论北宋相州韩氏家族妾的封赠》，常建华主编《中国社会历史评论》第 15 辑，天津古籍出版社 2014 年版。

75. 田志光：《试论宋仁宗朝宰相兼枢密使之职权》，《史学集刊》2011 年第 5 期。

76. 王德毅：《墓志铭的史料价值》，《东吴历史学报》2004 年第 12 期。

77. 王宏生：《米芾享年与卒年辨疑》，《湖北大学学报》2006 年第 2 期。

78. 王瑞来：《苏颂论》，《浙江学刊》1988 年第 4 期。

79. 王水照：《欧阳修所作范〈碑〉尹〈志〉被拒之因发覆》，《江西社会科学》2007 年第 9 期。

80. 王雪玲：《清代学者利用金石资料研究唐代地理的成就及意义》，《中国历史地理论丛》2007 年第 1 期。

81. 王曾瑜：《辽宋西夏金的避讳、称谓和排行》，《安徽师范大学学报》2005 年第 5 期。

82. 王兆鹏：《宋代的"润笔"与宋代文学的商品化》，《学术月刊》2006

年第 9 期。

83. 王志双：《北宋仁宗朝吕夷简集团的组成及其性质》，《邢台学院学报》2003 年第 3 期。

84. 王志双：《涤荡保守政风以开新局的前奏——郭皇后被废与宋仁宗朝前期政局》，《苏州科技学院学报》2012 年第 3 期。

85. 魏殿金：《试析宋代配的刑罚内容》，《中国史研究》2001 年第 4 期

86. 魏平柱：《米芾年谱简编》，《襄樊学院学报》2004 年第 1 期。

87. 翁育瑄：《唐宋墓志的书写方式比较——从哀悼文学到传记文学》，《"宋代墓志史料的文本分析与实证运用"国际学术研讨会论文集》2003 年 10 月。

88. 吴夏平：《唐著作郎官社会角色变迁及与碑志文之关系》，载中国唐代文学学会等主编《唐代文学研究》，广西师范大学出版社 2012 年版。

89. 吴雅婷：《回顾一九八〇年以来宋代的基层社会研究——中文论著的讨论》，《中国史学》（日本）2002 年第 12 卷。

90. 吴雅婷：《宋代墓志铭对朋友之论的论述》，《东吴历史学报》2004 年第 11 期。

91. 夏超雄：《宋代金石学的主要贡献及其兴起的原因》，《北京大学学报》1982 年第 1 期。

92. 夏汉宁：《朱熹、周必大关于欧阳修〈范公神道碑〉的论争》，《江西社会科学》2004 年第 3 期。

93. 信应君：《郑州黄冈寺北宋纪年壁画墓》，《中原文物》2013 年第 1 期。

94. 熊新传：《湖南常德北宋张颙墓》，《考古》1981 年第 3 期。

95. 熊亚云：《鄂州出土墓志、地券辑录及讨论》，《东南文化》1993 年第 6 期。

96. 徐冲：《从"异刻"现象看北魏后期墓志的生产过程》，《复旦学报》2011 年第 2 期。

97. 杨果：《宋人墓志中的女性形象解读》，《东吴历史学报》2004 年第 11 期。

98. 杨果、刘广丰：《宋仁宗郭皇后被废案探议》，《史学集刊》2008 年第

1 期。

99. 杨克炎：《北魏墓志中的同志异刻现象》，《书法研究》1995 年第 1 期。

100. 叶国良：《石本与集本碑志文异同问题研究》，《台大中文学报》1996 年第 8 期。

101. 张邦炜：《黄宽重〈宋代的家族与社会〉读后》，《历史研究》2007 年第 2 期。

102. 张广达：《内藤湖南的唐宋变革说及其影响》，载荣新江主编《唐研究》第 11 卷，北京大学出版社 2005 年版。

103. 张尧均：《韩琦三次"还乡"判相州及其与当时的政治权力关系》，《中州学刊》2000 年第 2 期。

104. 张智玮：《从墓志铭看宋代地方的"剧郡"与"闲郡"》，《东吴历史学报》2004 年第 12 期。

105. 赵秋莉：《宋代王尚恭墓志浅说》，《中原文物》1993 年第 3 期。

106. 赵生泉：《司马光其人其书》，《中国书法》1999 年第 2 期。

107. 祝尚书：《传史迁之风神，能出神而入化——论欧阳修碑志文的文学成就》，《宋代文学研究》第 8 辑，四川大学出版社 1998 年版。

108. 郑必俊：《两宋官绅家族妇女——千篇宋代妇女墓志铭研究》，《国学研究》第 6 卷，北京大学出版社 1999 年版。

109. 郑嘉励：《南宋的志墓碑刻——以浙江的材料为例》，《东方博物》2012 年第 4 期。

110. 郑铭德：《宋代商贾墓志铭中所见士人观念中的商贾形象与典范》，《东吴历史学报》2004 年第 11 期。

111. 周到：《宋魏王赵頵夫妻合葬墓》，《考古》1964 年第 7 期。

112. 祝建平：《仁宗朝刘太后专权与宋代后妃干政》，《史林》1997 年第 2 期。

（四）学位论文

1. 何慕：《秦代政区研究》，博士学位论文，复旦大学，2009 年。

2. 黄益：《宋代志墓铭文研究》，博士学位论文，北京师范大学，2010 年。

3. 江波:《唐代墓志撰书人及其相关文化问题研究》,博士学位论文,吉林大学,2010 年。
4. 罗昌繁:《北宋党争与党人碑志研究》,硕士学位论文,华中师范大学,2011 年。
5. 王志双:《吕夷简与宋仁宗前期政治研究》,硕士学位论文,河北大学宋史研究中心,2000 年。
6. 张祎:《制诏敕札与北宋的政令颁行》,博士学位论文,北京大学,2009 年。
7. 赵海丽:《北朝墓志文献研究》,博士学位论文,山东大学,2007 年。
8. 郑丽萍:《宋代妇女婚姻生活研究——以〈全宋文〉所涉 4802 篇墓志为例》,博士学位论文,华东师范大学,2009 年。